Reading TUTOR 리딩 튜터

Junior 1

Welcome to Reading Tutor Junior

<리딩튜터 주니어> 시리즈는 오랜 시간 동안 여러분의 사랑을 받아온 중학 독해 전문서입니다. **독해가 즐거워지는 놀라운 경험**을 선사해 드리고자 거듭 변화해 온, **<리딩튜터 주니어>** 시리즈가 더욱 새롭게 탄생했어요. 다채로운 소재로 흥미를 끄는 지문들을 읽다 보면 어느새 즐거운 독해가 만드는 실력의 차이를 실감하게 될 거예요.

체계적인 학습을 위한 시리즈 구성 및 난이도

단어 수와 렉사일(Lexile) 지수를 기반으로 개발되어, 더욱 객관적으로 난이도를 비교·선택하실 수 있습니다.

110-130 words
500L-700L

120-140 words
600L-800L

130-150 words
700L-900L

140-160 words
800L-1000L

독해 실력을 향상하는 <리딩튜터 주니어>만의 특징

- 학생들이 호기심을 가지고 접근할 수 있는 소재를 선정하였습니다.
- 이해력을 높여 독해가 쉬워지도록 Knowledge Bank 코너를 강화했습니다.
- 실질적인 실력 향상을 뒷받침하는 내신 서술형 문제를 더 많이 수록하였습니다.
- 수능 영어 영역에서 다루는 문제 유형을 수록하여 수능의 기초를 다질 수 있도록 하였습니다.

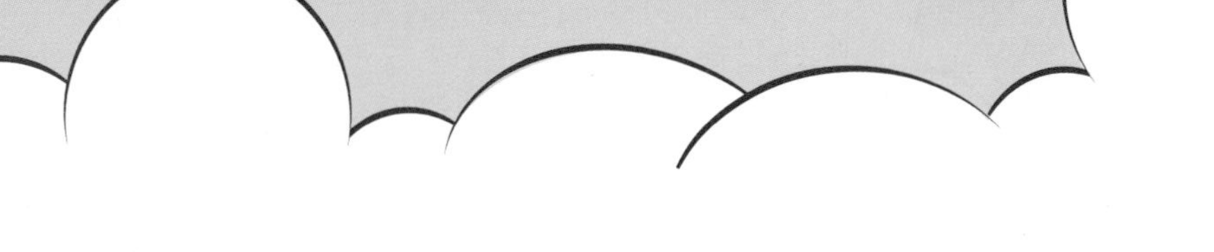

How to Study
Reading Tutor Junior

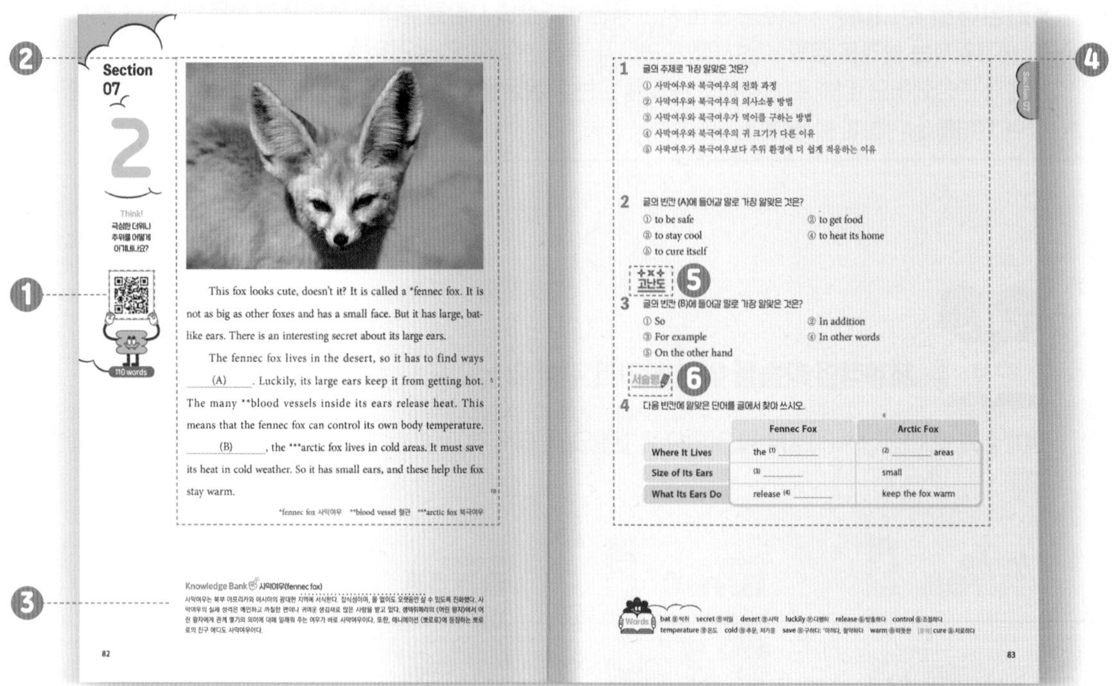

❶ QR코드
지문을 읽기 전에 녹음 파일을 듣고, 내용을 미리 파악해 보세요. 또, 학습 후 녹음 파일을 들으면서 복습할 수도 있어요.

❷ Reading
재미있고 상식도 쌓을 수 있는 지문을 읽어 보세요. 영어 독해 실력 향상은 물론, 상식을 넓히고 사고력도 기를 수 있어요.

❸ Knowledge Bank
지문 이해를 돕는 배경지식을 읽어 보세요. 지문이 이해가 안 될 때, 내용을 더 깊이 알고 싶을 때 큰 도움이 될 거예요.

❹ 최신 경향의 문제
최신 학습 경향을 반영한 다양한 문제를 풀어 보세요. 대의 파악부터 세부 정보 파악, 서술형 문제까지 정답을 보지 않고 스스로 푸는 것이 중요해요.

❺ 고난도
조금 어렵지만 풀고 나면 독해력이 한층 더 상승하는 것을 느낄 수 있어요. 한 번에 풀 수 없으면, 지문을 한 번 더 읽어 보세요.

❻ 서술형
서술형 문제로 독해력을 높이는 동시에 학교 내신 서술형 문제에도 대비할 수 있어요.

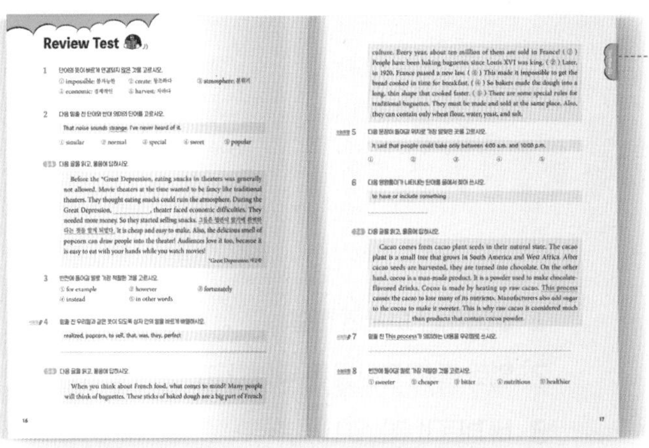

Review Test

각 섹션에서 배운 단어와 숙어를 반복 학습하고, 수능 유형과 최신 내신 기출 서술형 유형을 반영한 문제를 통해 실전 감각을 기를 수 있어요.

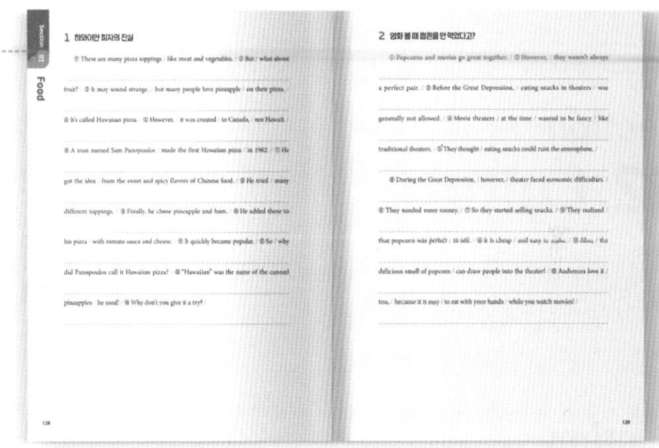

직독직해 워크시트

각 지문의 문장별 직독직해 훈련을 통해 배운 내용을 더 꼼꼼히 복습할 수 있어요.

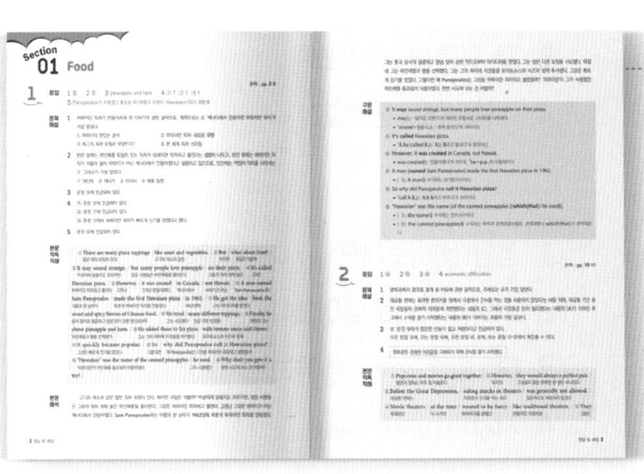

정답 및 해설

정답의 이유를 알려주는 문제 해설, 빠르게 해석할 수 있는 방법을 보여주는 직독직해, 한눈에 보는 본문 해석, 해석이 안 되는 부분이 없도록 도와주는 구문 해설로 알차게 구성했습니다.

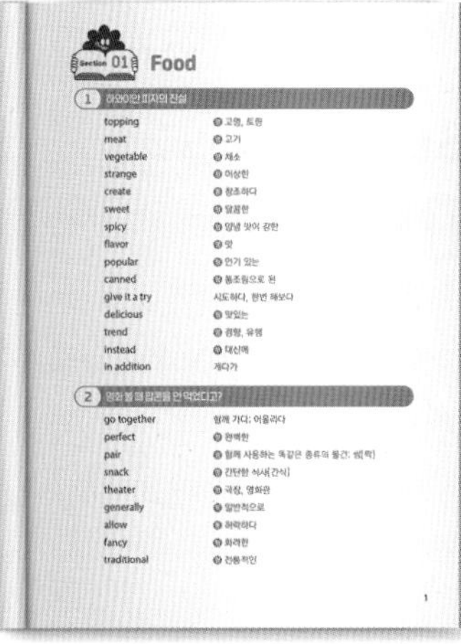

어휘 암기장

본문에 나온 단어와 숙어를 한눈에 볼 수 있도록 정리했습니다. 간단한 확인 문제도 있으니, 가지고 다니며 암기하고 확인해 볼 수 있어요.

Contents

Section

01

Food

1 하와이안 피자의 진실

2 영화 볼 때 팝콘을 안 먹었다고?

3 바게트가 뭐길래!

4 비슷한 너희들~ 정체가 뭐니?

Section 01

1

Think!
어떤 토핑이 올라간 피자를 좋아하나요?

112 words

There are many pizza toppings like meat and vegetables. But what about fruit? It may sound strange, but many people love pineapple on their pizza. It's called Hawaiian pizza. ____________, it was created in Canada, not Hawaii. A man named Sam Panopoulos made the first Hawaiian pizza in 1962. He got the idea from the sweet and spicy flavors of Chinese food. He tried many different toppings. Finally, he chose pineapple and ham. He added these to his pizza with tomato sauce and cheese. It quickly became popular. So why did Panopoulos call it Hawaiian pizza? "Hawaiian" was the name of the canned pineapples he used. Why don't you give it a try?

Knowledge Bank 세계의 이색 피자

각국마다 독특한 토핑이 올라간 피자들이 있다. 먼저, 스웨덴에는 바나나 카레 피자가 있다. 이 피자는 햄과 바나나가 토핑으로 올라가고 그 위에 카레 가루가 뿌려져 있는 것이 특징이다. 호주에는 악어 고기 피자가 있으며 러시아에는 생선이 토핑으로 올라간 피자가 있는데, 이 생선 피자는 주로 차갑게 먹는다.

1 글의 제목으로 가장 알맞은 것은?

① The Delicious Food of Hawaii
② Hawaiian Pizza: A New Trend
③ What's the Best Pizza Topping?
④ Pizza Styles Around the World
⑤ Hawaiian Pizza, Made in Canada

2 글의 빈칸에 들어갈 말로 가장 알맞은 것은?

① Instead ② However ③ In addition
④ Therefore ⑤ For example

서술형

3 밑줄 친 these가 가리키는 것을 글에서 찾아 쓰시오.

____

4 글의 내용과 일치하면 T, 그렇지 않으면 F를 쓰시오.

(1) 하와이안 피자는 하와이에서 만들어진 것이 아니다. ________
(2) 중국의 음식이 최초의 하와이안 피자를 만드는 데 영향을 주었다. ________
(3) 하와이안 피자는 처음에 많은 인기를 얻지 못했다. ________

고난도 서술형

5 Panopoulos가 파인애플 피자를 'Hawaiian pizza'라고 부른 이유를 우리말로 쓰시오.

____

Words
topping 명 고명, 토핑 meat 명 고기 vegetable 명 채소 strange 형 이상한 create 동 창조하다 sweet 형 달콤한 spicy 형 양념 맛이 강한 flavor 명 맛 popular 형 인기 있는 canned 형 통조림으로 된 give it a try 시도하다, 한번 해보다
[문제] delicious 형 맛있는 trend 명 경향, 유행 instead 부 대신에 in addition 게다가 therefore 부 따라서

Section 01

2

Think!
영화 볼 때
즐겨 먹는 간식은
무엇인가요?

107 words

Popcorns and movies go great together. However, they weren't always a perfect pair. Before the *Great Depression, eating snacks in theaters was generally not allowed. Movie theaters at the time wanted to be fancy like traditional theaters. They thought eating snacks could ruin the atmosphere.

(A) They needed more money. (B) So they started selling snacks. (C) During the Great Depression, however, theaters faced economic difficulties. They realized that popcorn was perfect to sell. It is cheap and easy to make. Also, the delicious smell of popcorn can draw people into the theater! Audiences love it too, because it is easy to eat with your hands while you watch movies!

*Great Depression 대공황

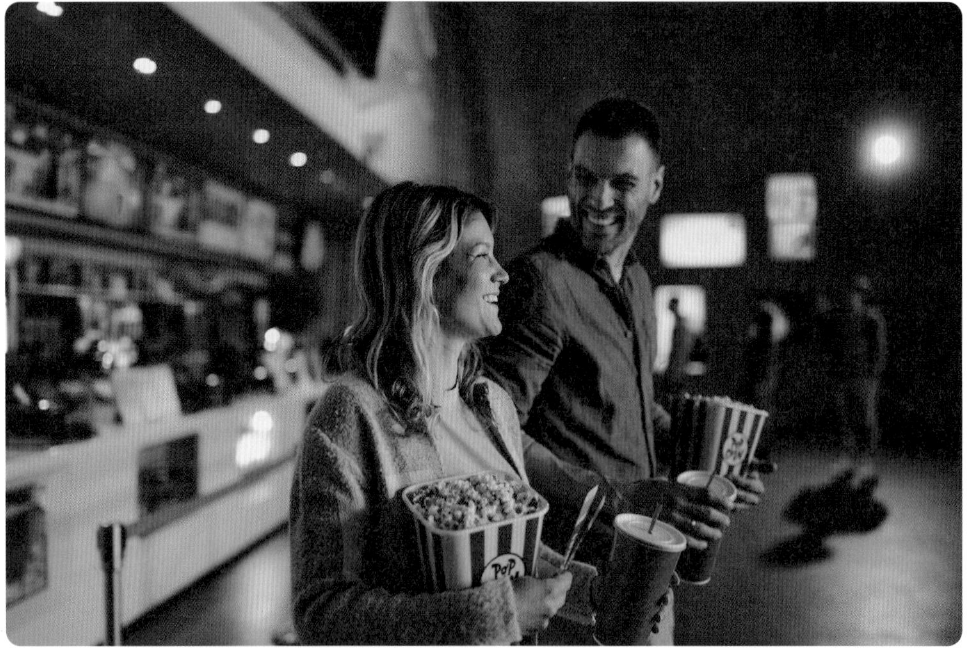

Knowledge Bank 대공황(Great Depression)

대공황은 1920년대 말부터 1930년대 말까지 지속된 미국 역사상 최악의 경제 위기이다. 미국뿐만 아니라 영국, 독일, 프랑스 등 세계의 많은 나라들의 경제가 무너졌다. 많은 사람들이 일자리를 잃어 노동자들은 빈민층으로 전락하였다. 당시 미국 전체 노동자의 27%가 직장을 잃었다고 한다. 당시 미국의 대통령이었던 프랭클린 루스벨트(F. Roosevelt)는 경제를 되살리기 위해 댐 건설 등 국가에서 주도하는 사업을 시작했는데, 이를 뉴딜(New Deal) 정책이라고 한다.

1 글의 주제로 가장 알맞은 것은?

① 팝콘 기계를 발명한 인물

② 팝콘과 잘 어울리는 음식

③ 영화관에서 먹는 간식의 변천사

④ 팝콘이 영화관의 대표적 간식이 된 이유

⑤ 더 많은 관객을 동원하기 위한 극장의 전략

2 문장 (A)~(C)를 글의 흐름에 알맞게 배열한 것은?

① (A) - (B) - (C)
② (A) - (C) - (B)
③ (B) - (A) - (C)
④ (B) - (C) - (A)
⑤ (C) - (A) - (B)

3 팝콘에 관한 글의 내용과 일치하는 것은?

① 초기 영화관에서는 간식을 먹는 것이 일반적이었다.

② 초기 영화관은 전통적인 극장과 전혀 다른 분위기를 원했다.

③ 영화관은 대공황 시기에 영화 상영만으로도 충분한 돈을 벌었다.

④ 팝콘은 만들기에 쉽고 저렴하다는 장점이 있다.

⑤ 처음에 사람들은 영화관에서 나는 팝콘 냄새를 싫어했다.

고난도 서술형

4 다음 빈칸에 알맞은 단어를 글에서 찾아 쓰시오.

Movie theaters started selling snacks to overcome __________ __________.

Words go together 함께 가다; *어울리다 perfect ⓗ 완벽한 pair ⓜ 함께 사용하는 똑같은 종류의 물건; *쌍[짝] snack ⓜ 간단한 식사[간식] theater ⓜ 극장, 영화관 generally ⓟ 일반적으로 allow ⓓ 허락하다 fancy ⓗ 화려한 traditional ⓗ 전통적인 ruin ⓓ 망치다 atmosphere ⓜ 분위기 face ⓓ 마주보다; *(상황에) 직면하다 economic ⓗ 경제적인 difficulty ⓜ 어려움 sell ⓓ 팔다 realize ⓓ 깨닫다 smell ⓜ 냄새 draw ⓓ 그리다; *끌어당기다 audience ⓜ 청중[관중]

Section 01

3

Think!
바게트를 먹어본 적 있나요?

123 words

When you think about French food, what comes to mind? Many people will think of baguettes. These sticks of baked dough are a big part of French culture. Every year, about ten million of them are sold in France! People have been baking baguettes since Louis XVI was king. Later, in 1920, France passed a new law. It said that people could bake only between 4:00 a.m. and 10:00 p.m. This made it impossible to get the bread cooked in time for breakfast. So bakers made the dough into a long, thin shape that ________________.

There are some special rules for traditional baguettes. They must be made and sold at the same place. Also, they can contain only wheat flour, water, yeast, and salt.

Knowledge Bank 바게트에 진심인 프랑스 정부

프랑스 정부는 최근까지도 바게트에 관련한 엄격한 법을 고수해왔다. 프랑스 정부는 1986년까지 바게트 가격을 규제했다. 현재는 규제가 풀렸지만 시민들의 반발을 고려하여 함부로 가격을 올리지 않는다. 또한 정부는 시민들이 빵을 먹지 못하는 일이 없도록 빵집 주인들이 여름 휴가를 정해진 시기에 가도록 하는 법을 제정하기도 하였다. 이 법은 2015년에 폐지되었다.

1 글의 제목으로 가장 알맞은 것은?

① Why Do Baguettes Bake So Easily?
② How to Eat Baguettes Like the French
③ The Secret Behind Delicious Baguettes
④ Baguettes: An Important Bread in France
⑤ The French Foods That Go Best with Baguettes

고난도

2 글의 빈칸에 들어갈 말로 가장 알맞은 것은?

① tasted better
② was traditional
③ cooked faster
④ looked delicious
⑤ was more popular

3 바게트에 관한 글의 내용과 일치하면 T, 그렇지 않으면 F를 쓰시오.

(1) 과거에 굽는 시간을 제한하는 법이 있었다. ________
(2) 굽는 장소와 판매되는 장소가 반드시 달라야 했다. ________

4 다음 영영 뜻풀이에 해당하는 단어를 글에서 찾아 쓰시오.

the way of life, customs, beliefs, arts, etc. of a particular country or group of people

____

Words French ⓗ 프랑스의; ⓜ 프랑스인 come to mind 생각이 떠오르다 baked ⓗ (오븐에) 구운 dough ⓜ 반죽 culture ⓜ 문화 pass a law 법을 통과시키다 impossible ⓗ 불가능한 in time for ~에 시간 맞춰 thin ⓗ 얇은, 가느다란 shape ⓜ 모양 rule ⓜ 규칙 contain ⓢ ~이 들어 있다 wheat flour 밀가루 yeast ⓜ 이스트, 효모균 [문제] custom ⓜ 관습, 풍습 belief ⓜ 신념 particular ⓗ 특정한

Section 01

4

Think!
카카오 열매에 대해 들어 본 적이 있나요?

117 words

The words *cacao* and *cocoa* look very similar. For this reason, many people think they're the same thing. But they are very different! Cacao comes from cacao plant seeds in their natural state. The cacao plant is a small tree that grows in South America and West Africa. After cacao seeds are harvested, they are turned into chocolate.

_______________, cocoa is a man-made product. It is a powder used to make chocolate-flavored drinks. Cocoa is made by heating up raw cacao. This process causes the cacao to lose many of its nutrients. Manufacturers also add sugar to the cocoa to make it sweeter. This is why raw cacao is considered much healthier than products that contain cocoa powder.

Knowledge Bank 젤라틴 vs. 젤라또

젤라틴(gelatin)은 젤리를 만드는 원료로, 동물성 천연 단백질인 콜라겐을 뜨거운 물로 처리하여 얻어진 것이다. 젤라또(gelato)는 '얼었다'라는 뜻의 이탈리아어로, 이탈리아식 아이스크림을 가리키는 말이다. 젤라또는 당도가 낮고 특유의 쫄깃한 식감을 가지고 있다.

1 글의 제목으로 가장 알맞은 것은?

① One Product with Two Names
② How Cacao Is Turned into Cocoa
③ Chocolate Comes in Many Forms
④ The Key Ingredients of Chocolate
⑤ Don't Confuse Cacao with Cocoa!

2 글의 빈칸에 들어갈 말로 가장 알맞은 것은?

① So
② In addition
③ For example
④ In other words
⑤ On the other hand

3 카카오에 관한 글의 내용과 일치하면 T, 그렇지 않으면 F를 쓰시오.

(1) 카카오 식물의 뿌리로부터 나온다. ________
(2) 코코아보다 더 건강에 좋다고 여겨진다. ________

서술형

4 다음 빈칸에 알맞은 단어를 보기에서 골라 쓰시오.

보기	natural	artificial	liquid	powder

Cacao is a __________ product that is used to make chocolate. Cocoa, however, is a __________ that is made by heating raw cacao.

Words similar ⓗ 비슷한 plant ⓜ 식물 seed ⓜ 씨앗 natural ⓗ 자연의, 천연의 state ⓜ 상태 grow ⓢ 자라다 harvest ⓢ 수확하다 turn ⓢ 변화시키다, 바꾸다 man-made ⓗ 인공의 powder ⓜ 가루, 분말 flavored ⓗ ~의 맛이 나는 heat (up) ~을 가열하다 raw ⓗ 가공되지 않은, 원료 그대로의 cause ⓢ 야기하다 lose ⓢ 잃다 nutrient ⓜ 영양소 manufacturer ⓜ 제조업자 consider ⓢ 여기다, 생각하다 [문제] form ⓜ 형태 key ⓗ 핵심적인 ingredient ⓜ 재료, 원료 confuse ⓢ 혼동하다 in other words 다시 말해서 on the other hand 반면에

Review Test

1 단어의 뜻이 바르게 연결되지 않은 것을 고르시오.

① impossible: 불가능한 ② create: 창조하다 ③ atmosphere: 분위기
④ economic: 경제적인 ⑤ harvest: 자라다

2 다음 밑줄 친 단어와 반대 의미의 단어를 고르시오.

That noise sounds strange. I've never heard of it.

① similar ② normal ③ special ④ sweet ⑤ popular

3-4 다음 글을 읽고, 물음에 답하시오.

Before the *Great Depression, eating snacks in theaters was generally not allowed. Movie theaters at the time wanted to be fancy like traditional theaters. They thought eating snacks could ruin the atmosphere. During the Great Depression, ____________, theater faced economic difficulties. They needed more money. So they started selling snacks. 그들은 팝콘이 팔기에 완벽하다는 것을 알게 되었다. It is cheap and easy to make. Also, the delicious smell of popcorn can draw people into the theater! Audiences love it too, because it is easy to eat with your hands while you watch movies!

*Great Depression 대공황

3 빈칸에 들어갈 말로 가장 적절한 것을 고르시오.

① for example ② however ③ fortunately
④ instead ⑤ in other words

서술형 **4** 밑줄 친 우리말과 같은 뜻이 되도록 상자 안의 말을 바르게 배열하시오.

realized, popcorn, to sell, that, was, they, perfect

____

5-6 다음 글을 읽고, 물음에 답하시오.

When you think about French food, what comes to mind? Many people will think of baguettes. These sticks of baked dough are a big part of French culture. Every year, about ten million of them are sold in France! (①) People have been baking baguettes since Louis XVI was king. (②) Later, in 1920, France passed a new law. (③) This made it impossible to get the bread cooked in time for breakfast. (④) So bakers made the dough into a long, thin shape that cooked faster. (⑤) There are some special rules for traditional baguettes. They must be made and sold at the same place. Also, they can contain only wheat flour, water, yeast, and salt.

수능유형 **5** 다음 문장이 들어갈 위치로 가장 알맞은 곳을 고르시오.

It said that people could bake only between 4:00 a.m. and 10:00 p.m.

① ② ③ ④ ⑤

6 다음 영영풀이가 나타내는 단어를 글에서 찾아 쓰시오.

to have or include something

____

7-8 다음 글을 읽고, 물음에 답하시오.

Cacao comes from cacao plant seeds in their natural state. The cacao plant is a small tree that grows in South America and West Africa. After cacao seeds are harvested, they are turned into chocolate. On the other hand, cocoa is a man-made product. It is a powder used to make chocolate-flavored drinks. Cocoa is made by heating up raw cacao. This process causes the cacao to lose many of its nutrients. Manufacturers also add sugar to the cocoa to make it sweeter. This is why raw cacao is considered much __________ than products that contain cocoa powder.

서술형 **7** 밑줄 친 This process가 의미하는 내용을 우리말로 쓰시오.

____

수능유형 **8** 빈칸에 들어갈 말로 가장 적절한 것을 고르시오.

① sweeter ② cheaper ③ bitter ④ nutritious ⑤ healthier

한국 음식과 비슷한 외국 음식들

외국 음식은 왠지 특이하고 낯설게 느껴지는데요. 외국 음식 중에는 한국 음식과 비슷한 음식들이 의외로 많습니다. 어떤 것들이 있는지 함께 살펴볼까요?

헝가리의 육개장, 굴라시 (goulash)

헝가리를 여행하다가 따뜻한 국물이 그리워진다면 굴라시를 추천합니다. 굴라시는 헝가리의 전통 요리로 소고기와 각종 야채, 파프리카를 넣고 오랜 시간 끓여 낸 음식입니다. 굴라시는 우리나라의 육개장과 비슷한 맛이라 한국 사람들에게 더욱 사랑받는 음식입니다. 헝가리 외에도 체코, 오스트리아, 독일 등 주변 국가에서도 쉽게 볼 수 있는 음식이라고 하니 꼭 기억하세요.

프랑스의 순대, 부댕 (boudin)

부댕은 돼지 내장 안에 돼지 피, 파, 양파 등을 넣은 음식입니다. 한국식 순대와 맛과 향은 비슷하지만, 주로 당면과 찹쌀로 속을 채우는 순대보다 훨씬 더 부드러운 식감을 자랑합니다. 피를 넣어 검은빛이 나는 부댕은 부댕 느와(boudin noir), 피를 넣지 않아 흰빛이 도는 부댕은 부댕 블랑(boudin blanc)이라고 합니다. 순대와 마찬가지로, 부댕은 프랑스인에게 두루 사랑받는 음식은 아니지만 즐겨 먹는 이가 매우 많습니다.

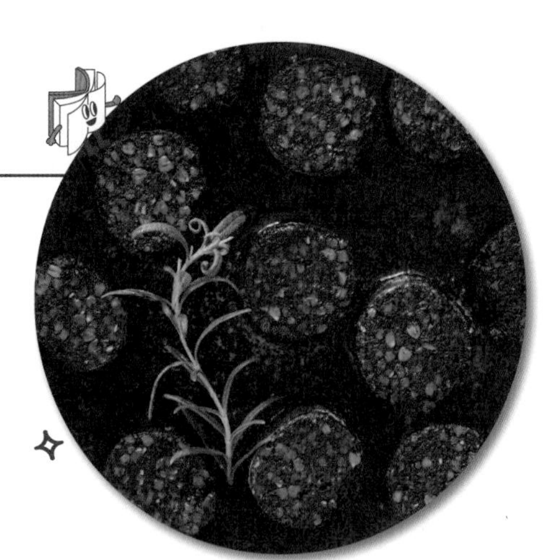

모로코의 갈비찜, 타진 (tajine)

아프리카 모로코의 타진은 고기나 생선을 주재료로 하고 그에 맞는 채소를 곁들인 요리로 한국의 갈비찜과 비슷한 맛이 납니다. 타진은 뚜껑이 길쭉한 모양의 특수한 전통 그릇을 이용해 요리하는데요. 끓일 때 생긴 수증기나 재료의 수분이 날아가지 않고 뚜껑에 물방울이 되어 맺힌 뒤 냄비 속으로 흘러 들어가기 때문에 적은 물로도 촉촉한 식감을 낼 수 있습니다.

Section

02

Culture

1 카우보이 장화가 왜 그곳에?

2 첫 등교일이 기다려지는 이유

3 귀엽기만 한 게 아니야

4 새해 첫날, 어떤 음식을 먹을까?

Section 02

1

Think!
카우보이 장화를 본 적이 있나요?

118 words

In rural areas of the United States, you may see cowboy boots on fence posts. Why are boots placed like that?

Ranchers used to leave their boots on fence posts to show they were home. Long ago, there were no phones or electricity. So this was an easy way to communicate. People saw the boots and knew the rancher was there. (①) Hanging boots on fences was also done when a horse died. (②) Ranchers were close to their horses. (③) They hung up their boots to show respect for their beloved animal. (④) They could honor their friend in this way. (⑤)

So, now you know the reason behind this tradition. If you see boots on a fence, just leave them alone.

*rancher 목장 주인

Knowledge Bank 카우보이 모자의 용도

카우보이 패션 하면 떠오르는 것 중에는 카우보이 모자가 있다. 카우보이 모자는 목장에서 일하는 사람들의 얼굴과 목이 뜨거운 해에 노출되지 않도록 하기 위해 지금처럼 챙이 넓은 모양을 갖게 되었다. 이 용도 외에 카우보이 모자는 말이 물을 마실 수 있도록 하는 양동이의 역할도 했다고 전해진다.

1 글의 주제로 가장 알맞은 것은?

① why ranchers leave their boots on fences
② the benefits of keeping old cowboy boots
③ the changes in cowboy traditions in rural areas
④ the purpose of wearing boots while riding a horse
⑤ how to show respect after a friend or pet passes away

2 다음 문장이 들어갈 위치로 가장 알맞은 곳은?

The same practice was done when a fellow rancher passed away.

① ② ③ ④ ⑤

3 다음 영영 뜻풀이에 해당하는 단어를 글에서 찾아 쓰시오.

something that a group of people does or believes that has been passed down for a long time

____

서술형

4 다음 빈칸에 알맞은 단어를 글에서 찾아 쓰시오.

Ranchers hung cowboy boots on fences to inform neighbors that they were __________ or to __________ a dear friend who passed away.

Words rural 형 시골의, 지방의 area 명 지역 fence 명 울타리 post 명 우편; *기둥[말뚝] electricity 명 전기 communicate 동 의사소통하다 hang 동 걸다 die 동 죽다 close 형 가까운 respect 명 존경 beloved 형 인기 많은; *(대단히) 사랑하는 honor 동 존경하다, 경의를 표하다 tradition 명 전통 [문제] benefit 명 이점 purpose 명 목적 pass away 사망하다 practice 명 실행; *관행 fellow 명 친구; *동료 pass down ~을 물려주다[전해주다] inform 동 알리다 neighbor 명 이웃 (사람)

Section
02

2

Think!
초등학교에
입학하던 날
기분이 어땠나요?

125 words

Children are often nervous on their very first day of school. In Germany, however, this day is fun and exciting thanks to an old tradition. Children starting first grade in Germany are given cone-shaped bags full of school supplies, toys, and even candy!

This tradition is called "school cones." It started in the early 1800s. According to one story, parents or grandparents brought the school cones to the schools. Then they were hung on a school cone tree in the students' classroom. When the tree was ripe with cones, it meant that the students were ready to attend school. So they could pick up their school cones on the first day of school. These special gifts make the first day of school an enjoyable event!

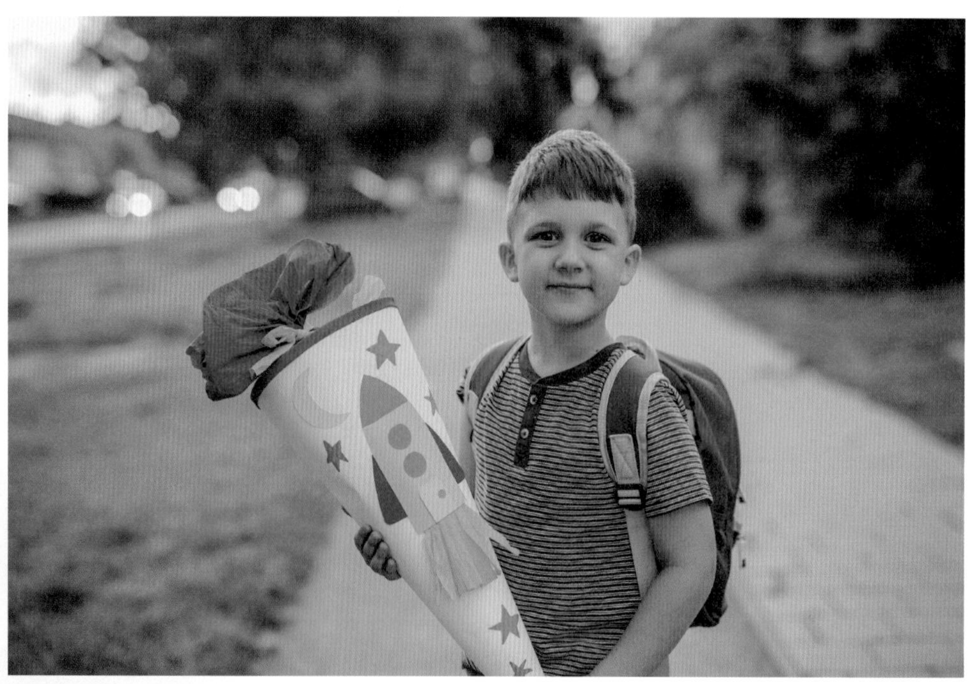

1 글의 제목으로 가장 알맞은 것은?

① The Tragic History of School Cones
② School Cones: Keeping Children Safe
③ A Plan to Bring Back School Cone Trees
④ Why School Cones Exist Only in Germany
⑤ School Cones: Making a Nervous Day Exciting

2 글의 내용과 일치하면 T, 그렇지 않으면 F를 쓰시오.

(1) 독일 학생들은 1학년을 시작하는 첫날에 스쿨 콘을 받는다. ________
(2) 스쿨 콘은 1800년대 초기에 금지되었다. ________
(3) 과거에 선생님이 스쿨 콘을 학교에 가져왔다. ________

고난도 서술형

3 글의 밑줄 친 the tree was ripe with cones가 의미하는 내용을 우리말로 쓰시오.

____

서술형

4 다음 빈칸에 알맞은 단어나 표현을 글에서 찾아 쓰시오.

Children in Germany are given school cones on their __________ __________ of school, which helps them feel less __________.

Words nervous 형 긴장한 Germany 명 독일 school supplies 학용품 according to ~에 따르면 bring 동 가져다주다 (bring-brought-brought) ripe with ~로 가득한 mean 동 의미하다 (mean-meant-meant) attend 동 참석하다; *다니다 enjoyable 형 즐거운 [문제] tragic 형 비극적인 bring back ~을 기억나게 하다; *~을 다시 도입하다 exist 동 존재하다

Section 02

3

Think!
마멋에 대해 알고 있나요?

118 words

On February 2, people in the US and Canada celebrate Groundhog Day. On this day, they pay close attention to groundhogs' behavior. Some think that it predicts ________________! Groundhogs sleep during the winter. On Groundhog Day, they come out of their winter homes. If a groundhog sees its shadow, it will go back and sleep more. This means winter will last six more weeks. If the groundhog stays outside, it means spring is almost here. The largest Groundhog Day celebration is in Punxsutawney, Pennsylvania. People started gathering there to see a groundhog named Punxsutawney Phil in 1886. Everyone enjoys the fun atmosphere. However, not everyone believes Phil's prediction. In fact, he is correct only about 40% of the time!

*groundhog 마멋(다람쥐과의 설치류)

1 글의 제목으로 가장 알맞은 것은?

① The Best Places to Celebrate Groundhog Day
② The History and Meaning of Groundhog Day
③ Punxsutawney Phil: The Smartest Groundhog
④ Why Groundhog Day Should Not Be Celebrated
⑤ How Groundhogs Can Accurately Predict the Weather

고난도

2 글의 빈칸에 들어갈 말로 가장 알맞은 것은?

① the risk ② a victory ③ the weather
④ a new trend ⑤ the environment

3 글의 내용과 일치하면 T, 그렇지 않으면 F를 쓰시오.

(1) 마멋의 날을 기념하는 나라는 미국뿐이다. ________
(2) Punxsutawney Phil의 예측이 항상 정확한 것은 아니다. ________

서술형

4 다음 빈칸에 알맞은 단어를 글에서 찾아 쓰시오.

Does the groundhog see its (1) ________?	What does it do?	Prediction
Yes.	→ It returns home to (2) ________ more.	→ There will be six more weeks of (3) ________.
No.	→ It stays outside.	→ (4) ________ will come soon.

Words celebrate ⑤ 기념하다 (celebration ⑲ 기념행사) pay attention to ~에 주의를 기울이다 close ⑱ (시간·거리가) 가까운; *정밀한[상세한] behavior ⑲ 행동 predict ⑤ 예측하다 (prediction ⑲ 예측) shadow ⑲ 그림자 last ⑤ 지속되다 gather ⑤ 모이다 name ⑲ 이름 ⑤ *이름을 지어주다 atmosphere ⑲ 분위기 correct ⑱ 옳은 [문제] meaning ⑲ 의미 accurately ⑨ 정확하게 risk ⑲ 위험 victory ⑲ 승리 environment ⑲ 환경

Section 02

Think!
새해 첫날
어떤 음식을
먹나요?

136 words

On New Year's Day, many people eat ______________! They eat them to gain money, love, or other kinds of good fortune. But these good luck foods are different from culture to culture.

(a) Some Europeans eat pork on this day. (b) Pigs dig forward with their nose. (c) People think that this represents progress. (d) Some people like beef more than pork. (e) So people eat it to move forward in the new year.

In China, long noodles represent long life. So the Chinese eat noodles on New Year's Day. They believe that they can live a long life by doing this.

*Black-eyed peas and greens are good luck foods on New Year's Day for people in the **Southern US. Black-eyed peas look like coins, and greens resemble dollar bills. For this reason, people believe that they will bring money and luck.

*black-eyed pea 동부콩 **Southern US 미국 남부

Knowledge Bank 일본과 불가리아의 새해 음식

일본인들은 새해 첫날을 오곡을 지키는 신을 맞이하는 날이라고 생각한다. 신이 오는 동안 불과 칼의 사용을 조심해야 한다고 여겨 이때에는 여러 재료를 미리 조려서 찬합에 넣어 두었다가 먹는다. 이 음식을 '오세치'라고 한다. 각각의 재료에는 특별한 의미가 있다. 예를 들어, 새우는 장수를, 연근은 지혜를 의미한다.
불가리아에서는 새해에 '포카치아'라는 납작한 빵을 만들어 먹는데, 빵 반죽에 동전을 넣는다. 빵을 나눠 먹을 때 동전이 든 빵 조각을 먹는 사람이 그 해에 행운이 있다고 믿는다.

1 글의 빈칸에 들어갈 말로 가장 알맞은 것은?

① fresh foods
② delicious foods
③ traditional foods
④ some foods for luck
⑤ some foods for health

2 글의 (a)~(e) 중, 전체 흐름과 관계없는 문장은?

① (a) ② (b) ③ (c) ④ (d) ⑤ (e)

3 다음 영영 뜻풀이에 해당하는 단어를 글에서 찾아 쓰시오.

to look like or be similar to someone or something

____

4 새해에 먹는 음식과 그 이유를 연결하시오.

(1) 돼지고기 • • ⓐ 장수를 상징하므로
(2) 국수 • • ⓑ 진보를 나타내므로
(3) 동부콩과 녹색 채소 • • ⓒ 돈과 행운을 가져온다고 여겨지므로

Words gain 동 얻다 fortune 명 운, 행운 (= luck) pork 명 돼지고기 dig 동 땅을 파다 forward 부 앞으로 represent 동 나타내다, 상징하다 progress 명 진보, 발전 beef 명 소고기 move 동 움직이다; *나아가다 noodle 명 국수 green 형 녹색의 명 *((복수형)) 녹색 채소 coin 명 동전 resemble 동 닮다, 비슷하다 bill 명 지폐 [문제] fresh 형 신선한

Review Test

1 단어의 뜻이 바르게 연결되지 않은 것을 고르시오.

① gain: 얻다 ② dig: 땅을 파다 ③ represent: 기념하다
④ last: 지속되다 ⑤ accurately: 정확하게

2 다음 밑줄 친 단어와 비슷한 의미의 단어를 고르시오.

He had a fortune to win the lottery.

① behavior ② trend ③ purpose ④ luck ⑤ risk

3-4 다음 글을 읽고, 물음에 답하시오.

In rural areas of the United States, you may see cowboy boots on fence posts. Why are boots placed like that? Ranchers used to leave their boots on fence posts to show they were home. Long ago, there were no phones or electricity. So this was ______________. People saw the boots and knew the rancher was there. Hanging boots on fences was also done when a horse died. Ranchers were close to their horses. They hung up their boots to show respect for their beloved animal. The same practice was done when a fellow rancher passed away. They could honor their friend in this way. So, now you know the reason behind this tradition. If you see boots on a fence, just leave them alone.

*rancher 목장 주인

수능유형 **3** 빈칸에 들어갈 말로 가장 적절한 것을 고르시오.

① a sign of good luck
② an easy way to communicate
③ a way to decorate the fence
④ a way to keep the boots dry
⑤ a method to scare away animals

서술형 **4** 밑줄 친 this way가 의미하는 내용을 우리말로 쓰시오.

____

5-6 다음 글을 읽고, 물음에 답하시오.

Children are often nervous on their very first day of school. In Germany, however, this day is fun and exciting thanks to an old ___(A)___.

Children starting first grade in Germany are given cone-shaped bags full of school supplies, toys, and even candy! This ____(B)____ is called "school cones." It started in the early 1800s. According to one story, parents or grandparents brought the school cones to the schools. Then they were hung on a school cone tree in the students' classroom. When the tree was ripe with cones, it meant that the students were ready to attend school.

5 빈칸 (A)와 (B)에 공통으로 들어갈 말로 가장 적절한 것을 고르시오.

① story ② holiday ③ habit ④ way ⑤ tradition

6 다음 영영풀이가 나타내는 단어를 글에서 찾아 쓰시오.

feeling worried and scared about what might happen

____

7-8 다음 글을 읽고, 물음에 답하시오.

On Groundhog Day, people pay close attention to groundhogs' behavior. Some think that ⓐ it predicts the weather! Groundhogs sleep during the winter. On Groundhog Day, they come out of their winter homes. If ⓑ a groundhog sees ⓒ its shadow, ⓓ it will go back and sleep more. This means winter will last six more weeks. If the groundhog stays outside, ⓔ it means spring is almost here. The largest Groundhog Day celebration is in Punxsutawney, Pennsylvania. People started gathering there to see a groundhog named Punxsutawney Phil in 1886. Everyone enjoys the fun atmosphere. However, 모든 사람들이 Phil의 예측을 믿는 것은 아니다.

*groundhog 마멋(다람쥐과의 설치류)

수능유형 **7** 밑줄 친 ⓐ~ⓔ 중, 가리키는 대상이 나머지 넷과 다른 것을 고르시오.

① ⓐ ② ⓑ ③ ⓒ ④ ⓓ ⑤ ⓔ

서술형 **8** 밑줄 친 우리말과 같은 뜻이 되도록 상자 안의 말을 바르게 배열하시오.

Phil's prediction, everyone, believes, not

____

비를 예측하는 동물들

개미가 장을 치면 비가 온다!

'개미가 거둥하면 비가 온다'라는 속담을 들어본 적 있나요? '거둥'은 임금이 나들이하는 것을 말합니다. 즉, 개미가 긴 줄을 지어 가는 것을 보고 비가 올 것을 미리 예측할 수 있다는 뜻을 지니고 있어요. 개미는 날씨 변화에 매우 민감한 곤충 중 하나입니다. 특히나, 습기를 극도로 싫어한답니다! 때문에 비를 미리 감지한 땅굴 속 개미들은 알과 식량을 안전한 피난처로 옮겨 놓습니다. 반대로 땅 구멍을 막는 개미들도 있어요. 빗물이 구멍으로 흘러 들어가지 못하게 막는 것입니다!

뻐끔뻐끔, 물 위로 입을 내놓고 숨 쉬는 물고기들

물고기는 물속의 산소를 섭취하여 살아갑니다. 그런데 비가 오기 전 저기압이 형성되면 기압이 하강하게 됩니다. 이것은 물속의 산소가 증발하기 쉬운 환경을 만듭니다. 결과적으로 수중의 산소가 부족해지게 됩니다. 때문에 물속에서 호흡이 힘들어진 물고기들은 수면 위로 떠올라 뻐끔뻐끔 호흡을 하게 됩니다! 그러니 수면 위로 올라온 물고기들을 발견한다면, 이는 곧 비가 올 수 있다는 징조이니 우산을 챙기세요!

낮게 날아 먹잇감을 낚아채는 제비

제비는 평소에 높이 나는 새로 유명합니다. 하지만 어떤 날에는 유독 낮게 나는 경우가 있습니다. 제비가 땅에 닿을 듯 말 듯 아슬아슬하게 나는 이유는 바로 먹잇감 때문입니다. 제비의 먹잇감들은 주로 작은 곤충들입니다. 비가 오기 전에 습도가 높아지면 곤충들은 날개가 무거워져서 높이 날지 못하게 됩니다. 또한, 빗방울을 피하기 위해 지상 근처로 내려와 나뭇잎 같은 숨을 장소를 찾게 됩니다. 제비는 이를 놓치지 않고 낮게 날아서 그들을 잽싸게 낚아챕니다.

Section

03

Body & Health

1 발톱보다 빠른 손톱

2 취미로 건강해질 수 있다?

3 자, 귀를 보여주세요!

4 컴퓨터에게 윙크를?

Think!
최근
손톱과 발톱을
언제 깎았나요?

We have nails on our hands and feet. But some people have one big question about them: Why do fingernails grow much faster than toenails?

We use our fingers much more than our toes. We touch or grab items, and type on our smartphones. These actions are a *stimulus. Our bodies send more blood to where the stimulus is. This increased blood flow delivers more nutrients to the area, which speeds up nail growth.

__________, your toes are usually resting safely in your socks and shoes. There is much less activity in the toes. So the toenails get fewer nutrients. In addition, nail growth is affected by vitamin D from sunlight. But socks and shoes prevent toes from receiving as much sunlight as fingers. This also makes toenails grow slower than fingernails.

*stimulus 자극

Knowledge Bank 평생 길어지는 신체 부위

손톱과 발톱은 평생 자라난다. 하지만 귀와 코도 평생 길어진다는 것을 알고 있는가? 이는 바로 중력 때문이다. 나이가 들수록 중력의 영향을 받아, 귀는 아래로 처지고 늘어지게 된다. 코도 마찬가지로 중력으로 인해 끝부분이 늘어지면서 자라난다.

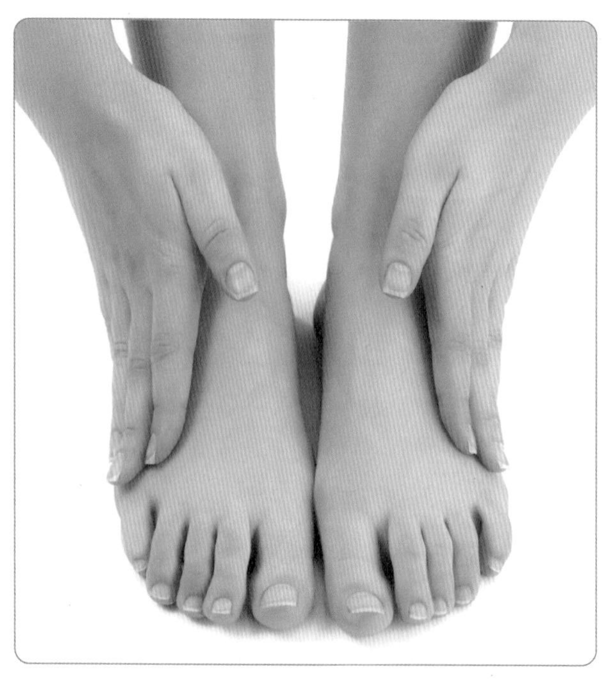

1 글의 제목으로 가장 알맞은 것은?

① Why Fingernails Get Damaged Easily
② Ways to Keep Our Fingernails Healthy
③ Why Fingernails Grow Faster than Toenails
④ The Benefits of Keeping Your Socks and Shoes on
⑤ The Dangers of Getting Too Much Sun on Your Nails

2 글의 빈칸에 들어갈 말로 가장 알맞은 것은?

① In fact ② Above all
③ Therefore ④ Meanwhile
⑤ In addition

3 글의 내용과 일치하지 않는 것은?

① 물건을 잡는 행위는 손가락에 자극이 된다.
② 우리 몸은 자극이 있는 곳으로 혈액을 더 많이 보낸다.
③ 증가된 혈류는 영양소 전달을 방해한다.
④ 발가락은 손가락보다 활동량이 적다.
⑤ 손톱의 성장은 햇볕의 영향을 받는다.

서술형

4 다음 빈칸에 알맞은 단어를 글에서 찾아 쓰시오.

Question	Why do fingernails grow (1) __________ than toenails?
Answers	Fingernails have greater (2) __________ flow and more nutrients than toenails.
	Fingernails receive more (3) __________ than toenails.

Words nail 명 손톱, 발톱 fingernail 명 손톱 toenail 명 발톱 toe 명 발가락 grab 동 잡다 type 동 타자치다[입력하다] action 명 행동 blood 명 피, 혈액 flow 명 흐름 deliver 동 배달[전달]하다 nutrient 명 영양소, 영양분 area 명 지역; *부위 speed up 속도를 높이다 growth 명 성장 rest 동 쉬다 safely 부 안전하게 activity 명 활동 in addition 게다가 affect 동 영향을 끼치다 sunlight 명 햇빛 prevent 동 막다, 방지하다 receive 동 받다 [문제] damage 동 손상시키다 healthy 형 건강한 benefit 명 혜택, 이점 danger 명 위험 above all 무엇보다도 meanwhile 부 그동안에; *한편

Section 03

2

Think!
취미 활동을 가지고 있나요?

What can make us healthy? Exercise probably comes to mind first. But creative hobbies can also make us healthy. Studies suggest that creative hobbies such as painting, writing, or playing a musical instrument reduce stress. Doing creative things makes us feel less worried and sad. (①) This is because it helps us release our negative emotions. (②) They activate both sides of the brain. (③) Research shows that the left and right sides of musicians' brains are better connected. (④) This helps their brains work well. (⑤) It doesn't matter whether you draw, sing, or dance. Expressing your creativity is good for the brain. Do you have a creative hobby? If not, why don't you find one?

1 글의 요지로 가장 알맞은 것은?

① 음악가의 뇌는 다르게 작동한다.
② 창의적인 취미는 건강에 도움이 된다.
③ 꾸준히 할 수 있는 취미를 가져야 한다.
④ 스트레스 해소 방법은 개인마다 다르다.
⑤ 창의적이지 않은 취미는 하지 않는 것이 좋다.

2 다음 문장이 들어갈 위치로 가장 알맞은 곳은?

Creative hobbies are also good for our brain.

① ② ③ ④ ⑤

3 글의 내용과 일치하면 T, 그렇지 않으면 F를 쓰시오.

(1) 창의적인 일을 하면 걱정과 슬픔을 느끼기 쉽다. ________
(2) 음악가들의 양쪽 뇌는 더 잘 연결되어 있다는 연구 결과가 있다. ________
(3) 특정한 종류의 창의적인 취미만이 뇌에 도움을 준다. ________

서술형

4 다음 빈칸에 알맞은 단어를 글에서 찾아 쓰시오.

Creative hobbies help us by allowing us to release __________ emotions and by activating both sides of the __________.

Words exercise 명 운동 probably 부 아마 come to mind 생각이 떠오르다 creative 형 창의적인 (creativity 명 창의성) suggest 동 제안하다; *시사하다 instrument 명 기구; *악기 reduce 동 줄이다 stress 명 스트레스 worried 형 걱정하는 release 동 배출하다 negative 형 부정적인 emotion 명 감정 activate 동 활성화하다 musician 명 음악가 connect 동 연결하다 express 동 표현하다

Section 03

3

Think!
여러분을 가장 잘 드러내는 신체 부위는 어디인가요?

When you travel to a different country, *airport security staff check your identity. They may take your fingerprints or scan your eyes. But they will be able to check another body part in the future—your ears!

Airport security staff can take a picture of your ears. Then they can match the picture of your ears to your information. If they do this, they don't need to ask you to show your passport to them.

Everyone's ears have a unique shape. Of course, the size of our ears may change as we get older. But the shape of our ears is always ____________. So looking at a person's ears is a great way to check his or her identity.

*airport security 공항 보안

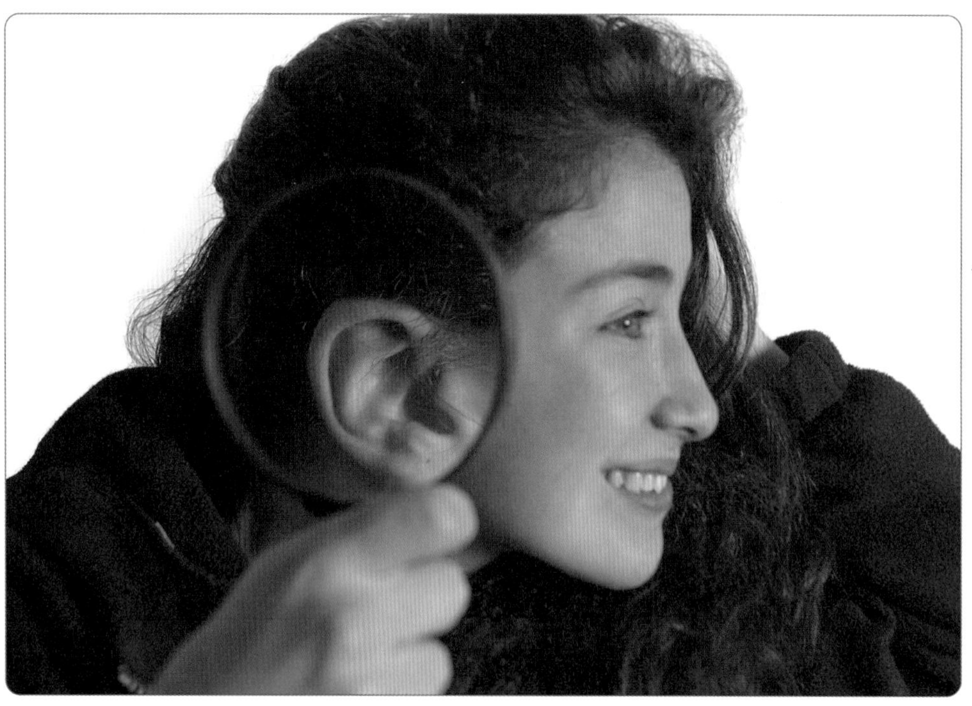

Knowledge Bank 얼굴 인식 프로그램

손가락의 지문, 눈의 홍채, 귀의 형태와 마찬가지로, 얼굴도 신원을 확인하는 데 사용된다. 얼굴은 카메라로 쉽게 판별할 수 있다. 사람들 얼굴의 데이터베이스를 만든 후, 입력된 얼굴 영상을 데이터베이스의 다른 얼굴들과 비교하는 원리이다. 얼굴 인식은 도용이나 복제가 어려워서 보안이 중요한 분야에 널리 활용된다.

1 글의 제목으로 가장 알맞은 것은?

① How to Travel Safely
② What Airport Security Staff Do
③ Why Our Ears Change over Time
④ Why People Have Different Ear Shapes
⑤ A New Way to Check a Person's Identity

고난도

2 글의 빈칸에 들어갈 말로 가장 알맞은 것은?

① strong ② simple ③ common
④ various ⑤ the same

3 다음 영영 뜻풀이에 해당하는 단어를 글에서 찾아 쓰시오.

different from everything else

____

서술형

4 다음 빈칸에 알맞은 단어를 글에서 찾아 쓰시오.

In the future, airport security staff can use an image of your __________ to check your __________. This is because everyone has a unique ear __________.

Words
staff 명 직원 check 동 확인하다 identity 명 신원 take 동 (어떤 출처에서) 얻다; *채취하다 fingerprint 명 지문 scan 동 스캔하다 in the future 미래에 take a picture 사진을 찍다 match 동 일치시키다, 맞추다 information 명 정보 passport 명 여권 unique 형 고유의, 특유의 shape 명 모양, 형태 size 명 크기 [문제] common 형 흔한 various 형 다양한

Section 03

4

Think!
미래의 컴퓨터는 지금과 어떻게 다를까요?

110 words

Blink your eyes, and you can control your computer! You can move the mouse with your eyes. You can click on something by blinking.

This is not something from *science fiction. It is an **eye-tracking computer. The process is simple. (A) The camera even works when you wear contact lenses or glasses. (B) The computer has a camera that senses movement. (C) When you move your eyes, it follows them.

Thanks to the eye-tracking computer, your hands can be __________. This can help many kinds of people. For example, doctors must perform difficult jobs with their hands and use a computer at the same time. They can do this easily with an eye-tracking computer.

*science fiction 공상 과학 소설
**eye-tracking computer 안구 추적 컴퓨터

Knowledge Bank 환자들의 손과 발, 입이 되어주는 IT기술

안구 추적 IT 기술은 손과 발 등 전반적인 움직임에 어려움을 겪는 환자들에게도 유용한 기술이다. 최근에는 안구 추적에서 더 나아가 뇌 표면 아래에 센서를 이식하여 환자의 생각을 바로 해석해 글과 말로 바꾸어 전달하는 IT 기술도 연구 중이다.

1 글의 주제로 가장 알맞은 것은?

① 컴퓨터 마우스의 작동 원리
② 복잡한 수술을 위한 특수 컴퓨터
③ 손 없이 사용 가능한 첨단 장비들
④ 눈의 움직임으로 제어 가능한 컴퓨터
⑤ 공상 과학 소설에 등장하는 인공 지능 컴퓨터

2 문장 (A)~(C)를 글의 흐름에 알맞게 배열한 것은?

① (A) – (B) – (C)
② (A) – (C) – (B)
③ (B) – (C) – (A)
④ (C) – (A) – (B)
⑤ (C) – (B) – (A)

3 글의 빈칸에 들어갈 말로 가장 알맞은 것은?

① free
② busy
③ lazy
④ useless
⑤ dangerous

고난도 서술형

4 글의 밑줄 친 this가 의미하는 내용을 우리말로 쓰시오.

____

blink ⓢ 눈을 깜빡이다 control ⓢ 제어하다 move ⓢ 움직이다 (movement ⓜ 움직임) track ⓢ 추적하다 process ⓜ 과정 wear ⓢ (옷·신발·안경 등)을 착용하다 sense ⓢ 감지하다 follow ⓢ 따르다, 따라가다 perform ⓢ (일·과제 등을) 수행하다 at the same time 동시에 easily ⓟ 쉽게 [문제] free ⓗ 자유로운 lazy ⓗ 게으른 useless ⓗ 쓸모없는

Review Test

1 단어의 뜻이 바르게 연결되지 않은 것을 고르시오.

① blink: 눈을 깜박이다　② sense: 감지하다　③ easily: 쉽게
④ track: 추적하다　⑤ process: 실험

2 다음 밑줄 친 단어와 비슷한 의미의 단어를 고르시오.

Each snowflake is unique in its shape and pattern.

① free　② lazy　③ special　④ creative　⑤ worried

3-4 다음 글을 읽고, 물음에 답하시오.

We have nails on our hands and feet. But some people have one big question about them: ______________________ We use our fingers much more than our toes. We touch or grab items, and type on our smartphones. These actions are a *stimulus. Our bodies send more blood to where the stimulus is. This increased blood flow delivers more nutrients to the area, which speeds up nail growth. Meanwhile, your toes are usually resting safely in your socks and shoes. There is much less activity in the toes. So the toenails get fewer nutrients. In addition, nail growth is affected by vitamin D from sunlight. 그러나 양말과 신발은 발가락이 손가락만큼 햇빛을 많이 받지 못하게 한다. This also makes toenails grow slower than fingernails.

*stimulus 자극

수능유형 **3** 빈칸에 들어갈 말로 가장 적절한 것을 고르시오.

① Why do we have nails on our hands?
② Why do our nails grow faster in the summer?
③ Why do fingernails grow much faster than toenails?
④ Why do toenails grow much faster than fingernails?
⑤ Why do fingernails and toenails grow at the same rate?

서술형 **4** 밑줄 친 우리말과 같은 뜻이 되도록 상자 안의 말을 바르게 배열하시오.

prevent, receiving, socks and shoes, from, toes

But ______________________________ as much sunlight as fingers.

5-6 다음 글을 읽고, 물음에 답하시오.

Studies suggest that creative hobbies such as painting, writing, or playing a musical instrument reduce stress. (a) Doing creative things makes us feel less worried and sad. (b) This is because it helps us release our negative emotions. (c) Spending time outdoors and being social with friends can also help keep us healthy. (d) Creative hobbies are also good for our brain. (e) They activate both sides of the brain. Research shows that the left and right sides of musicians' brains are better connected. This helps their brains work well. It doesn't matter whether you draw, sing, or dance. Expressing your creativity is good for the brain.

수능유형 **5** (a)~(e) 중, 전체 흐름과 관계없는 문장을 고르시오.

① (a) ② (b) ③ (c) ④ (d) ⑤ (e)

서술형 **6** 밑줄 친 it이 가리키는 것을 글에서 찾아 쓰시오. (3단어)

____

7-8 다음 글을 읽고, 물음에 답하시오.

When you travel to a different country, *airport security staff check your identity. They may take your fingerprints or scan your eyes. But they will be able to check another body part in the future—your ears! Airport security staff can take a picture of your ears. Then they can match the picture of your ears to your information. If they do this, they don't need to ask you to show your passport to them. Everyone's ears have a unique shape. Of course, the size of our ears may change as we get older. But the shape of our ears is always the same. So looking at a person's ears is a great way to check his or her identity.

*airport security 공항 보안

7 다음 영영풀이가 나타내는 단어를 글에서 찾아 쓰시오.

facts about who someone is

____

서술형 **8** 밑줄 친 do this가 의미하는 내용을 우리말로 쓰시오.

____

기계를 옷처럼 입어요!

몸에 착용할 수 있게 만들어진 기기들을 웨어러블 디바이스(wearable device)라고 부릅니다. 기술이 발전하면서 키보드, 양말, 안경 등 다양한 종류의 웨어러블 디바이스들이 나오고 있는데요. 어떤 기능을 갖추고 있는지 한번 살펴볼까요?

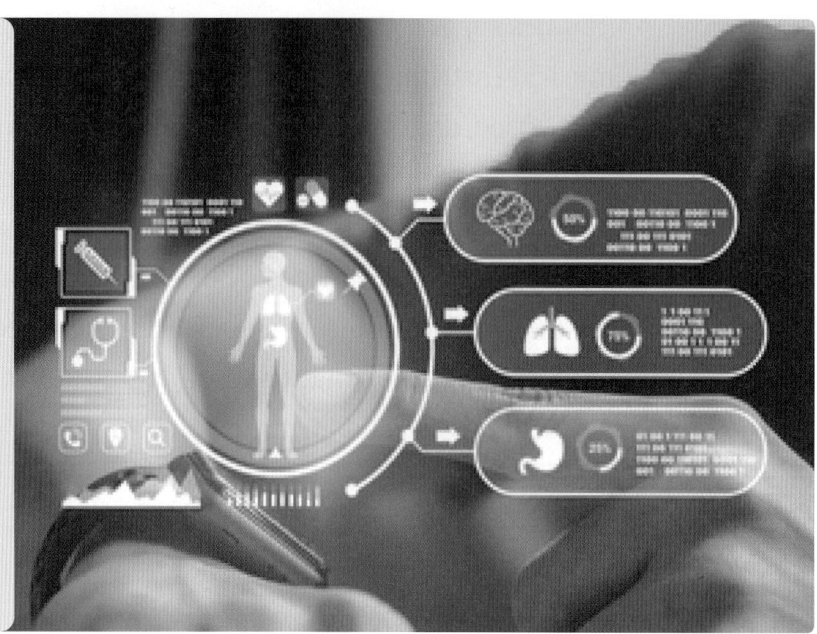

키보드 없이도 타이핑 할 수 있다고?

SF 영화를 보면, 허공에 손을 움직여 여러 기기를 자유롭게 조정하는 장면이 종종 등장하는데요. 이와 비슷하게 현실에서도 키보드 없이 글자를 입력할 수 있다고 합니다. 웨어러블 키보드는 일반 키보드와 달리 손가락에 직접 착용하는 장비입니다. 검은 띠의 길쭉한 모양에, 고리가 있어 각 손가락을 넣을 수 있는데요. 이 키보드를 착용하면 일반 키보드를 놓을 필요가 없기 때문에 책상 위를 효율적으로 사용할 수 있습니다. 또한, 가지고 다니면서 사용하기에도 편리해요.

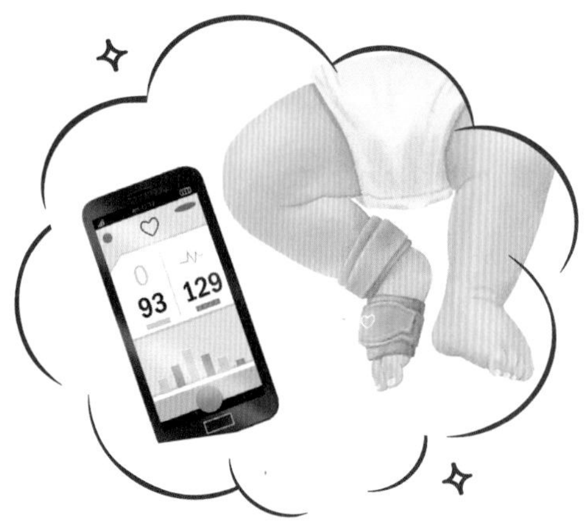

말하지 않아도 알아요

'으앙~' 하고 아기가 울면 당황할 수밖에 없습니다. 아기는 말을 할 수 없기 때문에 배가 고픈 건지, 자세가 불편한 건지, 어디가 아픈 건지 알기가 어렵죠. 아기가 스마트 양말을 착용하면 아기의 심장 박동 수, 체온, 혈중 산소 농도 등 다양한 신체 데이터가 부모의 스마트폰으로 전송되기 때문에 이런 불편함을 줄일 수 있습니다. 갑자기 생길 수 있는 아기의 건강 문제를 즉시 알아챈다면 아기에게 신속하고 적절한 치료를 받게 할 수 있겠죠?

Section 04

Origins

1 퐁당! 넣어보세요

2 기쁜 마음으로 높이 높이!

3 아~ 향긋한 커피콩 볶는 냄새

4 시저의 비밀 메시지

Section 04

1

Think!
차 마시는 것을
좋아하나요?

126 words

In the past, people couldn't make a single cup of tea. (A) But then the tea bag was invented. (B) This was inconvenient and created waste. (C) They had to make a whole pot. There are several stories about who created it. Some people think it was a man named Thomas Sullivan. He sold tea in New York. He wanted to send customers samples of his tea. So he started putting tea leaves in small silk bags. He expected them to put only the tea leaves in boiling water. But some of them accidentally put the whole bag in. They found it convenient for brewing tea. They asked for more tea bags. So Sullivan started selling tea bags in his shop. The way people make tea was changed forever.

1 글의 주제로 가장 알맞은 것은?

① how tea bags were invented
② who enjoyed tea in the past
③ what tea bags are made from
④ why we put tea bags in hot water
⑤ when people started drinking tea

2 문장 (A)~(C)를 글의 흐름에 알맞게 배열한 것은?

① (A) – (C) – (B)
② (B) – (A) – (C)
③ (B) – (C) – (A)
④ (C) – (A) – (B)
⑤ (C) – (B) – (A)

3 글의 내용과 일치하면 T, 그렇지 않으면 F를 쓰시오.

(1) Sullivan은 뉴욕에서 차를 팔았다. ________
(2) Sullivan은 차의 견본품을 요청했다. ________
(3) Sullivan의 고객들은 티백을 좋아하지 않았다. ________

서술형

4 다음 빈칸에 알맞은 단어를 글에서 찾아 쓰시오.

A tea seller used silk bags to provide tea ________ to customers, but some of them ________ put the tea bags into the water.

single 형 단 하나의 invent 동 발명하다 inconvenient 형 불편한 (↔ convenient 형 편리한) waste 명 낭비 whole 형 전체의 pot 명 냄비; *주전자 several 형 몇몇의 create 동 창조하다 customer 명 손님 sample 명 표본; *견본품 silk 명 실크 expect 동 기대하다 boiling 형 끓는 accidentally 부 우연히, 잘못하여 brew 동 (차를) 끓이다[만들다]

Section 04

2

Think!
졸업식 때
기분이 어땠나요?

119 words

There is an interesting tradition at some graduation ceremonies. Many of the graduates throw their graduation caps high into the air. So how did this tradition begin?

(a) The first graduation cap toss took place at the *U.S. Naval Academy in the early 1900s. (b) Students at the school wore a special hat. (c) Once they graduated, however, they had to wear different hats to show their new position as officers. (d) They no longer needed their old hats. (e) It is considered impolite to wear hats indoors. So they threw <u>them</u> into the air before they received their new officer hats. Over time, this fun tradition spread to other schools. Today, you can see caps tossed at graduation ceremonies all around the world.

*U.S. Naval Academy 미국 해군 사관학교

Knowledge Bank 학사모의 유래

우리가 아는 사각형 모양의 졸업 모자를 학사모라고 부른다. 학사모는 중세 이탈리아의 로마 가톨릭 성직자들이 전통적으로 쓰던 모자인 비레타(Biretta)에서 시작되었다고 알려져 있다. 당시 성직자를 양성하던 성당 학교들이 시간이 지나면서 성당 문화를 기반으로 하는 대학으로 발전했고, 과거의 비레타에 책을 상징하는 사각형의 챙이 추가되면서 지금의 학사모의 모습이 되었다.

1 글의 주제로 가장 알맞은 것은?

① the origins of a graduation tradition
② the problems faced by new graduates
③ the special hats worn by navy officers
④ the reason graduates wear square caps
⑤ the first graduation ceremony in the U.S.

2 글의 (a)~(e) 중, 전체 흐름과 관계없는 문장은?

① (a) ② (b) ③ (c) ④ (d) ⑤ (e)

서술형

3 글의 밑줄 친 them이 가리키는 것을 글에서 찾아 쓰시오. (3단어)

____

서술형

4 다음 빈칸에 알맞은 단어를 보기에서 골라 쓰시오.

보기	tradition	tossed	graduated	habit

Students at the U.S. Naval Academy didn't need their old hats after they __________, so they started a __________ by throwing them into the air.

Words interesting 형 흥미로운 tradition 명 전통 graduation ceremony 졸업식 graduate 명 졸업자 동 졸업하다 (graduation 명 졸업) throw 동 던지다 (throw-threw-thrown) toss 명 던지기 동 던지다 take place 개최되다[일어나다] wear 동 입고[쓰고] 있다 (wear-wore-worn) officer 명 (육해공군의) 장교 no longer 더 이상 ~아닌 impolite 형 무례한 indoors 부 실내에서 receive 동 받다 spread 동 퍼지다 (spread-spread-spread) [문제] origin 명 기원

Section 04

3

Think!
커피가 어떻게 만들어지는지 알고 있나요?

126 words

Coffee is popular all around the world. But why did people begin roasting coffee beans? No one is sure, but here is one story from Ethiopia.

One day, a shepherd's goats ate some red berries from a strange bush. Later, they began to run around and jump up and down. This was because the seeds of the berries were coffee beans, and the caffeine inside them made the goats ___________. When the shepherd told some monks the story, they thought that the berries came from the devil. (A) So, the monks made a black drink from the burned beans. (B) But when the coffee beans inside the berries began to burn, the smell was wonderful. (C) They threw the berries into a fire. Since then, people have enjoyed drinking coffee.

Knowledge Bank 커피가 만들어지는 과정

커피나무 열매에서 껍질과 과육을 제거하면 두 개의 씨앗이 남는다. 이 씨앗을 씻어서 건조하면 생커피콩(Green Bean)이 된다. 맛과 향을 더 좋게 하기 위해 생커피콩에 열을 가하는 로스팅 과정을 거치면 원두가 되며, 이 원두를 분쇄한 것이 우리가 흔히 보는 커피 가루이다.

1 글의 제목으로 가장 알맞은 것은?

① How to Grow Coffee Beans
② The Effects of Drinking Coffee
③ Coffee: The Favorite Drink of Shepherds
④ How People Started Roasting Coffee Beans
⑤ Why Coffee Beans from Ethiopia Are the Best

2 글의 빈칸에 들어갈 말로 가장 알맞은 것은?

① sad ② tired ③ bored
④ excited ⑤ healthy

고난도

3 문장 (A)~(C)를 글의 흐름에 알맞게 배열한 것은?

① (A) – (B) – (C) ② (A) – (C) – (B)
③ (B) – (A) – (C) ④ (C) – (A) – (B)
⑤ (C) – (B) – (A)

4 글의 내용과 일치하는 것은?

① 염소들은 빨간 열매로 만든 사료를 먹었다.
② 양치기가 수도사에게 빨간 열매의 재배 방법을 알려 주었다.
③ 수도사는 빨간 열매가 악마에게서 왔다고 생각했다.
④ 수도사는 빨간 열매를 말려서 음료를 만들었다.
⑤ 빨간 열매를 태울 때 악취가 발생했다.

Words popular 형 인기 있는 roast 동 볶다, 굽다 bean 명 콩 shepherd 명 양치기 goat 명 염소 berry 명 산딸기류 열매 strange 형 이상한 bush 명 관목, 덤불 seed 명 씨앗 caffeine 명 카페인 inside 전 ~의 안에[안으로] monk 명 수도사 devil 명 악마 drink 명 음료 동 마시다 burn 동 태우다, 불에 타다 [문제] favorite 형 마음에 드는, 매우 좋아하는 tired 형 피곤한 bored 형 지루해하는 excited 형 흥분된

Section 04

Think!
친구들과 암호를 사용해서 대화해 본 적이 있나요?

114 words

Julius Caesar, the famous Roman leader, often fought wars. He had to secretly communicate with his soldiers on the battlefield. He had his own way of <u>doing this</u>. He invented a code called the "Caesar *cipher." It was simple. He just ________(A)________!

For each letter, he wrote the letter that came three spots later in the alphabet. ____(B)____, the letter *A* became *D*. The letter *D* became *G*. Toward the end of the alphabet, the code had to start over. So *X*, *Y*, and *Z* became *A*, *B*, and *C*.

Caesar and his soldiers used this system to safely exchange messages about their strategy. In the end, this clever idea helped them win many wars.

*cipher 암호

Knowledge Bank 스키테일 암호(scytale cipher)

스키테일 암호는 기원전 450년 스파르타 시대에 사용되었던 군용 암호로, 최초의 암호 장치로 알려져 있다. 이것은 가늘고 긴 양피지를 원통형 막대에 겹치지 않도록 나선형으로 감은 후, 그 위에 세로로 글자를 적는 방식으로 메시지를 암호화한다. 양피지를 풀면 순서가 뒤섞여 내용을 이해할 수 없지만, 양피지를 다시 동일한 지름의 원통에 감아 보면 암호를 해독할 수 있다.

1 글의 빈칸 (A)에 들어갈 말로 가장 알맞은 것은?

① created new letters
② used sign language
③ discovered a secret place
④ changed the letters of the alphabet
⑤ sent a secret soldier to the battlefield

2 글의 빈칸 (B)에 들어갈 말로 가장 알맞은 것은?

① Instead ② In short
③ However ④ In addition
⑤ For example

서술형

3 글의 밑줄 친 doing this가 의미하는 내용을 우리말로 쓰시오.

____

고난도 서술형

4 글의 내용을 바탕으로, 다음 Caesar 암호를 풀어 쓰시오.

FRPH WR URPH → ______________

Words famous 형 유명한 leader 명 지도자 fight 동 (적과) 싸우다, 전투하다 (fight-fought-fought) war 명 전쟁 secretly 부 몰래, 은밀하게 communicate 동 연락하다, 의사소통하다 soldier 명 군인 battlefield 명 전쟁터 one's own 자신의 code 명 암호 letter 명 글자, 문자 spot 명 점; *자리 toward 전 ~쪽에 (있는), ~쪽으로 start over 다시 시작하다 system 명 체계 safely 부 안전하게 exchange 동 교환하다, 주고받다 strategy 명 전략 in the end 결국, 마침내 clever 형 영리한 [문제] sign language 수화 discover 동 발견하다

Review Test

1 단어의 뜻이 바르게 연결되지 않은 것을 고르시오.

① letter: 글자 ② exchange: 수출하다 ③ strategy: 전략
④ communicate: 의사소통하다 ⑤ leader: 지도자

2 다음 밑줄 친 단어와 비슷한 의미의 단어를 고르시오.

During our hike, we discovered a hidden waterfall.

① found ② fought ③ roasted ④ burned ⑤ threw

3-4 다음 글을 읽고, 물음에 답하시오.

There are several stories about who created tea bags. Some people think it was a man named Thomas Sullivan. He sold tea in New York. He wanted to send customers samples of his tea. So he started putting tea leaves in small silk bags. He expected them to put only the tea leaves in boiling water. But some of them accidentally put the whole bag in. They found it convenient for brewing tea. They asked for more tea bags. So Sullivan started selling tea bags in his shop. ______________________ was changed forever.

수능유형 **3** 빈칸에 들어갈 말로 가장 적절한 것을 고르시오.

① The flavor of the tea ② The price of tea
③ The way tea leaves are harvested ④ The way people make tea
⑤ The time to boil water for tea

4 다음 영영풀이가 나타내는 단어를 글에서 찾아 쓰시오.

in a way that something happens without being intended or planned

____

5-6 다음 글을 읽고, 물음에 답하시오.

몇몇 졸업식에는 흥미로운 전통이 있다. Many of the graduates throw their graduation caps high into the air. So how did this tradition begin? The first graduation cap toss took place at the *U.S. Naval Academy in the early

1900s. Students at the school wore a special hat. (A) They no longer needed their old hats. (B) So they threw them into the air before they received their new officer hats. (C) Once they graduated, however, they had to wear different hats to show their new position as officers. Over time, this fun tradition spread to other schools.

*U.S. Naval Academy 미국 해군 사관학교

서술형 **5** 밑줄 친 우리말과 같은 뜻이 되도록 상자 안의 말을 바르게 배열하시오.

some graduation ceremonies, tradition, is, an, at, interesting, there

____

6 문장 (A)~(C)를 글의 흐름에 알맞게 배열한 것을 고르시오.

① (A) – (C) – (B)
② (B) – (A) – (C)
③ (B) – (C) – (A)
④ (C) – (A) – (B)
⑤ (C) – (B) – (A)

7-8 다음 글을 읽고, 물음에 답하시오.

Why did people begin roasting coffee beans? No one is sure, but here is one story from Ethiopia. One day, a shepherd's goats ate some red berries from a strange bush. Later, they began to run around and jump up and down. This was because the seeds of the berries were coffee beans, and the caffeine inside them made the goats excited. When the shepherd told some monks the story, they thought that the berries came from the devil. They threw the berries into a fire. But when the coffee beans inside the berries began to burn, the smell was wonderful.

7 밑줄 친 roasting과 쓰임이 같은 것을 고르시오.

① Paul is watching TV now.
② The dog is sleeping on the sofa.
③ We are waiting in line to have lunch.
④ They are playing board games now.
⑤ Rose finally finished cleaning her room.

서술형 **8** 다음 질문에 우리말로 답하시오.

Q. Why did the goats that ate some red berries jump up and down?

____

원래 이 용도가 아니었다고?!

세상에는 많은 발명품들이 있습니다. 그 중에는 최초의 사용 의도와는 다르게 쓰고 있는 것들이 많은데요. 어떤 것들이 있는지 살펴봅시다!

러닝머신

러닝머신은 1818년 영국에서 죄수들의 형벌 장치로 처음 고안되었습니다. 최초의 러닝머신은 죄수들이 바퀴에 박힌 계단을 발로 밟아 통나무를 굴리는 형벌에서 시작되었어요. 죄수들은 각각 칸막이 안에 나란히 서서 하루 최소 6시간씩 움직여야 했습니다. 이것은 죄수들을 통제하는 것에 효과적이었는데요. 그뿐만 아니라 유산소운동에도 효과가 있다고 밝혀지면서 이후에 실외 달리기를 대체할 수 있는 대표적인 운동기구인 러닝머신이 되었답니다!

원반 장난감 프리스비

공원에서 아이들이 원반을 던지면서 놀거나 혹은 강아지에게 원반을 던지는 놀이를 하는 모습을 본 적이 있나요? 이 원반은 프리스비라고 불리는데요. 프리스비는 원래는 장난감이 아니었다고 해요. 1940년대 미국의 예일대학교 학생들이 캠퍼스 주변에 있던 프리스비라는 베이커리에서 파이를 사 먹은 뒤, 받침대인 접시를 던지고 놀던 것에서 유래되었어요. 이것이 널리 퍼져 프리스비 던지기 대회가 개최되었습니다. 많은 인기를 얻어 프리스비는 현재는 파이 받침대가 아니라 모두가 좋아하는 원반 장난감이 되었어요!

페인트 볼

서바이벌 게임을 해본 적 있나요? 자연 속에서 적군을 만나면 총으로 쏴 맞히는 생존 게임이에요. 물론 진짜 총은 아니죠! 페인트가 들어있는 탄을 쏘는 거예요. 하지만 이 페인트볼은 본래 서바이벌 게임을 위해 발명된 것이 아니에요. 최초의 페인트볼 총은 멀리 있는 나무나 사육되는 소에 표시를 하는 목적으로 만들어졌어요. 그러다 1981년 현재의 서바이벌 게임이 만들어지면서 페인트볼 총을 사용하게 되었답니다!

Section

05

Art

1 올림픽에 이 종목이?!

2 독거미 춤을 아시나요?

3 죽은 영혼을 위한 첼로 연주

4 고흐의 서명에 이런 비밀이!

Think!
올림픽에서
제일 좋아하는 종목은
무엇인가요?

In past Olympics, both athletes and artists won medals! The founder of the modern Olympic Games was Pierre de Coubertin. He wanted them to be about the body and the mind. So the early Olympics had competitions for literature, music, painting, sculpture, and architecture. To participate, artists just needed to submit new works that had not been seen by the public. Over time, more and more artists participated. The 1928 Olympics had more than 1,000 entries in the painting and sculpture categories.

The last Olympics with art competitions were in 1948. At the time, the rules of the Olympics stated that only amateurs could participate. However, most of the participating artists were professionals. For this reason, the art competitions were removed.

Knowledge Bank 피에르 드 쿠베르탱(Pierre de Coubertin, 1863–1937)

피에르 드 쿠베르탱은 프랑스의 교육자로, 근대 올림픽 경기의 창시자이다. 쿠베르탱은 스포츠가 인성과 도덕, 정신의 발달에 큰 영향을 미친다고 생각하였고, 전 세계의 청년들을 하나로 묶을 수 있도록 고대의 올림픽을 부활시키고자 하였다. 그는 1894년 국제 올림픽 위원회를 조직하여 그 위원장이 되었으며, 1896년 제1회 근대 올림픽 대회를 그리스의 아테네에서 개최하였다.

1 글의 제목으로 가장 알맞은 것은?

① Why Art Should Return to the Olympics
② The Founder of Modern Olympic Games
③ The History of Art at the Olympic Games
④ Should the Rules of the Olympics Be Changed?
⑤ How Professionals Took Over the Olympic Games

2 올림픽의 예술 부문에 해당되지 않는 것은?

① 문학 ② 음악 ③ 조각
④ 연극 ⑤ 건축

3 글의 내용과 일치하면 T, 그렇지 않으면 F를 쓰시오.

(1) 올림픽의 창시자는 올림픽에서 신체 부문의 경기만 열리기를 원했다. ________
(2) 예술가들은 올림픽에 대중이 본 적 없던 작품을 제출해야 했다. ________
(3) 시간이 지나면서 올림픽에 참가하는 예술가들은 더 많아졌다. ________

서술형

4 올림픽에서 예술 대회가 없어진 이유를 우리말로 쓰시오.

____

____

Words athlete 명 (운동)선수 artist 명 예술가 founder 명 창시자 modern 형 현대의 mind 명 마음, 정신 early 형 초기의 competition 명 경쟁; *대회 literature 명 문학 sculpture 명 조각품, 조각 architecture 명 건축(학) participate 동 참가하다 submit 동 제출하다 work 명 일; *작품 public 명 일반 사람들, 대중 entry 명 들어감; *출품작 category 명 범주, 부문 state 동 명시하다 amateur 명 아마추어 선수 professional 명 전문가 remove 동 제거하다 [문제] return 동 돌아오다[가다], 복귀하다 take over 인계받다; *장악하다

Section 05

2

Think!
다른 나라의 민속춤을 춰본 적 있나요?

110 words

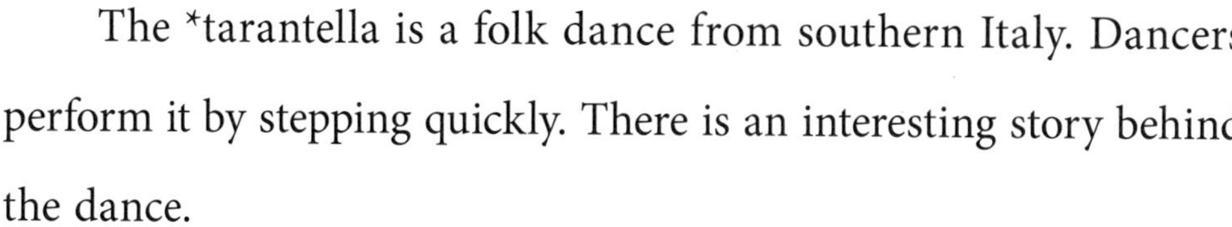

The *tarantella is a folk dance from southern Italy. Dancers perform it by stepping quickly. There is an interesting story behind the dance.

The tarantella comes from the city of Taranto. Long ago, the area was home to wolf spiders called **tarantulas. (a) They are very big and hairy. (b) Some people fear animals because of how they look. (c) At the time, people didn't know much about tarantulas. (d) They thought a bite from a tarantula made people go wild. (e) But there was a belief about the cure. They believed victims would return to normal if they danced fast. Now, we see that this dance was not originally for fun. It was just ______________!

*tarantella 타란텔라 춤 **tarantula 타란튤라(독거미의 일종)

Knowledge Bank 타란튤라 거미(tarantula)

타란튤라는 공포영화에 자주 등장하며 '독거미'로 알려져 있다. 일반적으로 독이 강하고 물릴 경우 치명적인 영향을 주는 거미라고 생각하는 사람이 많지만, 실제로는 공격성이 높지 않으며 가지고 있는 독도 벌과 비슷한 수준이라고 한다.

1 글의 제목으로 가장 알맞은 것은?

① How to Dance the Tarantella
② Dancing to Scare Away Spiders
③ Dance Trends in Southern Italy
④ Spider Dance: The Tarantella's Early Days
⑤ Why Has the Tarantella Remained Popular?

2 글의 (a)~(e) 중, 전체 흐름과 관계없는 문장은?

① (a) ② (b) ③ (c) ④ (d) ⑤ (e)

고난도

3 글의 빈칸에 들어갈 말로 가장 알맞은 것은?

① a daily exercise
② a social activity
③ a traditional play
④ a treatment for coughs
⑤ a cure for spider bites

서술형

4 과거 사람들은 타란툴라에 물리면 어떤 증상을 보인다고 믿었는지 우리말로 쓰시오.

____

Words folk 형 민속의 southern 형 남쪽에 위치한 perform 동 행하다; *공연하다 step 동 걷다; *(댄스의) 스텝을 밟다 home 명 집; *서식지 hairy 형 털이 많은 fear 동 두려워하다 bite 명 물기; *물린 상처 go wild 미쳐 날뛰다 cure 명 치유법 victim 명 희생자, 피해자 normal 형 보통의 명 *보통 originally 부 원래 [문제] scare away 쫓아버리다 trend 명 동향, 유행 remain 동 계속 ~이다 social 형 사회적인, 사교적인 cough 명 기침

Section 05

3

Think!
힘들 때 음악으로 위로받은 적이 있나요?

91 words

In 1992, there was a terrible war in Bosnia. (①) One day, a bomb blew up in Sarajevo. (②) It killed 22 people in a bakery. (③)

The day after the bombing, a cellist, Vedran Smailovic, went to the square near the bakery. (④) He was wearing a black suit and a white shirt. (⑤) He started playing his cello. He played in the same place for 22 days. He did this to remember each of the 22 dead people. Every day, people gathered to listen to the music. Smailovic's music comforted Bosnians, and he became ____________.

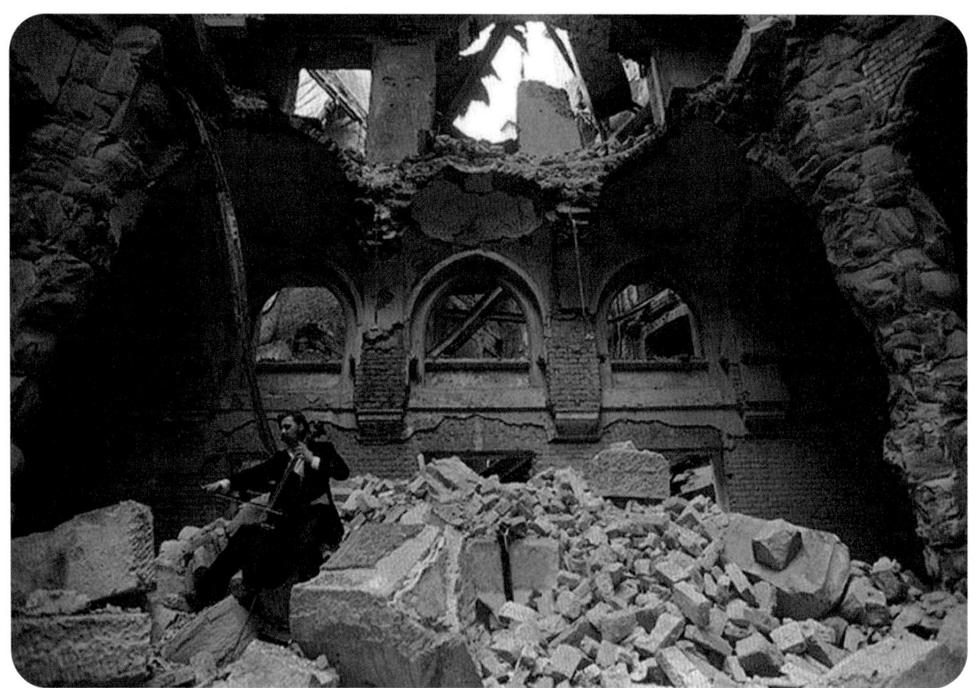

1 다음 문장이 들어갈 위치로 가장 알맞은 곳은?

But this tragedy brought something beautiful.

① ② ③ ④ ⑤

2 글에 드러난 분위기 변화로 가장 알맞은 것은?

① 고요한 → 활기찬
② 초조한 → 지루한
③ 다급한 → 평온한
④ 희망적인 → 절망적인
⑤ 비극적인 → 감동적인

서술형

3 글의 밑줄 친 this가 의미하는 내용을 우리말로 쓰시오.

____

4 글의 빈칸에 들어갈 말로 가장 알맞은 것은?

① a war hero
② a tragic artist
③ a famous baker
④ a symbol of peace
⑤ the richest cellist in Bosnia

Words terrible 형 끔찍한 bomb 명 폭탄 blow up 폭파되다, 터지다 bombing 명 폭격 cellist 명 첼로 연주자 square 명 광장 bakery 명 빵집, 제과점 suit 명 정장 remember 동 기억하다 dead 형 죽은 gather 동 모이다 comfort 동 위로하다
[문제] tragedy 명 비극 (tragic 형 비극적인) hero 명 영웅 symbol 명 상징 peace 명 평화

Section 05

4

Think!
미술 작품에서 작가의 서명을 본 적이 있나요?

114 words

Vincent van Gogh is one of the most famous artists in the world. His signature is special, too. He never signed his full name. Instead, he signed "Vincent." No one is sure why he did this. However, some people think it was because his last name was hard to pronounce. People sometimes said "Van Goff" or "Van Go." These are different from the Dutch pronunciation. So (A) <u>he just signed his common first name</u>. Plus, he did not sign every painting. He signed his name in the corner of a painting only if he was satisfied with it. Interestingly, for his painting *Sunflowers*, he signed the flower vase in the center. This shows us ________________________________.

▲ 고흐의 작품 〈해바라기〉의 중앙 꽃병에 **Vincent** 라고 서명이 적혀 있다.

Knowledge Bank **빈센트 반 고흐(Vincent van Gogh, 1853~1890)**

네덜란드 출신의 후기 인상파 화가로, 선명한 색채와 강한 붓 터치를 사용한 것이 그의 작품의 특징이다. 유화 물감을 두껍게 칠해 질감을 나타내는 임파스토 기법은 그의 후기 화풍으로 유명하다. 그는 많은 자화상과 풍경화 등을 그렸는데, 대표작으로는 〈해바라기〉, 〈별이 빛나는 밤〉 등이 있다. 그는 생전에는 거의 알려지지 않았고 사후에 유명해졌다.

1 글의 주제로 가장 알맞은 것은?

① an artist who liked his name
② a painting that Vincent van Gogh loved
③ the most famous artist in Dutch history
④ the importance of signatures in paintings
⑤ the unique signature of Vincent van Gogh

2 글에 따르면, 밑줄 친 (A)의 이유는?

① 그의 이름이 기억하기 쉬워서
② 그의 성이 발음하기 어려워서
③ 그의 이름 전체를 쓸 공간이 없어서
④ 사람들이 그의 이름을 좋아하지 않아서
⑤ 그의 서명을 더 특별하게 하기 위해서

고난도
3 글의 빈칸에 들어갈 말로 가장 알맞은 것은?

① his sense of beauty
② his painting habits
③ his dream to be a famous painter
④ his great love for signing his name
⑤ his special love and pride for the painting

4 다음 영영 뜻풀이에 해당하는 단어를 글에서 찾아 쓰시오.

to say the sounds of letters or words

____

Words signature 명 서명 (sign 동 (서류·편지 등에) 서명하다) sure 형 확신하는, 확실히 아는 last name (이름의) 성 pronounce 동 발음하다 (pronunciation 명 발음) Dutch 형 네덜란드(어)의 common 형 흔한 first name 이름 corner 명 구석, 모퉁이 only if ~한 경우에만, ~해야만 be satisfied with ~에 만족하다 vase 명 꽃병 center 명 중앙, 한가운데 [문제] importance 명 중요성 unique 형 독특한 sense 명 감각 habit 명 습관 pride 명 자부심 sound 명 소리 letter 명 글자

Review Test

1 단어의 뜻이 바르게 연결되지 않은 것을 고르시오.

① athlete: 선수 ② founder: 창시자 ③ professional: 전문가
④ normal: 비슷한 ⑤ gather: 모이다

2 다음 밑줄 친 단어와 반대 의미의 단어를 고르시오.

In Switzerland, German is one of the most common languages.

① social ② sure ③ general ④ unique ⑤ tragic

3-4 다음 글을 읽고, 물음에 답하시오.

There is an interesting story behind the *tarantella. The dance comes from the city of Taranto. Long ago, the area was home to wolf spiders called **tarantulas. They are very big and hairy. At the time, people didn't know much about tarantulas. They thought a bite from a tarantula made people go wild. But there was a belief about the cure. They believed victims would return to normal if they danced fast. Now, we see that this dance was not originally for fun. (A) It was just a cure for spider bites!

*tarantella 타란텔라 춤 **tarantula 타란툴라(독거미의 일종)

3 밑줄 친 (A)의 이유로 가장 적절한 것을 고르시오.

① Taranto의 의사들이 추던 춤이었기 때문에
② 빠른 춤으로 병의 고통을 잊을 수 있었기 때문에
③ 거미에게 물리면 빠른 춤으로 치료된다고 믿었기 때문에
④ 타란텔라 민속춤을 춘 Taranto 사람들이 건강했기 때문에
⑤ 사람들과 함께 춤을 추는 것은 정신 건강에 도움이 되었기 때문에

4 다음 영영풀이가 나타내는 단어를 글에서 찾아 쓰시오.

a wound produced by teeth

____

5-6 다음 글을 읽고, 물음에 답하시오.

In 1992, a bomb blew up in Sarajevo, Bosnia. It killed 22 people in a bakery. But this tragedy brought something beautiful. The day after the bombing, a cellist, Vedran Smailovic, went to the square near the bakery. He started playing his cello. He played in the same place for 22 days. He did this to remember each of the 22 dead people. Every day, people gathered to listen to the music. Smailovic's music comforted Bosnians, and he became a symbol of peace.

5 밑줄 친 to remember와 같은 용법으로 쓰인 것을 고르시오.

① Sam found a house to live in. ② I love to watch movies.
③ He set an alarm to get up early. ④ They continued to debate the issue.
⑤ My dream is to be a dancer.

서술형 **6** 다음 빈칸에 알맞은 단어를 글에서 찾아 쓰시오.

Vedran Smailovic played his ____________ in the square near the bakery for 22 days, honoring each victim. His music could be a symbol of ____________.

7-8 다음 글을 읽고, 물음에 답하시오.

Vincent van Gogh never signed his full name. Instead, he signed "Vincent." No one is sure why he did this. However, some people think 그것이 그의 성이 발음하기에 어려웠기 때문이었다고. People sometimes said "Van Goff" or "Van Go." These are different from the Dutch pronunciation. (A) So he just signed his common first name. (B) He signed his name in the corner of a painting only if he was satisfied with it. (C) Plus, he did not sign every painting. Interestingly, for his painting *Sunflowers*, he signed the flower vase in the center. This shows us his special love and pride for the painting.

서술형 **7** 밑줄 친 우리말과 같은 뜻이 되도록 상자 안의 말을 바르게 배열하시오.

was, last name, because, his, was, to pronounce, hard, it

____

8 문장 (A)~(C)를 글의 흐름에 알맞게 배열한 것을 고르시오.

① (A) – (B) – (C) ② (A) – (C) – (B) ③ (B) – (C) – (A)
④ (C) – (A) – (B) ⑤ (C) – (B) – (A)

놀이공원이 아니고 쓰레기 소각장?!

알록달록한 무늬와 높이 솟은 동그란 기둥! 첫눈에 봐도 평범한 건물 같지는 않은데요. 오른쪽 사진 속 건물의 정체는 무엇일까요? 놀이공원에나 있을 것 같은 이 건물은 오스트리아 빈에 있는 슈피텔라우(Spittelau) 쓰레기 소각장입니다. 쓰레기 소각장을 이렇게 예쁘게 만든 사람은 누구일까요?

혐오 시설로 여겨지던 쓰레기 소각장을 이렇게 예쁘게 재건축한 사람은 바로 오스트리아의 화가이자 건축가인 프리덴스라이히 훈데르트바서(Friedensreich Hundertwasser)입니다. 그는 예술가이자 환경운동가이기도 했는데요. 사실 그는 처음에 쓰레기 소각장을 디자인하는 일을 거절했다고 합니다. 쓰레기 소각장을 만드는 것보다 쓰레기를 줄이기 위해 노력해야 한다고 생각했기 때문이죠. 하지만 당시 오스트리아 빈 시장이 소각장에 최첨단 배출 가스 정화 시설을 설치해 유해가스를 제거하고 소각장에서 발생하는 열과 전기를 에너지로 공급할 수 있다는 점을 설명하며 그를 설득했다고 합니다. 결국 최첨단 기술에 훈데르트바서의 자연 친화적인 디자인이 더해져 소각장은 자연과 공존하는 예술 작품으로 재탄생했습니다.

자연을 사랑한 예술가답게 훈데르트바서는 물감도 평범한 것을 쓰지 않았는데요. 그는 친환경적인 재료를 쓰기 위해 대부분의 물감을 직접 만들었습니다. 예를 들어, 아프리카 사막에서 가져온 흙, 프랑스에서 주워 온 돌 등을 활용했다고 합니다. 또한, 훈데르트바서는 인간과 자연의 공존을 중시했기 때문에 건축물이 자연과 잘 어우러져야 한다고 생각했습니다. 자연에는 직선보다 곡선이 더 많기 때문에 주위 환경과 잘 어우러지도록 곡선을 많이 사용한 점 또한 이 건물의 대표적인 특징입니다.

그의 이러한 노력 덕분에 혐오 시설로 여겨지던 쓰레기 소각장은 관광 명소가 되었고, 사람들은 자연에 대해 다시 한번 생각해 보게 되었는데요. 자신의 신념을 예술로 표현한 훈데르트바서. 정말 멋지지 않나요?

Section

06

Stories

1 무엇이든 할 수 있어!

2 내 말 들려요?

3 네가 속 썩여서 그래!

4 컵의 무게가 달라진다고?

Section 06

1

Think!
이루고 싶은 꿈이 있나요?

128 words

Ever since he was young, John McFall loved sports. Sadly, when he was 19, he lost his right leg in a motorcycle accident. However, he did not let this tragic event stop him.

(A) One day, he heard that the European Space Agency was searching for people with physical disabilities to become astronauts. He decided to apply, and he ended up being selected! He became the world's first *parastronaut.

(B) When McFall recovered, he used a **prosthetic leg and trained to become a professional sprinter. He began entering competitions for disabled athletes. Eventually, he earned medals in events such as the Paralympics.

(C) McFall's story shows us that if we never give up on ourselves, there is nothing we cannot achieve. By doing so, we can make our dreams come true.

*parastronaut 신체적 장애가 있는 우주비행사 **prosthetic leg 의족

Knowledge Bank McFall의 또 다른 직업

McFall은 육상 선수, 우주비행사 이외에도 또 다른 직업을 가지고 있다. 그는 의학 공부 중에 2009년부터 2011년까지 영국 카디프에서 간호 보조자로 일했다. 그뿐만 아니라 2014년에는 카디프 의과 대학을 졸업하고, 외상 및 정형외과 전문의로 활동했다.

1 글의 제목으로 가장 알맞은 것은?

① The Tragedy of a Young Athlete
② The Inspiring Story of John McFall
③ What It Takes to Become an Astronaut
④ John McFall: The World's First Astronaut
⑤ How the Paralympic Games Got Their Start

2 단락 (A)~(C)를 글의 흐름에 알맞게 배열한 것은?

① (A) – (B) – (C)
② (A) – (C) – (B)
③ (B) – (A) – (C)
④ (B) – (C) – (A)
⑤ (C) – (B) – (A)

3 John McFall에 관한 글의 내용과 일치하면 T, 그렇지 않으면 F를 쓰시오.

(1) 어릴 적 우주비행사가 되는 것을 꿈꿨다. ________
(2) 세계 최초의 신체적 장애가 있는 우주비행사가 되었다. ________
(3) 장애인 올림픽에 참가하여 메달을 땄다. ________

서술형

4 다음 빈칸에 알맞은 표현을 글에서 찾아 쓰시오.

Despite losing a leg in an accident, John McFall became a Paralympic medalist and the first parastronaut. His story teaches us not to ________ ________ ________ anything.

sadly 부 애석하게도 lose 동 잃다 (lose-lost-lost) motorcycle 명 오토바이 accident 명 사고 tragic 형 비극의 (tragedy 명 비극) event 명 사건; 경기 physical 형 신체의 disability 명 장애 (disabled 형 장애를 가진) astronaut 명 우주비행사 apply 동 신청하다, 지원하다 select 동 선발하다 recover 동 회복하다 train 동 교육[훈련]받다 professional 형 직업의, 전문적인 sprinter 명 단거리 주자 competition 명 대회 athlete 명 (운동)선수 eventually 부 결국 earn 동 (돈을) 벌다; *얻다 Paralympics 명 세계 장애인 올림픽 give up on ~을 단념[포기]하다 achieve 동 성취하다 come true 이루어지다, 실현되다
[문제] inspiring 형 고무[격려]하는

Section 06

2

Think!
상대방의 말을 잘 듣지 못해서 오해가 생겼던 적이 있나요?

116 words

A man was speaking to his doctor. "My wife cannot hear anything," he said. "It's very frustrating." The doctor suggested ________________. "Stand far away from your wife and ask a question. Then move closer and closer. And keep asking until she answers," the doctor said.

That night, the man's wife was cooking dinner in the kitchen. Near the front door, the man asked, "What is for dinner?"

There was no answer, so he asked again from the living room. Sadly, she was still quiet. He entered the dining room and asked once more. Nothing! Finally, he stepped into the kitchen. "What is for dinner?" he asked once again.

"Lasagna!", she replied. (A) "I told you four times already!"

Section 06

1 글에 따르면, 남자가 좌절감을 느끼는 이유는?

① 아내가 잘 듣지 못해서
② 아내가 자주 화를 내서
③ 아내가 요리를 잘 못해서
④ 아내가 너무 말이 없어서
⑤ 아내가 같은 말을 반복해서

2 글의 빈칸에 들어갈 말로 가장 알맞은 것은?

① testing her hearing
② having an honest talk
③ having a special dinner
④ doing exercise every day
⑤ speaking in a louder voice

고난도

3 글의 밑줄 친 (A)를 통해 유추할 수 있는 것은?

① 남자의 목소리가 작다.
② 남자의 청력에 문제가 있다.
③ 남자의 아내는 그의 말을 무시한다.
④ 남자의 아내는 요리에 집중하고 있었다.
⑤ 남자의 아내는 작은 소리를 듣지 못한다.

4 글에서 남자가 마지막에 느꼈을 심정으로 가장 알맞은 것은?

① 기쁜
② 화난
③ 당황한
④ 외로운
⑤ 만족스러운

Words frustrating ㉠ 좌절감을 주는 suggest ㉡ 제안하다 far away 멀리 close ㉢ 가까이 (close-closer-closest) keep ㉡ 계속하다 answer ㉡ 대답하다 ㉣ 대답 living room 거실 still ㉢ 여전히 quiet ㉠ 조용한 dining room 식당, 주방 once ㉢ 한 번 finally ㉢ 마침내 step ㉡ 걷다, 걸음을 옮기다 reply ㉡ 대답하다 time ㉣ 시간; *~회[번] already ㉢ 이미
[문제] hearing ㉣ 청력, 청각 honest ㉠ 정직한; *솔직한 loud ㉠ (소리가) 큰 (loud-louder-loudest)

Section 06

3

Think!
흰 머리카락은
왜 생길까요?

107 words

There was a little girl. She was always curious about everything. She never stopped asking her mother questions. So her mother often had a hard time answering them.

One day, the girl found some gray hairs on her mother's head and asked ⓐ her a silly question.

"Mom, you have some gray hairs on your head," the girl said. "ⓑ You are very old, aren't you?"

"No, dear," ⓒ she answered. "My gray hair is from you! When you do something wrong and make ⓓ me sad, one of my hairs becomes gray."

The little girl responded, (A)"Then I think that you should apologize to Grandma. ⓔ Her hair is completely gray!"

1 글의 밑줄 친 ⓐ~ⓔ 중, 가리키는 대상이 나머지 넷과 다른 것은?

① ⓐ ② ⓑ ③ ⓒ ④ ⓓ ⑤ ⓔ

2 글을 통해 알 수 있는 소녀의 성격으로 가장 알맞은 것은?

① 겸손하다
② 세심하다
③ 친절하다
④ 재치 있다
⑤ 이기적이다

3 다음 영영 뜻풀이에 해당하는 단어를 글에서 찾아 쓰시오.

interested in something and wanting to know about it

____

서술형

4 글에서 소녀가 밑줄 친 (A)와 같이 말한 이유를 우리말로 쓰시오.

____

____

Words curious ⓗ 호기심이 많은 gray hair 백발, 흰 머리 silly ⓗ 어리석은; *우스꽝스러운 dear ⓗ 사랑하는, 소중한 ⓜ *얘야, 저기 wrong ⓗ 틀린, 잘못된 respond ⓓ 대답하다 apologize ⓓ 사과하다 completely ⓟ 완전히 [문제] interested ⓗ 관심 있어 하는

Section 06

4

Think!
지금 스트레스를
받는 일이 있나요?

A psychologist was giving a speech about dealing with stress in our daily lives. (①) She held up a cup of water. (②) The audience made a few guesses, but she just shook her head. (③)

"To me," she said, "the weight of the cup depends on how long I hold it. (④) After a couple of minutes, the cup will still be ________. (⑤) After an hour, however, my arm will be sore. After a day, my arm will be so weak that I won't be able to move it. Our stress is like the cup of water. If we think about it for a few minutes, it doesn't bother us. But if we think about our stress all day, we will become weak. So, how long do you plan to hold onto your cup?"

1 글의 제목으로 가장 알맞은 것은?

① Is the Cup Empty or Full?
② Don't Hold Onto Your Stress
③ How Much Weight Can You Hold?
④ A Way to Measure a Cup's Weight
⑤ Drinking Water: A Way to Reduce Stress

2 다음 문장이 들어갈 위치로 가장 알맞은 곳은?

She asked the audience how much it weighed.

① ② ③ ④ ⑤

고난도

3 글의 빈칸에 들어갈 말로 가장 알맞은 것은?

① full ② clean ③ light
④ empty ⑤ small

서술형

4 다음 빈칸에 알맞은 단어를 보기에서 골라 쓰시오.

보기	short	long	weak	strong

If you hold a cup for a __________ time, your arm will be sore. Likewise, if you spend too much time thinking about your stress, you will become __________.

Words psychologist ⓝ 심리학자 give a speech 연설하다 deal with ~을 처리하다, ~에 대처하다 hold ⓥ 들다 (hold–held–held) (hold onto ~을 (붙)잡다) audience ⓝ 청중, 관중 guess ⓝ 추측 shake ⓥ 흔들다; *고개를 젓다 (shake–shook–shaken) weight ⓝ 무게 (weigh ⓥ 무게가 ~이다) depend on ~에 달려 있다 a couple of 두어 개의, 몇 개의 sore ⓐ 아픈 weak ⓐ 약한 bother ⓥ 신경 쓰이게 하다, 괴롭히다 plan ⓥ 계획하다 [문제] empty ⓐ 비어 있는 measure ⓥ 측정하다 light ⓐ 가벼운 likewise ⓐⓓ 마찬가지로

Review Test

1 단어의 뜻이 바르게 연결되지 않은 것을 고르시오.

① audience: 청중 ② recover: 발견하다 ③ apply: 지원하다
④ disabled: 장애를 가진 ⑤ completely: 완전히

2 다음 밑줄 친 단어와 비슷한 의미의 단어를 고르시오.

The shop quickly responded to the customer's complaint.

① bothered ② kept ③ held ④ suggested ⑤ replied

3-4 다음 글을 읽고, 물음에 답하시오.

When John McFall was 19, he lost his right leg in a motorcycle accident. However, he did not let this tragic event stop him. When McFall recovered, he used a *prosthetic leg and trained to become a professional sprinter. He began entering competitions for disabled athletes. Eventually, he earned medals in events such as the Paralympics. One day, he heard that the European Space Agency was searching for people with physical disabilities to become astronauts. He decided to apply, and he ended up being selected! He became the world's first **parastronaut. McFall's story shows us that if we never give up on ourselves, there is nothing we cannot achieve. By doing so, we can make our dreams come true.

*prosthetic leg 의족 **parastronaut 신체적 장애가 있는 우주비행사

수능유형 **3** 글의 요지로 가장 적절한 것을 고르시오.

① 오토바이 관련 교통법 강화가 필요하다.
② 포기하지 않고 도전할 때 꿈을 이룰 수 있다.
③ 세계 장애인 올림픽 경기 종목을 늘릴 필요가 있다.
④ 능력 있는 우주비행사 배출이 미래 과학 연구의 첫걸음이다.
⑤ 지역 사회에서 장애가 있는 선수들에게 꿈을 이룰 기회를 제공해야 한다.

서술형 **4** 밑줄 친 this tragic event가 의미하는 내용을 우리말로 쓰시오.

____

5-6 다음 글을 읽고, 물음에 답하시오.

There was a little girl. She was always __________ about everything.

She never stopped asking her mother questions. So her mother often had a hard time answering them. One day, the girl found some gray hairs on her mother's head and asked her a silly question. "Mom, you have some gray hairs on your head," the girl said. "You are very old, aren't you?"

"No, dear," she answered. "My gray hair is from you! When you do something wrong and make me sad, one of my hairs becomes gray." The little girl responded, "Then I think that you should apologize to Grandma. Her hair is completely gray!"

수능유형 **5** 빈칸에 들어갈 말로 가장 적절한 것을 고르시오.

① frustrating ② quiet ③ curious ④ tragic ⑤ professional

6 다음 영영풀이가 나타내는 단어를 글에서 찾아 쓰시오.

to express regret for doing something wrong

____

7-8 다음 글을 읽고, 물음에 답하시오.

A psychologist was giving a speech about dealing with stress in our daily lives. She held up a cup of water. She asked the audience how much it weighed. The audience made a few guesses, but she just shook her head.

"To me," she said, "the weight of the cup depends on how long I hold it. After a couple of minutes, the cup will still be light. After an hour, ____________, my arm will be sore. After a day, my arm will be <u>너무 약해져서 저는 그것을 움직일 수 없을 것입니다</u>. Our stress is like the cup of water. If we think about it for a few minutes, it doesn't bother us. But if we think about our stress all day, we will become weak.

7 빈칸에 들어갈 말로 가장 적절한 것을 고르시오.

① instead ② likewise ③ moreover ④ however ⑤ for example

서술형 **8** 밑줄 친 우리말과 같은 뜻이 되도록 상자 안의 말을 바르게 배열하시오.

move, it, weak, that, I, so, be able to, won't

____

장애를 극복한 운동선수들

그들이 지닌 장애는 다 다르지만, 그들의 공통점은 어떠한 역경 속에서도 자신의 한계를 극복하고 꿈을 이뤘다는 것이에요.

나는 꿈을 던집니다.

Jim Abbott는 메이저리그에서 활약한 미국인 투수입니다. 그는 손가락이 없거나 오그라져서 펴지 못하는 손인, 일명 "조막손 장애"를 안고 태어났어요. 하지만 이것이 야구선수라는 그의 꿈을 막을 순 없었어요. 오른손이 없는 그는 어떻게 수비를 했을까요? 그는 글러브를 오른손에 걸친 상태로 왼손으로 공을 던진 뒤 재빠르게 글러브를 왼손으로 바꿔 끼워 수비를 했습니다. 이는 매우 복잡하고 어려운 과정이었죠. 그러나 피나는 노력 끝에 손에 익힌 습관은 그를 위대한 투수로 만들어주었어요. 1993년 9월, 그는 투수가 상대팀에게 안타나 실점을 단 1개도 허용하지 않는 노히트노런을 기록하며 역사에 이름을 남겼습니다. 훗날 그는 이렇게 말했다고 해요. "야구장을 향할 때마다 나는 내 팔을 보지 않았습니다. 나는 내 꿈을 보았습니다."

어떤 일이 있어도 결코 포기하지 않아.

Natalie du Toit는 남아프리카 공화국의 수영선수입니다. 패럴림픽과 올림픽에 모두 출전한 장애인 선수 중 한 명이죠. 14살에 대표 선수가 된 그녀는 올림픽 출전을 목표로 매일 열심히 훈련했어요. 그러나 17세에 교통사고를 당하면서, 왼쪽 다리의 무릎 아래를 절단해야만 했습니다. 그러나 그녀는 올림픽 출전의 꿈을 결코 포기하지 않았어요. 수영할 수 있을 만큼의 다리가 남아서 다행이라며 다시 힘차게 물속으로 뛰어들었죠. 사고가 발생한 지 1년 만에 500m와 100m 장애인 자유형 종목에서 세계 기록을 세웠어요. 그뿐만 아니라 2008년 세계선수권대회에서 4위에 오르며, 베이징 올림픽 출전권을 따내고 결국 올림픽 출전에 성공했습니다. 어릴 적 그녀는 종이에 이런 말을 썼다고 해요. "인생의 비극이란 목표를 달성하지 못한 것이 아닙니다. 달성할 목표가 없는 것이 인생의 진정한 비극입니다."

Section
07
Animals

1 나도 이런 형제자매가 있었으면!

2 귀 쫑긋~ 사막여우

3 때밀이는 나한테 맡겨줘!

4 곰벌레, 죽지 않아~

Section 07

1

Think!
동물들은 형제자매와 친할까요?

Humans often build relationships with their siblings. This is rare in the animal world. However, some animals are very close with their siblings.

Elephants

Adult male elephants live alone. (a) But females and their young stay together as a family for life. (b) The older sisters in the herd look after their siblings. (c) Elephants are one of the largest animals on earth. (d) They keep the younger elephants safe. (e) This is good practice for being mothers themselves.

Termites

*Termites live together in huge groups. In the case of **subterranean termite, the termite parents stick around only while their babies are very young. After that, the older siblings must raise the younger ones. They make sure the younger termites are clean and have enough food.

*termite 흰개미 **subterranean termite 지중 흰개미

1 글의 제목으로 가장 알맞은 것은?

① Siblings Help Animals Grow Faster
② Animal Siblings Lend a Helping Hand
③ Which Animals Have the Most Siblings?
④ How Well Do Animals Know Their Siblings?
⑤ Animals and Their Siblings Learn from Humans

2 글의 (a)~(e) 중, 전체 흐름과 관계없는 문장은?

① (a) ② (b) ③ (c) ④ (d) ⑤ (e)

3 글의 내용과 일치하지 않는 것은?

① 동물들이 형제자매 관계를 쌓는 것은 드문 일이다.
② 어른 수컷 코끼리는 다른 코끼리와 함께 살지 않는다.
③ 나이가 더 많은 암컷 코끼리는 동생들을 돌보는 역할을 한다.
④ 흰개미는 큰 무리에서 함께 생활한다.
⑤ 지중 흰개미 부모들은 새끼들이 다 성장한 후에 그들을 떠난다.

서술형

4 다음 빈칸에 알맞은 단어를 글에서 찾아 쓰시오.

When the termite __________ leave the group, older siblings __________ the younger ones.

Words relationship 명 관계 sibling 명 형제자매 rare 형 드문 close 형 가까운, 친밀한 male 형 남자[수컷]의 (↔ female 형 여자[암컷]의) young 형 어린 명 젊은이들; *(동물의) 새끼 herd 명 (동종 짐승의) 떼, 무리 look after 돌보다 safe 형 안전한 stick around (어떤 곳에서) 가지 않고 있다 raise 동 들어올리다; *키우다 [문제] lend 동 빌려주다; *주다

Section 07

2

Think!
극심한 더위나 추위를 어떻게 이겨내나요?

This fox looks cute, doesn't it? It is called a *fennec fox. It is not as big as other foxes and has a small face. But it has large, bat-like ears. There is an interesting secret about its large ears.

The fennec fox lives in the desert, so it has to find ways ____(A)____. Luckily, its large ears keep it from getting hot. The many **blood vessels inside its ears release heat. This means that the fennec fox can control its own body temperature. ____(B)____, the ***arctic fox lives in cold areas. It must save its heat in cold weather. So it has small ears, and these help the fox stay warm.

*fennec fox 사막여우 **blood vessel 혈관 ***arctic fox 북극여우

Knowledge Bank 사막여우(fennec fox)

사막여우는 북부 아프리카와 아시아의 광대한 지역에 서식한다. 잡식성이며, 물 없이도 오랫동안 살 수 있도록 진화했다. 사막여우의 실제 성격은 예민하고 까칠한 편이나 귀여운 생김새로 많은 사랑을 받고 있다. 생텍쥐페리의 〈어린 왕자〉에서 어린 왕자에게 관계 맺기의 의미에 대해 일깨워 주는 여우가 바로 사막여우이다. 또한, 애니메이션 〈뽀로로〉에 등장하는 뽀로로의 친구 에디도 사막여우이다.

1 글의 주제로 가장 알맞은 것은?

① 사막여우와 북극여우의 진화 과정
② 사막여우와 북극여우의 의사소통 방법
③ 사막여우와 북극여우가 먹이를 구하는 방법
④ 사막여우와 북극여우의 귀 크기가 다른 이유
⑤ 사막여우가 북극여우보다 주위 환경에 더 쉽게 적응하는 이유

2 글의 빈칸 (A)에 들어갈 말로 가장 알맞은 것은?

① to be safe
② to get food
③ to stay cool
④ to heat its home
⑤ to cure itself

고난도

3 글의 빈칸 (B)에 들어갈 말로 가장 알맞은 것은?

① So
② In addition
③ For example
④ In other words
⑤ On the other hand

서술형

4 다음 빈칸에 알맞은 단어를 글에서 찾아 쓰시오.

	Fennec Fox	Arctic Fox
Where It Lives	the (1) ________	(2) ________ areas
Size of Its Ears	(3) ________	small
What Its Ears Do	release (4) ________	keep the fox warm

bat ⓜ 박쥐 secret ⓜ 비밀 desert ⓜ 사막 luckily ⓟ 다행히 release ⓢ 방출하다 control ⓢ 조절하다
temperature ⓜ 온도 cold ⓗ 추운, 차가운 save ⓢ 구하다; *아끼다, 절약하다 warm ⓗ 따뜻한 [문제] cure ⓢ 치료하다

Section 07

3

Think!
물고기도
목욕을 할까요?

128 words

The *cleaner wrasse is a small fish. It eats dead skin and harmful creatures found on larger fish. This is a win-win situation. The wrasse gets a free meal, and the other fish get cleaned.

The wrasse attracts fish by moving the back of ⓐ its body up and down. Fish that want to be cleaned wait in line for their turn. They stay still with their mouths open. ⓑ The wrasse actually swims inside their mouths to clean them. It vibrates its fins to remind ⓒ the fish that it's there. Otherwise, they might accidentally eat it!

However, this rarely happens. These fish need the wrasse, so they wouldn't harm ⓓ it on purpose. In fact, they protect ⓔ it from predators. It's an amazing case of different species helping each other.

*cleaner wrasse 청소 놀래기

Knowledge Bank 개미와 진딧물의 공생 관계

개미와 진딧물은 서로 돕고 사는 관계이다. 진딧물은 식물에서 나오는 달콤한 수액을 먹는데, 수액의 일부를 꽁무니로 내보내 개미에게 준다. 이에 대한 답례로, 개미는 진딧물을 공격하는 무당벌레를 쫓아내어 진딧물을 보호해 준다.

1 글의 제목으로 가장 알맞은 것은?

① Keeping the Oceans Clean
② Methods of Avoiding Predators
③ The Dangerous Cleaner Wrasse
④ An Underwater Cleaning Service
⑤ A Fish That Lives inside Other Fish

2 글의 밑줄 친 ⓐ~ⓔ 중, 가리키는 대상이 나머지 넷과 다른 것은?

① ⓐ ② ⓑ ③ ⓒ ④ ⓓ ⑤ ⓔ

3 글의 내용과 일치하지 않는 것은?

① 청소 놀래기는 다른 물고기의 각질을 먹는다.
② 청소 놀래기는 소리를 내서 다른 물고기의 관심을 끈다.
③ 물고기들은 줄을 서서 자신의 청소 차례를 기다린다.
④ 청소 놀래기는 다른 물고기의 입안에 들어가기도 한다.
⑤ 청소를 받는 물고기들은 청소 놀래기를 포식자들로부터 보호한다.

서술형

4 글의 밑줄 친 this가 의미하는 것을 우리말로 쓰시오.

____

Words dead skin 각질 harmful ⓗ 해로운 (harm ⓥ 해치다) creature ⓝ 생물 win-win ⓗ 모두에게 유리한 meal ⓝ 식사 clean ⓥ 청소하다, 깨끗이 하다 ⓗ 깨끗한 attract ⓥ 관심을 끌다 wait in line 줄을 서서 기다리다 turn ⓝ 차례 stay ⓥ ~인 채로 있다 still ⓗ 가만히 있는 vibrate ⓥ 진동시키다 fin ⓝ 지느러미 remind ⓥ 상기시키다 otherwise ⓟ 그렇지 않으면 accidentally ⓟ 우연히, 뜻하지 않게 rarely ⓟ 드물게, 거의 ~하지 않는 happen ⓥ 발생하다 on purpose 고의로, 일부러 predator ⓝ 포식자 case ⓝ 사례 species ⓝ (생물 분류의 기본 단위) 종(種) ((복수형)) species) [문제] method ⓝ 방법 underwater ⓗ 물속의, 수중의

Section 07

4

Think!
지구상에서 가장 오래 살아남을 생물은 무엇일까요?

Big animals can be strong. But one of the strongest animals on earth is one of the smallest! It is the *tardigrade. It is 1.7 mm long. It looks like a tiny bear, so it is also known as the "water bear."

Water bears can live in ____________________. For example, they can live without oxygen in space. They are also found in places as hot as 150 °C and as cold as -273 °C. They can even survive when they are boiled or frozen!

Here is their secret. Water bears can enter **cryptobiosis. This is a state like death. (A) So they do not freeze to death. (B) In this state, they decrease the amount of water in their body to 1%. (C) Instead, they stay in this state until conditions get better.

*tardigrade 완보류　**cryptobiosis 휴면 생활

Knowledge Bank

물곰(water bear)

물곰은 완보(걸음이나 움직임이 느린)동물이다. 물곰은 주위 환경이 건조해지면 체내의 수분을 방출한 후 몸을 움츠려 공모양을 만든다. 이 상태가 되면 영양분을 섭취하지 않아도 몇 년 동안 생명을 유지할 수 있으며, 수분이 공급되면 원래 상태로 돌아가 활동을 시작한다. 물곰은 히말라야의 산속이나 수심 4,600미터의 심해 또는 남극 대륙이나 적도 지방에서도 발견되는데, 그야말로 세계 곳곳에 서식한다고 볼 수 있다.

1 글의 주제로 가장 알맞은 것은?

① how to keep water bears safe
② why big animals are usually strong
③ why many animals die during winter
④ the effects of temperature on water bears
⑤ the water bear's amazing ability to survive

고난도

2 글의 빈칸에 들어갈 말로 가장 알맞은 것은?

① a safe place
② nice weather
③ extreme conditions
④ crowded places
⑤ a good environment

3 문장 (A)~(C)를 글의 흐름에 알맞게 배열한 것은?

① (A) – (B) – (C)
② (A) – (C) – (B)
③ (B) – (A) – (C)
④ (B) – (C) – (A)
⑤ (C) – (A) – (B)

4 물곰에 관한 글의 내용과 일치하는 것은?

① 몸집이 작고 연약하다.
② 지구 밖에서 살 수 없다.
③ 영하의 온도를 견디지 못한다.
④ 끓여도 살아남을 수 있다.
⑤ 휴면 생활 중에 체내에 수분을 축적한다.

Words

tiny 형 아주 작은 be known as ~로 알려져 있다 oxygen 명 산소 survive 동 살아남다 boil 동 끓이다 freeze 동 얼리다, 얼다 (freeze–froze–frozen) enter 동 (새로운 시기·단계에) 들어가다 state 명 상태 decrease 동 줄이다, 감소시키다 amount 명 양 condition 명 상태; *((복수형)) 환경 [문제] effect 명 영향, 효과 ability 명 능력 extreme 형 극도의, 극한의 crowded 형 붐비는

Review Test

1-2 다음 빈칸에 알맞은 단어를 **보기**에서 골라 쓰시오.

보기	remind	vibrate	rarely	still

1 The phone began to __________ on the table.

2 He __________ eats out because he prefers to cook at home.

3-4 다음 글을 읽고, 물음에 답하시오.

Humans often build relationships with their siblings. This is rare in the animal world. However, some animals are very close with their __________.

For example, adult male elephants live alone. But females and their young stay together as a family for life. The older sisters in the herd look after their siblings. <u>그들은 더 어린 코끼리들을 안전하게 유지한다.</u> This is good practice for being mothers themselves.

수능유형 **3** 빈칸에 들어갈 말로 가장 적절한 것을 고르시오.

① owners ② friends ③ siblings ④ neighbors ⑤ parents

서술형 **4** 밑줄 친 우리말과 같은 뜻이 되도록 상자 안의 말을 바르게 배열하시오.

safe, the younger elephants, keep, they

____

5-6 다음 글을 읽고, 물음에 답하시오.

This fox looks cute, doesn't it? It is called a *fennec fox. ⓐ <u>It</u> is not as big as other foxes and has a small face. But ⓑ <u>it</u> has large, bat-like ears. There is an interesting secret about its large ears. The fennec fox lives in the desert, so ⓒ <u>it</u> has to find ways to stay cool. Luckily, its large ears keep ⓓ <u>it</u> from getting hot. The many **blood vessels inside its ears release heat. <u>This</u>

means that the fennec fox can control its own body temperature. On the other hand, the ***arctic fox lives in cold areas. ⓔ It must save its heat in cold weather. So it has small ears, and these help the fox stay warm.

*fennec fox 사막여우 **blood vessel 혈관 ***arctic fox 북극여우

수능유형 **5** 밑줄 친 ⓐ~ⓔ 중, 가리키는 대상이 나머지 넷과 다른 것을 고르시오.

① ⓐ ② ⓑ ③ ⓒ ④ ⓓ ⑤ ⓔ

서술형 **6** 밑줄 친 This가 의미하는 내용을 우리말로 쓰시오.

____

7-8 다음 글을 읽고, 물음에 답하시오.

The *tardigrade is 1.7 mm long. It looks like a tiny bear, so it is also known as the "water bear." Water bears can live in extreme conditions. ____(A)____, they can live without oxygen in space. They are also found in places as hot as 150 °C and as cold as -273 °C. They can even survive when they are boiled or frozen! Here is their secret. Water bears can enter **cryptobiosis. This is a state like death. In this state, they decrease the amount of water in their body to 1%. So they do not freeze to death. ____(B)____, they stay in this state until conditions get better.

*tardigrade 완보류 **cryptobiosis 휴면 생활

7 빈칸 (A)와 (B)에 들어갈 말로 가장 적절한 것을 고르시오.

(A)		(B)	(A)		(B)
① However	……	Therefore	② In addition	……	Moreover
③ Moreover	……	However	④ For example	……	Instead
⑤ Instead	……	Also			

8 다음 영영풀이가 나타내는 단어를 글에서 찾아 쓰시오.

very intense in degree

____

어쩌면 우리 좀 닮았을지도?!

인간과 일부 동물들은 유사한 DNA를 가지고 있다고 합니다. 우리가 흔히 알고 있는 침팬지와 같은 영장류들은 인간과 생김새가 매우 비슷한데요. 외모 말고도 인간과 닮은 면을 가진 동물들이 있습니다. 어떤 동물들이 우리 인간과 비슷한 지 알아볼까요?

코알라의 지문은 인간의 지문과 비슷해요!

코알라의 지문이 인간의 지문과 거의 똑같은 생김새를 가지고 있다는 사실! 알고 있었나요? 코알라의 지문은 인간의 지문과 아주 유사해서 현미경으로 보아도 구분하기 어려울 정도입니다. 코알라의 지문이 이렇게 발달한 이유는 바로 코알라의 주식인 유칼립투스를 고르기 위해서인데요. 독성이 적은 잎을 고르기 위해서는 잎 위의 작은 털까지 느낄 수 있어야 해요. 그래서 코알라의 지문이 인간의 지문처럼 아주 섬세하게 발달하게 되었다고 하네요! 많은 코알라가 서식하는 호주는 실제로 코알라의 지문 데이터를 수집합니다. 코알라의 지문이 인간의 지문과 너무 닮아서 범죄 수사에 혼란을 줄 수 있기 때문이에요. 범인 대신 엉뚱한 코알라를 체포하면 안 되니까요!

우리 엄마 아빠 같은 미어캣의 부모들!

동물들은 보통 남의 행동을 관찰하여 스스로 배우는데요. 미어캣은 부모나 주위 어른 미어캣들이 새끼들에게 직접 보여주면서 교육한다고 해요. 꼭 우리가 엄마 아빠에게 배우는 것처럼요! 부모 미어캣들은 어린 새끼들에게는 죽은 동물을 가져다주지만 새끼들이 조금 자라면 사냥하는 방법을 직접 보여주면서 가르쳐요. 미어캣들은 무리 지어 사는데요. 부모뿐만 아니라 주위의 어른들이 새끼들이 잘 성장할 수 있도록 적극적으로 돕는다고 하네요. 새끼 미어캣들도 우리처럼 엄마 아빠의 잔소리를 들을까요?

헤롱헤롱 술에 취해 비틀대는 벌

술에 취해 비틀비틀하고 집에 가는 길을 잃어버리는 동물의 정체는 바로... 벌입니다! 어른들이 술에 취했을 때의 모습과 비슷하죠? 벌은 발효된 꿀을 먹으면 취하게 됩니다. 그래서 음주 비행을 하기도 하는데요. 우리 인간처럼 벌들도 음주에는 아주 가혹합니다. 경비벌들은 술에 취한 벌들에게 무시무시한 벌을 내려요. 다리를 물어뜯어 버립니다. 벌들의 사회에서도 과도한 음주는 질서를 해치는 행위랍니다!

Section

08

Sports & Entertainment

1 당당해서 더 아름다워~

2 F1의 숨은 영웅

3 Derby, 그 유래를 찾아 영국으로!

4 전 세계의 음악을 즐겨요

Section 08

1

Think!
'모델' 하면
어떤 이미지가
떠오르나요?

121 words

Winnie Harlow is a beautiful model who is known for her unique skin tone. She was born with the disease *vitiligo. It caused some parts of her skin to be dark and other parts to be very light.

She was often teased about her appearance when she was young. Winnie __________ what others said. She believed that her opinion about herself was the most important. She researched many types of makeup and practiced applying it to her skin. Then, she began posting hundreds of photos of herself online. Finally, she was chosen to compete in a modeling contest on TV.

Her unusual skin tone gives her a unique look, but her confident personality is what people find the most attractive about her.

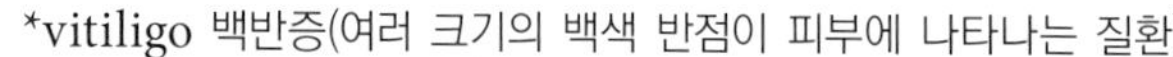

*vitiligo 백반증(여러 크기의 백색 반점이 피부에 나타나는 질환)

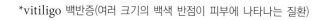

Knowledge Bank 백색증을 앓는 모델, 쉬에리 아빙 (Xueli Abbing)

쉬에리 아빙은 백색증을 앓고 있는 모델이다. 백색증이란 피부와 눈동자 등에 색을 띠게 하는 색소인 멜라닌이 부족하거나 전혀 형성되지 않는 선천성 유전질환이다. 11살의 그녀는 우연히 TV를 보던 중 모델의 자신감 넘치는 모습에 푹 빠지게 되었고, 한 캠페인을 시작으로 본격적인 모델 활동을 시작했다. 선천적으로 좋지 않은 시력 탓에, 햇빛을 바라보기도 힘들지만 그녀는 늘 새로운 도전을 통해 자신의 커리어를 쌓아갔다. 2019년에 세계적인 패션 잡지 '보그(Vogue)'에 등장하면서 주목을 받기 시작했으며, 2022년에는 차별과 인종차별에 맞서 싸우는 유네스코 친선 대사가 되었다.

1 글의 제목으로 가장 알맞은 것은?

① Can Vitiligo Be Cured?
② A Beauty unlike Any Other
③ Models Need a Unique Look
④ How to Overcome Being Teased
⑤ A Famous Modeling Contest Show

2 글의 빈칸에 들어갈 말로 가장 알맞은 것은?

① ignored
② accepted
③ repeated
④ respected
⑤ explained

3 Winnie Harlow에 관한 글의 내용과 일치하면 T, 그렇지 않으면 F를 쓰시오.

(1) 그녀는 어렸을 때 외모 때문에 놀림을 받았다. ________
(2) 그녀는 병원 치료를 받고 백반증이 완치되었다. ________

서술형

4 다음 빈칸에 알맞은 단어를 글에서 찾아 쓰시오.

Although Winnie Harlow had a skin __________ called vitiligo, her __________ personality helped her become a model.

Words be known for ~로 알려지다 tone 명 색조 disease 명 질병, 질환 tease 동 놀리다 appearance 명 외모 opinion 명 의견 research 동 연구하다 makeup 명 화장품, 메이크업 practice 동 연습하다 apply 동 (페인트·크림 등을) 바르다 post 동 올리다, 게시하다 hundreds of 수백의, (수없이) 많은 choose 동 선택하다, 뽑다 (choose-chose-chosen) compete 동 (시합 등에) 참가하다 contest 명 (경연) 대회 unusual 형 독특한 confident 형 자신감 있는 personality 명 성격 attractive 형 매력적인
[문제] beauty 명 아름다움, 미; *미인 overcome 동 극복하다 ignore 동 무시하다 accept 동 받아들이다, 수락하다 respect 동 존중하다

Section 08

2

Think!
F1 경주를
본 적이 있나요?

117 words

A number of F1 race cars are speeding around the track noisily. People in the stands cheer as the cars quickly pass by. But sometimes the cars have to stop. A team of mechanics ____________________ during these breaks. These mechanics work in the *pit area near the starting line. (a) When a driver stops the car, they work as fast as possible to do many jobs. (b) They must hurry to change the tires and repair damage. (c) Many different types of tires are used for normal cars. (d) They usually finish their work within three or four seconds. (e) Then the car returns to the race. What great teamwork! Thanks to the team working in the pit area, the driver might win.

*pit area 피트 구역(타이어 교체 등을 하는 곳)

Knowledge Bank F1(FIA Formula One World Championship)

F1은 국제 자동차 연맹(FIA)이 주관하는 세계 최고의 자동차 경주 대회로 1950년에 처음 만들어졌다. 매년 유럽과 호주, 아시아, 북남미 등 전 세계적으로 평균 20회 정도의 경주가 개최되며 각 경기를 '그랑프리'라고 부른다. F1 경주용 자동차는 차체가 낮고, 좌석이 한 개이며, 바퀴 4개가 밖으로 노출되어 있는 것이 특징이다. 이 자동차는 최대 시속 350km 이상의 속도를 낼 수 있다.

1 글의 주제로 가장 알맞은 것은?

① F1 경주의 탄생과 역사
② F1 경주 운전자의 자격 요건
③ F1 경주에서 정비공의 역할
④ F1 경주용 자동차의 뛰어난 성능
⑤ F1 경주에서 안전 수칙 준수의 중요성

고난도

2 글의 빈칸에 들어갈 말로 가장 알맞은 것은?

① cheers for the drivers
② checks the driver's car
③ gives the driver a drink
④ records the cars' speed
⑤ judges the driver's condition

3 글의 (a)~(e) 중, 전체 흐름과 관계없는 문장은?

① (a) ② (b) ③ (c) ④ (d) ⑤ (e)

4 글의 내용과 일치하면 T, 그렇지 않으면 F를 쓰시오.

(1) F1 경주 도중에 경주용 차는 멈출 수 없다. ______
(2) F1 경주의 피트 구역은 출발선 근처에 있다. ______

Words race 명 경주 speed 동 빨리 가다 noisily 부 요란하게, 시끄럽게 stands 명 관중석 cheer 동 환호하다; 응원하다 pass by 지나가다 mechanic 명 정비공 break 명 휴식 (시간) starting line 출발선 hurry 동 서두르다 repair 동 수리하다 damage 명 손상, 피해 normal 형 보통의, 일반적인 within 전 ~ 이내에 return 동 돌아가다 teamwork 명 팀워크, 협동심
[문제] record 동 기록하다 judge 동 판단하다 condition 명 (건강) 상태

Section 08

3

Think!
좋아하는 스포츠 팀이 있나요? 그 팀의 경쟁팀은 어디인가요?

105 words

The Manchester Derby is a traditional soccer match. It's held between two teams in England, Manchester United and Manchester City. Do you know ______________________?

There are many stories about where this word came from. One says it came from the name of the English city Derby. During the 19th century, the city was famous for a game between two local rivals. <u>They</u> were St. Peters and All Saints. The matches were tough. Sometimes they even caused deaths. They seemed like fights. Later, any match between local rivals was called a "derby" in England. Today, the word "derby" can be used for various kinds of sports events.

고난도

1 글의 빈칸에 들어갈 말로 가장 알맞은 것은?

① which team plays better
② where this match is held
③ why this match is so popular
④ when this match first started
⑤ why this match is called a "derby"

2 글을 통해 답을 알 수 없는 것은?

① Manchester Derby는 어느 나라에서 열리는 경기인가?
② Manchester Derby의 두 팀은 누구인가?
③ St. Peters와 All Saints의 경기는 어디에서 열렸는가?
④ St. Peters와 All Saints의 경기는 어땠는가?
⑤ St. Peters와 All Saints의 경기에서 누가 우승했는가?

서술형

3 글의 밑줄 친 They가 가리키는 것을 글에서 찾아 쓰시오. (3단어)

____

서술형

4 다음 빈칸에 알맞은 단어를 보기에서 골라 쓰시오.

보기	sports	match	tough	local

The Word "Derby" in Sports

During the 19th century	Derby, England, was famous for a tough game between two (1) ________ teams.
Later	People called a (2) ________ between local rivals in England a "derby."
Now	The term "derby" is used to refer to various kinds of (3) ________ events.

Words match ⓜ 경기, 시합 hold ⓢ 잡다; *개최하다 (hold–held–held) England ⓜ 잉글랜드 come from ~에서 생겨나다 [유래하다] be famous for ~로 유명하다 local ⓗ 지역의, 현지의 rival ⓜ 경쟁자, 라이벌 tough ⓗ 힘든; *(게임·경기 등이) 거친, 치열한 fight ⓜ 싸움 various ⓗ 다양한 [문제] term ⓜ 기간; *용어 refer to ~을 나타내다

Section 08

Think!
우리나라에서 열리는
음악 축제는
어떤 것이 있나요?

Every year on June 21, you can hear music from all over the world! The event is called the Fête de la Musique, or World Music Day. Its goal is to show that anyone can make music. (a) It also tries to make various kinds of music popular. (b) Music expresses emotion through sound. (c) On this day, all kinds of musicians, from amateurs to professionals, gather on the street and in cafés. (d) And they perform for free. (e) This allows people to enjoy various kinds of music. The first Fête de la Musique took place in Paris, France, in 1982. Now, it is held in more than a hundred countries, including Vietnam, Chile, Japan, Australia, Germany, and Italy.

Knowledge Bank 또 다른 음악 축제, 글래스턴베리 페스티벌(Glastonbury Festival)

글래스턴버리 페스티벌은 1970년에 영국에서 시작해 지금까지 전 세계인의 사랑을 받고 있다. 록, 레게, 댄스 음악이 주를 이루며 코미디, 연극, 서커스 등 다양한 장르의 예술도 함께 즐길 수 있는 축제이다. 영국 서머싯주의 워디 팜(Worthy Farm)에서 열리는데, 축제가 열리는 장소뿐만 아니라 주변 지역도 모두 농장이다. 사람들은 농장에서 캠핑하며 축제를 즐기는데, 진흙 때문에 대부분이 장화를 신는다.

1 글의 (a)~(e) 중, 전체 흐름과 관계없는 문장은?

① (a) ② (b) ③ (c) ④ (d) ⑤ (e)

2 글에서 Fête de la Musique에 관해 언급되지 않은 것은?

① 행사 날짜
② 행사 목표
③ 공연이 이루어지는 장소
④ 행사 참가 신청 방법
⑤ 처음 개최한 나라

서술형

3 다음 질문에 우리말로 답하시오.

Q: Why do musicians perform for free?

____

서술형

4 다음 빈칸에 알맞은 단어를 글에서 찾아 쓰시오.

World Music Day takes place every year on June 21. All kinds of __________ participate in the event. They __________ various kinds of music on the street and in cafés.

Words goal 명 목표 express 동 표현하다 emotion 명 감정, 정서 through 전 ~을 통해 amateur 명 아마추어, 비전문가 professional 명 전문가 for free 무료로 take place 개최되다, 열리다 including 전 ~을 포함하여 [문제] participate in ~에 참여하다

Review Test

1 단어의 뜻이 바르게 연결되지 않은 것을 고르시오.

① mechanic: 정비공 ② repair: 수리하다 ③ break: 휴식
④ match: 경기 ⑤ take place: 놓다

2 빈칸에 공통으로 들어갈 말로 가장 적절한 것을 고르시오.

· The writer is known ________ her mystery novels.
· You can download the app ________ free.

① in ② from ③ to ④ for ⑤ at

3-4 다음 글을 읽고, 물음에 답하시오.

Winnie Harlow was born with the disease *vitiligo. It caused some parts of her skin to be dark and other parts to be very light. She was often teased about her appearance when she was young. Winnie ignored what others said. She believed that her opinion about herself was the most important. She researched many types of makeup and practiced applying it to her skin. Then, she began posting hundreds of photos of herself online. Finally, she was chosen to compete in a modeling contest on TV. Her unusual skin tone gives her a unique look, but her confident personality is what people find the most attractive about her.

*vitiligo 백반증(여러 크기의 백색 반점이 피부에 나타나는 질환)

서술형 **3** 밑줄 친 It이 가리키는 것을 글에서 찾아 쓰시오.

____

4 Winne Harlow의 행동이 주는 교훈으로 가장 적절한 것을 고르시오.

① 자신에게 맞는 화장법을 찾는 것이 중요하다.
② 친구들을 놀려서는 안 된다.
③ 자신의 모습에 자신감을 가져야 한다.
④ 다른 사람의 말을 무시하지 말아야 한다.
⑤ 어렸을 때부터 꿈을 찾기 위해 노력해야 한다.

5-6 다음 글을 읽고, 물음에 답하시오.

The Manchester Derby is a traditional soccer match. It's held between two teams in England, Manchester United and Manchester City. Do you know 왜 이 경기가 '더비'로 불리는지? There are many stories about where this word came from. One says it came from the name of the English city Derby. During the 19th century, the city was famous for a game between two local rivals. They were St. Peters and All Saints. The matches were ______________. Sometimes they even caused deaths. They seemed like fights. Later, any match between local rivals was called a "derby" in England.

서술형 5 밑줄 친 우리말과 같은 뜻이 되도록 상자 안의 말을 바르게 배열하시오.

is, this match, why, a "derby", called

____

수능유형 6 빈칸에 들어갈 말로 가장 적절한 것을 고르시오.

① tough ② great ③ free ④ different ⑤ attractive

7-8 다음 글을 읽고, 물음에 답하시오.

Every year on June 21, you can hear music from all over the world! The event is called the Fête de la Musique, or World Music Day. Its goal is to show that anyone can make music. It also tries to make various kinds of music popular. On this day, all kinds of musicians, from amateurs to professionals, gather on the street and in cafés. And they perform for free. This allows people to enjoy various kinds of music. The first Fête de la Musique took place in Paris, France, in 1982.

수능유형 7 Fête de la Musique에 관한 글의 내용과 일치하지 않는 것을 고르시오.

① 매년 6월 21일에 열린다.
② 행사 목표는 누구나 음악을 만들 수 있다는 것을 보여주는 것이다.
③ 음악가들은 화려한 무대에서 연주한다.
④ 음악가들은 무료로 공연한다.
⑤ 프랑스 파리에서 처음 개최되었다.

8 다음 영영풀이가 나타내는 단어를 글에서 찾아 쓰시오.

a purpose of a project

____

스포츠 속 숨은 영웅!

스포츠 경기에서 활약하는 선수들이 있습니다. 하지만 그 뒤에는 그들이 좋은 기록을 낼 수 있도록 돕는 숨은 영웅들이 있어요. 어떤 종목에 이러한 영웅들이 있는지 살펴봅시다!

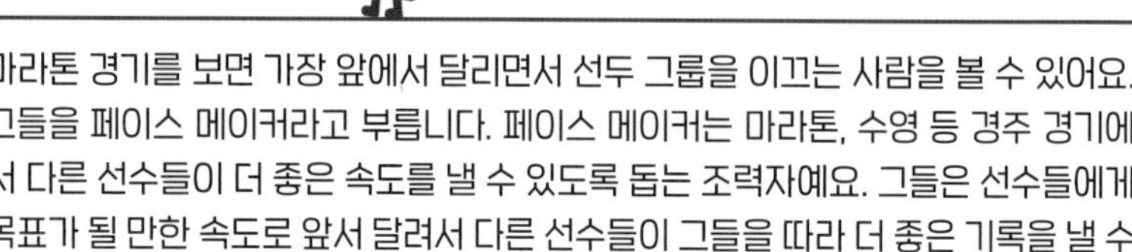

페이스 메이커

마라톤 경기를 보면 가장 앞에서 달리면서 선두 그룹을 이끄는 사람을 볼 수 있어요. 그들을 페이스 메이커라고 부릅니다. 페이스 메이커는 마라톤, 수영 등 경주 경기에서 다른 선수들이 더 좋은 속도를 낼 수 있도록 돕는 조력자예요. 그들은 선수들에게 목표가 될 만한 속도로 앞서 달려서 다른 선수들이 그들을 따라 더 좋은 기록을 낼 수 있도록 유도합니다. 사이클 경기에서는 오토바이로 페이스 메이커 역할을 하는 사람들도 있다고 하네요!

불펜 포수

야구 투수가 경기에 나가기 전 준비운동을 하는 곳을 불펜이라고 합니다. 불펜에서 투수는 공을 던지는 연습을 하는데요. 이때 투수의 공을 받아 주면서 투수의 컨디션을 확인하고, 그들의 사기를 올려주는 역할을 하는 조력자가 있습니다. 바로 불펜 포수입니다. 불펜 포수들은 실제 경기에는 출전하지 않습니다. 또한 불펜 포수들 대부분은 아직 경력이 짧은 나이가 어린 포수 등이 주로 맡습니다. 투수가 던지는 공이 경기를 좌우하는 만큼, 그들을 돕는 불펜 포수들도 정말 중요한 선수들이에요!

컬링 아이스 메이커

빙판 위에 컬링 스톤을 던져 표적의 정중앙에 위치시키는 경기인 컬링은 그 무엇보다도 빙판의 질이 중요한 경기입니다. 컬링은 빙판의 온도, 마찰에 굉장히 예민하기 때문에 이 빙판을 집중하여 담당하는 사람들이 있습니다. 이들을 '아이스 메이커'라고 합니다. 이들은 선수들이 빙판 위에서 공정한 게임을 할 수 있도록 빙판을 제작하고 관리해요. 보통 경기용 빙판을 만드는 데 7일에서 10일이 소요돼요.

Section 09

Places

1 다리가 후들후들 떨려~
2 바다가 빨간색이라고?
3 음식도 안전벨트가 필요해!
4 남극에 호수가?

Think!
절벽 위에
있는 건물을
본 적이 있나요?

Peru is one of South America's most beautiful countries. Now there is a new and exciting way to experience the beauty of Peru—staying at a hotel located halfway up a high cliff.

The hotel has only three rooms. ⓐ They are made of glass. Each is big enough for two people. Guests must climb 400 feet up the cliff to get to ⓑ their rooms. If they want some fresh air, ⓒ they can climb onto the roof of their room. As the sun goes down, ⓓ they can enjoy amazing views of the valley below. At the end of ⓔ their stay, they can ride a *zip line to the bottom of the cliff.

The hotel isn't for everyone. But it's perfect for people who love nature and excitement!

*zip line 집라인(와이어를 타고 빠른 속도로 하강하는 야외 스포츠)

Knowledge Bank 페루의 이색 호텔

본문의 호텔은 페루의 성스러운 계곡(Sacred Valley) 해발 400m에 위치한 캡슐 호텔이다. 각각의 캡슐은 가로 약 7.3m, 높이 약 2.4m의 크기로 강철 케이블과 철근으로 절벽에 고정되어 있다. 객실에는 침대와 화장실, 조리대가 있으며 쾌적한 환경을 위해 창문과 환풍구도 갖추고 있다. 캡슐의 지붕에는 나무로 만들어진 작은 마루가 있어 야외에서 자연경관을 즐길 수도 있다.

1 글의 주제로 가장 알맞은 것은?

① a beautiful part of Peru
② an unusual place to stay
③ a safer way to climb up cliffs
④ the dangers of riding zip lines
⑤ the best places in South America

2 글의 밑줄 친 ⓐ~ⓔ 중, 가리키는 대상이 나머지 넷과 <u>다른</u> 것은?

① ⓐ ② ⓑ ③ ⓒ ④ ⓓ ⑤ ⓔ

3 글을 통해 호텔에 관해 알 수 있는 내용을 <u>모두</u> 고르시오.

① 객실 수 ② 숙박비
③ 수용 인원 ④ 예약 방법
⑤ 식사 서비스

4 호텔에 관한 글의 내용과 일치하면 T, 그렇지 않으면 F를 쓰시오.

(1) 객실이 유리로 만들어져 있다. ________
(2) 손님들은 객실에 가기 위해 집라인을 타야 한다. ________

Words exciting 형 흥미진진한 (excitement 명 흥분, 신남) experience 동 경험하다 stay 동 머물다, 묵다 명 머무름, 방문 locate 동 ~에 위치시키다 halfway 부 중간에 cliff 명 절벽 climb 동 오르다 foot 명 발; *피트(길이의 단위로 약 30센티미터에 해당) (《복수형》 feet) roof 명 지붕 amazing 형 놀라운 view 명 경관, 전망 valley 명 계곡 below 부 아래에 bottom 명 맨 아래 nature 명 자연 [문제] part 명 부분; *지역 unusual 형 독특한; 신기한 danger 명 위험 (요소)

Section 09

2

Think!

바다를 생각하면 어떤 모습이 떠오르나요?

106 words

Panjin Red Beach is not a typical beach. There are no umbrellas, waves, or sand, and it is bright red. The area is actually a wetland of the Liaohe River in northeast China. It gets its impressive color from a special kind of plant known as *seepweed. The beach is covered in it. (①) Most of the year, seepweed is green, like other plants. (②) But it turns bright red in the autumn. (③)

Many tourists visit the beach during this season to enjoy the amazing scenery. (④) They gather on wooden decks and take photos of the colorful plants. (⑤) So efforts are being made to protect this unique area.

*seepweed 해안가나 습지에서 자라는 한해살이 풀

1 글의 제목으로 가장 알맞은 것은?

① A City in China with Many Red Plants
② A Beach That Is Suffering due to Pollution
③ A Special Place Built for Chinese Tourists
④ A Chinese Wetland with a Unique Feature
⑤ An Endangered Plant That Is Being Protected

고난도

2 다음 문장이 들어갈 위치로 가장 알맞은 곳은?

The beach is also home to many birds and animals.

① ② ③ ④ ⑤

서술형

3 다음 빈칸에 알맞은 단어를 글에서 찾아 쓰시오.

Panjin Red Beach is covered with seepweed. This plant changes color in the ________.

4 Panjin Red Beach에 관한 글의 내용과 일치하면 T, 그렇지 않으면 F를 쓰시오.

(1) Panjin Red Beach는 붉은 모래로 덮여 있다. ________
(2) seepweed는 봄과 여름에 초록색이다. ________

Words typical 형 전형적인 bright 형 밝은; *선명한 wetland 명 습지 northeast 형 북동의 impressive 형 인상적인 be covered in[with] ~로 덮여 있다 autumn 명 가을 scenery 명 풍경 wooden 형 나무로 된, 목재의 deck 명 갑판 effort 명 노력 protect 동 보호하다 [문제] suffer 동 고통받다 due to ~으로 인해, ~ 때문에 pollution 명 오염, 공해 build 동 짓다 (build-built-built) feature 명 특징, 특색 endangered 형 멸종 위기에 처한

Section 09

3

Think!
독특한 식당에 가 본 적이 있나요?

132 words

Do you love roller coasters? Then you should check out Rollercoaster Restaurant. It's a restaurant chain. Guests order food and drinks from a touchscreen device at their table. Then the food is delivered in a very special way. It arrives on a small roller coaster track!

Each table has its own track. (a) The tracks are up to nine meters tall, and the food travels as fast as 20 kilometers per hour. (b) Many people are too afraid to ride tall roller coasters. (c) You don't have to worry about your food falling on the floor, though. (d) All of the food is placed in metal pots with lids. (e) The pots are secured by straps. Cold drinks come in bottles. But, for safety reasons, hot drinks are served by a waiter. Doesn't it sound like fun?

Knowledge Bank 세계의 이색 레스토랑

벨기에에서 시작된 '디너 인 더 스카이(Dinner in the Sky)'는 50m의 상공에서 짜릿한 식사를 즐길 수 있는 공중 레스토랑이다. 전 세계 유명 도시들을 순회하는 이 이동식 레스토랑에는 대형 테이블 하나와 중앙의 요리 공간, 테이블을 둘러싼 의자들이 있다. 지상에서 손님들이 모두 탑승하면 크레인이 레스토랑 전체를 들어 올린다. 승객들은 모두 안전벨트를 착용해야 하며, 바닥이 막혀 있지 않아 의자 밑 작은 발판에 발을 올려 두어야 한다. 식사는 여러 코스로 진행되며 보통 1시간 30분이 소요된다.

1 글의 제목으로 가장 알맞은 것은?

① Roller Coasters around the World
② Food Shaped like a Roller Coaster
③ A Restaurant with Unusual Service
④ A Restaurant above a Roller Coaster
⑤ The Best Amusement Park in the World

2 글의 (a)~(e) 중, 전체 흐름과 관계없는 문장은?

① (a) ② (b) ③ (c) ④ (d) ⑤ (e)

서술형

3 다음 빈칸에 알맞은 단어를 글에서 찾아 쓰시오.

In the Rollercoaster Restaurant, the food is ________ by roller coaster.

서술형

4 음식이 바닥으로 떨어지지 않는 이유를 우리말로 쓰시오.

____

Words check out ~을 (살펴)보다, ~에 가 보다 chain ⓜ(상점·호텔 등의) 체인(점) order ⓥ주문하다 touchscreen ⓜ터치스크린 device ⓜ장치, 기기 arrive ⓥ도착하다 track ⓜ선로 own ⓐ자기 자신의 up to ~까지 tall ⓐ키가 ~인; 높은 travel ⓥ여행하다; *이동하다 per ⓟ~당, ~마다 afraid ⓐ두려워하는 though ⓑ그렇지만, 하지만 place ⓥ놓다 metal ⓜ금속 pot ⓜ냄비, 통 lid ⓜ뚜껑 secure ⓥ고정하다 strap ⓜ끈 safety ⓜ안전 reason ⓜ이유 serve ⓥ제공하다, (음식을 상에) 내다
[문제] shaped ⓐ~의 모양의 amusement park 놀이공원

Think!
남극에 호수가
존재할 수
있을까요?

In Antarctica, almost everything is covered with ice and snow. The temperature can drop below -55 °C. Surprisingly, four kilometers beneath the ice, there is a huge lake. Its name is Lake Vostok. ⓐ It is 250 km long, 50 km wide, and about 400 m deep. It contains around 5,400 km^3 of water—about 5% of all the fresh water in the world!

Lake Vostok has been covered with ice for more than 14 million years. But the water in the lake does not freeze. How is this possible? It is because the thick ice protects ⓑ it from the cold air. The ice also prevents the heat within the lake from escaping. What an amazing lake!

Knowledge Bank 빙저호(subglacial lake)

수백 미터에서 수 킬로미터 두께의 빙하 밑에 위치한 호수로, 남극과 같이 기온이 낮은 곳에서만 나타난다. 남극에는 본문에 나온 Vostok 호수 외에도 300~400개의 빙저호가 더 있다고 알려진다. 두껍고 차가운 빙하 밑에서도 호수의 물이 얼지 않는 것은, 두꺼운 빙하의 무게로 인한 압력이 물의 어는점을 낮추기 때문이다. 또한, 빙하가 차가운 바깥 공기의 유입을 차단하는 동시에, 지구 내부로부터의 열이 새어 나가는 것을 막기 때문인 것으로 추정된다.

1 글을 통해 Vostok 호수에 관해 알 수 있는 내용을 모두 고르시오.

① 위치
② 크기
③ 물의 온도
④ 이름의 유래
⑤ 서식하는 생물의 종류

고난도 서술형

2 글의 밑줄 친 ⓐ와 ⓑ가 가리키는 것을 글에서 찾아 쓰시오.

ⓐ: ____________________ ⓑ: ____________________

3 글의 내용과 일치하면 T, 그렇지 않으면 F를 쓰시오.

(1) 남극 대륙의 기온은 영하 55도 아래로 떨어질 수 있다. ________
(2) Vostok 호수의 물은 전 세계 민물의 약 5퍼센트를 차지한다. ________

4 다음 문장의 빈칸에 들어갈 말로 가장 알맞은 것은?

The water in Lake Vostok does not freeze because of __________.

① snow
② cold air
③ the thick ice
④ its great size
⑤ global warming

Words Antarctica ⓝ 남극 대륙 temperature ⓝ 기온 drop ⓥ (잘못해서) 떨어지다; *낮아지다 beneath ⓟ 아래에 surprisingly ⓐⓓ 놀랍게도 huge ⓐ 거대한 lake ⓝ 호수 long ⓐ 긴; *길이가 ~인 wide ⓐ 넓은; *폭이 ~인 deep ⓐ 깊은; *깊이가 ~인 contain ⓥ 포함하다, 함유하다 fresh water 민물 million ⓝ 100만 freeze ⓥ 얼다 possible ⓐ 가능한 thick ⓐ 두꺼운 prevent ⓥ 막다, 예방하다 heat ⓝ 열, 열기 within ⓟ ~ 내부에, ~ 안에 escape ⓥ 달아나다, 빠져나가다 [문제] global warming 지구 온난화

Review Test

1 단어의 뜻이 바르게 연결되지 않은 것을 고르시오.

① valley: 계곡 ② contain: 포함하다 ③ freeze: 녹다
④ secure: 고정하다 ⑤ afraid: 두려워하는

2 빈칸에 들어갈 말이 순서대로 바르게 짝지어진 것을 고르시오.

· The cake was covered ________ colorful sprinkles.
· The game was canceled due ________ heavy rain.

① in – at ② from – with ③ to – down
④ with – of ⑤ in – to

3-4 다음 글을 읽고, 물음에 답하시오.

Now there is a new and exciting way to experience the beauty of Peru—staying at a hotel located halfway up a high cliff. The hotel has only three rooms. They are made of glass. Each is big enough for two people. Guests must climb 400 feet up the cliff to get to their rooms. If they want some fresh air, they can climb onto the roof of their room. As the sun goes down, they can enjoy amazing views of the valley below. At the end of their stay, they can ride a *zip line to the bottom of the cliff. The hotel isn't for everyone. But it's perfect for 자연과 신나는 것을 사랑하는 사람들!

*zip line 집라인(와이어를 타고 빠른 속도로 하강하는 야외 스포츠)

3 밑줄 친 to experience와 다른 용법으로 쓰인 것을 고르시오.

① She has a plan to travel.
② It's important to be careful.
③ He has the ability to succeed.
④ They have the desire to learn.
⑤ It's a wonderful chance to explore.

서술형 **4** 밑줄 친 우리말과 같은 뜻이 되도록 상자 안의 말을 바르게 배열하시오.

who, excitement, love, people, nature, and

____

5-6 다음 글을 읽고, 물음에 답하시오.

Panjin Red Beach is not a typical beach. There are no umbrellas, waves, or sand, and ⓐ it is bright red. ⓑ The area is actually a wetland of the Liaohe River in northeast China. ⓒ It gets its impressive color from a special kind of plant known as *seepweed. ⓓ The beach is covered in it. Most of the year, seepweed is green, like other plants. But ⓔ it turns bright red in the autumn. Many tourists visit the beach during this season to enjoy the amazing scenery. They gather on wooden decks and take photos of the colorful plants.

*seepweed 해안가나 습지에서 자라는 한해살이 풀

수능유형 **5** 밑줄 친 ⓐ~ⓔ 중, 가리키는 대상이 나머지 넷과 다른 것을 고르시오.

① ⓐ ② ⓑ ③ ⓒ ④ ⓓ ⑤ ⓔ

6 다음 영영풀이가 나타내는 단어를 글에서 찾아 쓰시오.

a view of natural features such as mountains, hills, valleys, etc.

____

7-8 다음 글을 읽고, 물음에 답하시오.

You should check out Rollercoaster Restaurant. It's a restaurant chain. Guests order food and drinks from a touchscreen device at their table. Then the food is delivered in a very special way. It arrives on a small roller coaster track! Each table has its own track. The tracks are up to nine meters tall, and the food travels as fast as 20 kilometers per hour. You don't have to worry about your food falling on the floor, though. All of the food is placed in metal pots with lids. The pots are secured by straps. Cold drinks come in bottles. But, for safety reasons, hot drinks are served by a waiter.

수능유형 **7** 롤러코스터 레스토랑에 관한 글의 내용과 일치하지 않는 것을 고르시오.

① 테이블에 있는 터치스크린으로 주문한다.
② 테이블마다 선로가 있다.
③ 음식은 시속 20킬로미터로 빠르게 이동한다.
④ 음식은 끈으로 고정된 냄비 안에 담겨있다.
⑤ 모든 음료는 병에 담겨 선로로 이동한다.

서술형 **8** 다음 빈칸에 알맞은 단어를 글에서 찾아 쓰시오.

None of the food will fall on the ____________ because it is placed in metal pots with ____________ and straps.

세계의 위험한 호수들

호수나 강에 들어가면 안 된다는 표지판을 본 적이 있나요? 지구상에 존재하는 수많은 호수 중 특히 더 위험한 호수들이 있다고 하는데요. 어떤 곳들이 있는지 한번 살펴봅시다.

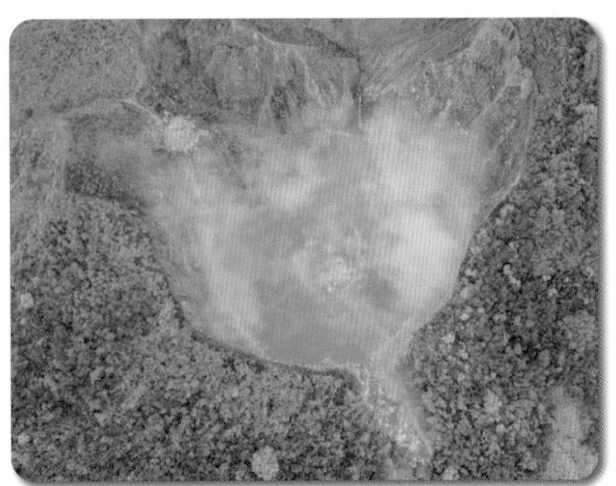

호수가 끓고 있다고?

도미니카 공화국의 보일링 호수(Boiling Lake)

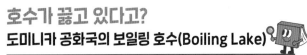

김이 펄펄 나는 사진 속의 호수는 도미니카의 보일링 호수예요. 이 호수의 가장자리 수온은 평균 섭씨 88도인데, 말 그대로 호수가 끓기 직전의 물처럼 아주 뜨겁기 때문에 보일링 호수라는 이름이 지어졌어요. 이 호수의 지면 아래에는 뜨거운 용암이 흐르고 있는데, 호수의 물이 늘 높은 온도를 유지할 수 있는 이유는 바로 이 때문이에요. 호수 주변은 늘 신비로운 수증기로 덮여 있어서 거대한 온천같이 보이기도 해요. 다만, 호수의 수증기에는 유황 성분이 포함되어 있어 인체에 해롭고, 실수로 호숫물을 만질 시 화상을 입을 수도 있으므로 주의해야 해요~!

너무 맑아서 위험하다고?

미국 몬태나 주의 플랫헤드 호수(Flathead Lake)

플랫헤드 호수는 세계에서 가장 맑고 투명한 호수 중 하나로 알려져 있어요. 호수 주변에는 포도 농장과 와인 양조장들이 많기 때문에 맑은 호수와 함께 아름다운 풍경을 연출하고 있어요. 그런데 뭐가 문제일까요? 바로 이 맑고 아름다운 물이 사람들을 위험에 처하게 만들 수도 있다는 거예요. 밑바닥이 다 보일 정도로 맑은 물 때문에, 사람들은 호수의 수심이 낮다고 착각해서 과감하게 물속으로 뛰어들곤 하는데요. 사실 호수의 깊이는 평균 50m나 된다고 해요. 이 호수에서 유독 익사 사고가 많이 일어나는 것도 바로 그 때문이에요. 그러니 이 호수에서는 물에 들어가지 말고 바깥에서 풍경을 감상하는 것이 좋겠네요.

Section

10

Science & Universe

1 어라! 왜 안 깨지지?

2 우리는 과학적인 해적이야!

3 안 들린다고요?!

4 방금 뭐가 지나간 것 같은데?

Section 10

1

Think!
깨지지 않는 달걀을
본 적이 있나요?

128 words

By using science, we can turn an egg into a rubber ball. Let's do the experiment together!

First, put an uncooked egg in a jar. Then pour vinegar over it. Bubbles will soon appear on the eggshell. After 24 hours, change the vinegar. Wait another 24 hours. Rinse the egg in water. Now the egg will feel like rubber. You can even gently bounce it like a ball.

This happens because of *calcium carbonate in the eggshell and **acetic acid in vinegar. These two chemicals react with each other. The chemical reaction creates ***carbon dioxide gas. That's what the little bubbles on the eggshell are. Slowly, this gas destroys the eggshell. Beneath the eggshell, there is a thin but strong layer. This is what makes the egg bounce.

*calcium carbonate 탄산칼슘 **acetic acid 아세트산
***carbon dioxide 이산화탄소

Knowledge Bank 삼투현상

실험 후 달걀이 커지고 탱탱해지는 것은 삼투현상 때문이다. 삼투현상은 물 분자가 드나들 수 있는 반투성 막을 통해 낮은 농도의 용액에서 높은 농도의 용액으로 물이 이동하는 현상을 말한다. 실험 시 달걀 밖 용액의 농도가 낮고 달걀 안 농도가 높기 때문에 계란 껍질 아래의 반투성 막을 통해 달걀 밖에서 안으로 물이 이동하여 달걀이 탱탱해지는 것이다.

1 글의 제목으로 가장 알맞은 것은?

① Cooking Eggs with Chemicals
② Are Eggs Stronger than Rubber?
③ Create a Bouncy Ball with Science
④ Two Kinds of Chemical Reactions
⑤ Vinegar: A Liquid with Special Uses

2 밑줄 친 the experiment에 필요하지 않은 것은?

① a jar ② water ③ an egg
④ rubber ⑤ vinegar

3 글의 내용과 일치하면 T, 그렇지 않으면 F를 쓰시오.

(1) 실험에 익힌 달걀을 사용해야 한다. ________
(2) 실험 마지막에 달걀의 껍질은 사라져 있을 것이다. ________
(3) 달걀에 있는 얇은 막이 달걀을 튀어 오르게 한다. ________

고난도 서술형
4 다음 빈칸에 알맞은 단어를 글에서 찾아 쓰시오.

What They Contain	What Happens When They Meet	The Result
(1) ____________: acetic acid eggshell: calcium carbonate	Carbon dioxide gas (2) ____________ form.	The gas (3) ____________ the hard eggshell.

Words
science 명 과학 rubber 명 고무 experiment 명 실험 uncooked 형 익히지 않은, 날것의 jar 명 병 pour 동 붓다 vinegar 명 식초 bubble 명 거품 appear 동 나타나다 eggshell 명 달걀 껍질 rinse 동 씻다 gently 부 다정하게; *부드럽게 bounce 동 튀다 (bouncy 형 잘 튀는) chemical 명 화학 물질 형 화학적인 react 동 반응하다 (reaction 명 반응) gas 명 기체, 가스 destroy 동 파괴하다 thin 형 얇은 layer 명 층 [문제] liquid 명 액체 use 명 사용; *용도 form 동 형성되다 result 명 결과

Section 10

2

Think!
해적을 생각하면 어떤 모습이 떠오르나요?

133 words

Why did pirates wear eye patches? Did they often hurt their eyes? You may be surprised by the answer. They wore eye patches so that they could fight better!

Generally, the human eye needs time to adapt from sunlight to darkness. This usually takes about 25 minutes. Pirates knew this. They wore the patches so that one eye could get used to the dark. This helped them see better when they fought in the dark. ____(A)____, when they needed to fight under the deck, they moved the patch to the other eye. Then they could instantly see using the eye that had adjusted to darkness.

Try it out. In a bright room, ____(B)____ one eye with your hand. Turn off the light, and move your hand to the other eye. You can still see, right?

1 글의 주제로 가장 알맞은 것은?

① why pirates wore eye patches
② why pirates had poor eyesight
③ which places were safe for pirates
④ how pirates could fight on the deck
⑤ how pirates overcame poor eyesight

2 빈칸 (A)에 들어갈 말로 가장 알맞은 것은?

① However ② Otherwise
③ In addition ④ For example
⑤ On the other hand

3 빈칸 (B)에 들어갈 말로 가장 알맞은 것은?

① rub ② use ③ wash
④ open ⑤ cover

서술형

4 다음 빈칸에 알맞은 단어를 글에서 찾아 쓰시오.

> Pirates wore an eye patch on one eye, so it got used to the dark. Then, when they fought in the dark, they __________(e)d the eye patch to the other eye. This helped them __________ and fight well in the __________.

Words pirate ⓜ 해적 eye patch 안대 hurt ⓢ 다치게 하다 surprised ⓗ 놀란 generally ⓟ 일반적으로 human ⓗ 인간[사람]의 adapt ⓢ 적응하다 darkness ⓜ 어둠 (= dark) get used to ~에 익숙해지다 deck ⓜ (배의) 갑판 instantly ⓟ 즉시 adjust ⓢ 적응하다 try out ~을 시험해 보다 turn off ~을 끄다 [문제] poor ⓗ 가난한; *좋지 못한 eyesight ⓜ 시력 overcome ⓢ 극복하다 (overcome-overcame-overcome) rub ⓢ 문지르다, 비비다 cover ⓢ 가리다

Section 10

3

Think!
우주를 배경으로 한 영화를 본 적이 있나요?

108 words

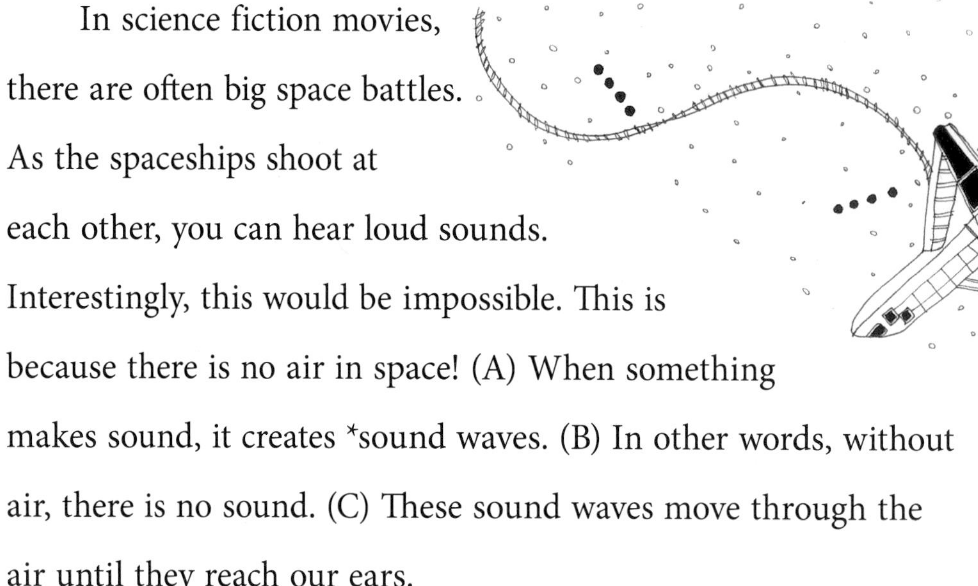

In science fiction movies, there are often big space battles. As the spaceships shoot at each other, you can hear loud sounds. Interestingly, this would be impossible. This is because there is no air in space! (A) When something makes sound, it creates *sound waves. (B) In other words, without air, there is no sound. (C) These sound waves move through the air until they reach our ears.

So ______________________? When they go outside the spaceship, they use radios in their helmets. Unlike sound waves, **radio waves do not need air to move. And inside the spaceship, there is air. So the astronauts can hear each other talk when they are inside.

*sound wave 음파 **radio wave 전파

1 문장 (A)~(C)를 글의 흐름에 알맞게 배열한 것은?

① (A) – (B) – (C)
② (A) – (C) – (B)
③ (B) – (C) – (A)
④ (C) – (A) – (B)
⑤ (C) – (B) – (A)

2 글의 빈칸에 들어갈 말로 가장 알맞은 것은?

① how can astronauts live in space
② how can astronauts hear in space
③ how can the battle scenes be made
④ how can radio waves move in space
⑤ how can sound waves be made in space

3 글의 내용과 일치하면 T, 그렇지 않으면 F를 쓰시오.

(1) 전파는 공기를 통해서만 이동할 수 있다. ________
(2) 우주 비행사들은 우주선 안에서 무전기를 사용해서 대화한다. ________

고난도 서술형

4 다음 빈칸에 알맞은 표현을 글에서 찾아 쓰시오.

In space, loud noises cannot be heard because there is __________ __________.

Words science fiction 공상 과학(의) space ⓜ우주 battle ⓜ전투 spaceship ⓜ우주선 shoot ⓢ(총 등을) 쏘다 loud ⓗ(소리가) 큰, 시끄러운 sound ⓜ소리 impossible ⓗ불가능한 reach ⓢ~에 이르다, 도달하다 outside ⓙ~ 밖에[으로] radio ⓜ라디오; *무전기 unlike ⓙ~와 다른; *~와는 달리 astronaut ⓜ우주 비행사 [문제] scene ⓜ장면 noise ⓜ소리, 소음

Section 10

4

Think!
우주에서도
태풍이
일어날까요?

When you hear the word "storm," you probably think of rain or snow. But there is also something called a solar storm.

Few people know about solar storms. Solar storms start with an explosion on the sun. These explosions are more powerful than the biggest nuclear bomb. When they occur, Earth is sometimes affected. ____________, thanks to a unique layer around Earth, solar storms cannot hit Earth directly.

This is why we don't see or feel them like a regular storm. They only disturb satellites and communication systems. Some solar storms even have <u>a positive effect</u>. They cause a beautiful phenomenon known as an aurora in some areas.

Knowledge Bank 역사상 최대 규모의 태양 폭풍, 캐링턴 사건(Carrington Event)

1859년 9월, 역사상 최대 규모의 태양 폭풍이 발생했다. 세계 각지에서 오로라 현상이 관측되었고, 미국 로키산맥의 오로라는 너무 밝아서 주민들이 아침인 줄 알고 일어나 식사 준비를 할 정도였다. 또한, 이날 몰아친 태양 폭풍의 영향으로 유럽과 북아메리카 전역에 대규모 정전이 일어나 큰 혼란을 빚기도 했다.

1 글의 제목으로 가장 알맞은 것은?

① Storms Caused by Bombs
② Climate Change on the Sun
③ The Dangerous Effects of Auroras
④ Invisible Storms from Outer Space
⑤ Solar Storms Help Us Communicate

2 글의 빈칸에 들어갈 말로 가장 알맞은 것은?

① Similarly ② However
③ Moreover ④ Otherwise
⑤ In other words

3 태양 폭풍에 관한 글의 내용과 일치하지 않는 것은?

① 지구에 비나 눈이 내리게 한다.
② 태양에서의 폭발로 시작한다.
③ 지구를 직접 강타하지 않는다.
④ 인공위성과 통신 시스템에 영향을 준다.
⑤ 일부 지역에서 오로라 현상을 일으킨다.

서술형

4 글의 밑줄 친 a positive effect가 의미하는 내용을 우리말로 쓰시오.

____

Words storm 명 폭풍 probably 부 아마 few 형 거의 없는 explosion 명 폭발 powerful 형 강력한 nuclear bomb 핵폭탄 occur 동 발생하다 hit 동 때리다; *타격을 가하다 directly 부 직접적으로 regular 형 보통의, 일반적인 disturb 동 방해하다 satellite 명 인공위성 communication 명 의사소통; *통신 (communicate 동 통신하다) positive 형 긍정적인 phenomenon 명 현상 aurora 명 오로라 area 명 지역 [문제] climate 명 기후 invisible 형 보이지 않는 outer space (대기권 외) 우주 공간

Review Test

1 단어의 뜻이 바르게 연결되지 않은 것을 고르시오.

① rubber: 고무 ② experiment: 경험 ③ form: 형성되다
④ overcome: 극복하다 ⑤ phenomenon: 현상

2 다음 빈칸에 알맞은 단어를 보기에서 골라 쓰시오.

보기 | react generally directly occur

1) Accidents can ___________ suddenly.
2) She ___________ wakes up early in the morning.

3-4 다음 글을 읽고, 물음에 답하시오.

Pirates wore eye patches so that they could fight better! Generally, the human eye needs time to adapt from sunlight to darkness. This usually takes about 25 minutes. Pirates knew this. They wore the patches so that one eye could get used to the dark. (A) This helped them see better when they fought in the dark. (B) Then they could instantly see using the eye that had adjusted to darkness. (C) For example, when they needed to fight under the deck, they moved the patch to the other eye. Try it out. In a bright room, cover one eye with your hand. Turn off the light, and move your hand to the other eye. You can still see, right?

서술형 **3** 밑줄 친 this가 가리키는 내용을 우리말로 쓰시오.

____

4 문장 (A)~(C)를 글의 흐름에 알맞게 배열한 것을 고르시오.

① (A) – (B) – (C) ② (A) – (C) – (B) ③ (B) – (C) – (A)
④ (C) – (A) – (B) ⑤ (C) – (B) – (A)

5-6 다음 글을 읽고, 물음에 답하시오.

In science fiction movies, there are often big space battles. As the spaceships shoot at each other, you can hear loud sounds. Interestingly, this would be impossible. This is because there is no air in space! When something makes sound, it creates *sound waves. These sound waves move through the air until they reach our ears. ___________, without air, there is no sound. So how can astronauts hear in space? When they go outside the spaceship, they use radios in their helmets. Unlike sound waves, **radio waves do not need air to move. And inside the spaceship, there is air. So 우주 비행사들은 서로가 이야기하는 것을 들을 수 있다 when they are inside.

*sound wave 음파 **radio wave 전파

5 빈칸에 들어갈 말로 가장 알맞은 것을 고르시오.

① For example ② However ③ In other words
④ In addition ⑤ Instead

서술형 **6** 밑줄 친 우리말과 같은 뜻이 되도록 상자 안의 말을 바르게 배열하시오.

hear, can, the astronauts, talk, each other

____

7-8 다음 글을 읽고, 물음에 답하시오.

Solar storms start with an explosion on the sun. These explosions are more powerful than the biggest nuclear bomb. (a) Some suggest that solar storms might have other uses. (b) When they occur, Earth is sometimes affected. (c) However, thanks to a unique layer around Earth, solar storms cannot hit Earth directly. (d) This is why we don't see or feel them like a regular storm. (e) They only disturb satellites and communication systems. Some solar storms even have a positive effect. They cause a beautiful phenomenon known as an aurora in some areas.

수능유형 **7** (a)~(e) 중, 전체 흐름과 관계없는 문장을 고르시오.

① (a) ② (b) ③ (c) ④ (d) ⑤ (e)

서술형 **8** 다음 질문에 우리말로 답하시오.

Q. Why can't we see or feel a solar storm?

____

우주여행 사용설명서

최근에는 일반인들도 아주 큰 돈을 지불하면 우주여행에 다녀올 수 있습니다! 우주여행을 하기 위해 필요한 상식들, 함께 알아볼까요?

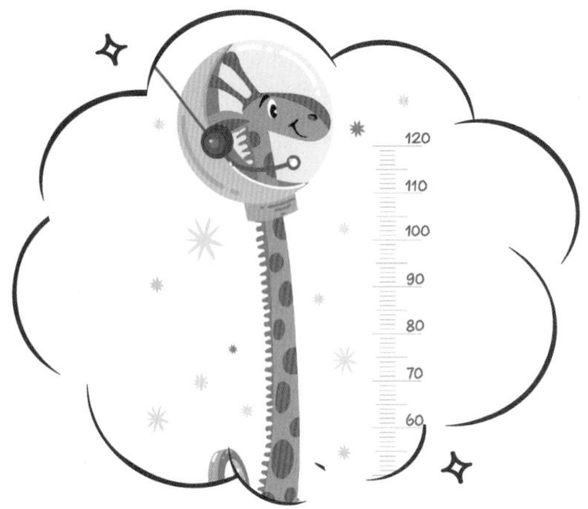

우주여행을 위한 적정 키와 체중

우주선에 탑승하기 위해서는 키는 150~190cm, 몸무게는 50~ 90kg의 범위에 있어야 합니다. 우주선 좌석의 크기가 제한적이므로 앉은키는 99cm 이내여야 하고요. 기술이 더욱 발달하면 수치는 바뀔 수 있겠지만, 우주인의 무게가 무거우면 무거울수록 우주로 쏘아 올리는 데 드는 비용이 커진다고 해요. 따라서 적정한 몸무게를 유지하는 일은 우주여행을 하고자 하는 사람들에게는 아주 중요한 일입니다.

우주에서 필기하는 법

우리에게 친숙한 필기도구인 연필은 불이 잘 붙는 물질이기 때문에 우주에서 사용하기에 위험할 수 있습니다. 볼펜의 경우, 우주에서는 중력이 작용하지 않아 잉크 입자가 떠다니다 체내로 들어갈 위험이 있기 때문에 이용할 수 없습니다. 그래서 우주 환경에서도 필기할 수 있는 우주 볼펜이 발명되었습니다. 이 볼펜은 무중력 상태에서도 충분한 압력을 받도록 설계되어 있고 영하 6도에서 200도까지 견딜 수 있는 특수 잉크를 사용했습니다.

우주에서 샤워하는 법

우주에서는 물방울이 둥둥 떠다니기 때문에 지구에서처럼 떨어지는 물을 맞으면서 씻을 수 없습니다. 대신 스펀지에 특수 세정제를 묻혀 온몸을 닦아야 합니다. 머리를 감거나 이를 닦을 때도 물이 필요 없는 샴푸와 치약을 이용합니다. 밀폐된 샤워 부스에서는 떠다니는 물로 몸을 닦을 수 있긴 하지만, 샤워를 마치면 벽에 묻은 물방울을 일일이 닦아내야만 합니다.

Reading TUTOR 리딩 튜터

직독직해 Worksheet

1 하와이안 피자의 진실

① There are many pizza toppings / like meat and vegetables. / ② But / what about fruit? / ③ It may sound strange, / but many people love pineapple / on their pizza. / ④ It's called Hawaiian pizza. / ⑤ However, / it was created / in Canada, / not Hawaii. / ⑥ A man named Sam Panopoulos / made the first Hawaiian pizza / in 1962. / ⑦ He got the idea / from the sweet and spicy flavors of Chinese food. / ⑧ He tried / many different toppings. / ⑨ Finally, he chose pineapple and ham. / ⑩ He added these to his pizza / with tomato sauce and cheese. / ⑪ It quickly became popular. / ⑫ So / why did Panopoulos call it Hawaiian pizza? / ⑬ "Hawaiian" was the name of the canned pineapples / he used! / ⑭ Why don't you give it a try? /

2 영화 볼 때 팝콘을 안 먹었다고?

① Popcorns and movies go great together. / ② However, / they weren't always a perfect pair. / ③ Before the Great Depression, / eating snacks in theaters / was generally not allowed. / ④ Movie theaters / at the time / wanted to be fancy / like traditional theaters. / ⑤ They thought / eating snacks could ruin the atmosphere. /

⑧ During the Great Depression, / however, / theater faced economic difficulties. / ⑥ They needed more money. / ⑦ So they started selling snacks. / ⑨ They realized / that popcorn was perfect / to sell. / ⑩ It is cheap / and easy to make. / ⑪ Also, / the delicious smell of popcorn / can draw people into the theater! / ⑫ Audiences love it / too, / because it is easy / to eat with your hands / while you watch movies! /

3 바게트가 뭐길래!

① When you think about French food, / what comes to mind? / ② Many people will think of baguettes. / ③ These sticks of baked dough / are a big part of French culture. / ④ Every year, / about ten million of them / are sold in France! / ⑤ People have been baking baguettes / since Louis XVI was king. / ⑥ Later, / in 1920, / France passed a new law. / ⑦ It said / that people could bake only / between 4:00 a.m. and 10:00 p.m. / ⑧ This made it impossible / to get the bread cooked / in time for breakfast. / ⑨ So / bakers made the dough / into a long, thin shape / that cooked faster. /

⑩ There are some special rules / for traditional baguettes. / ⑪ They must be made and sold / at the same place. / ⑫ Also, / they can contain only / wheat flour, water, yeast, and salt. /

4 비슷한 너희들~ 정체가 뭐니?

① The words *cacao* and *cocoa* / look very similar. / ② For this reason, / many people think / they're the same thing. / ③ But they are very different! / ④ Cacao comes from / cacao plant seeds / in their natural state. / ⑤ The cacao plant is a small tree / that grows / in South America and West Africa. / ⑥ After cacao seeds are harvested, / they are turned into chocolate. /

⑦ On the other hand, / cocoa is a man-made product. / ⑧ It is a powder / used to make / chocolate-flavored drinks. / ⑨ Cocoa is made / by heating up / raw cacao. / ⑩ This process causes / the cacao to lose / many of its nutrients. / ⑪ Manufacturers also add sugar / to the cocoa / to make it sweeter. / ⑫ This is why / raw cacao is considered / much healthier / than products / that contain cocoa powder. /

1 카우보이 장화가 왜 그곳에?

① In rural areas of the United States, / you may see cowboy boots / on fence posts. / ② Why are boots placed / like that? /

③ Ranchers used to leave their boots / on fence posts / to show they were home. / ④ Long ago, / there were no phones or electricity. / ⑤ So / this was an easy way / to communicate. / ⑥ People saw the boots / and knew the rancher was there. / ⑦ Hanging boots on fences was also done / when a horse died. / ⑧ Ranchers were close to their horses. / ⑨ They hung up their boots / to show respect / for their beloved animal. / The same practice was done / when a fellow rancher passed away. / ⑩ They could honor their friend / in this way. /

⑪ So, / now / you know the reason behind this tradition. / ⑫ If you see boots on a fence, / just leave them alone. /

2 첫 등교일이 기다려지는 이유

① Children are often nervous / on their first day of school. / ② In Germany, / however, / this day is fun and exciting / thanks to an old tradition. / ③ Children starting first grade in Germany / are given cone-shaped bags / full of school supplies, toys, and even candy! /

④ This tradition is called "school cones." / ⑤ It started / in the early 1800s. / ⑥ According to one story, / parents or grandparents brought the school cones / to the schools. / ⑦ Then / they were hung / on a school cone tree / in the students' classroom. / ⑧ When the tree was ripe with cones, / it meant / that the students were ready / to attend school. / ⑨ So / they could pick up their school cones / on the first day of school. / ⑩ These special gifts make / the first day of school / an enjoyable event! /

3 귀엽기만 한 게 아니야

① On February 2, / people in the US and Canada / celebrate Groundhog Day. / ② On this day, / they pay close attention / to groundhogs' behavior. / ③ Some think / that it predicts the weather! / ④ Groundhogs sleep / during the winter. / ⑤ On Groundhog Day, / they come out of their winter homes. / ⑥ If a groundhog sees its shadow, / it will go back and sleep more. / ⑦ This means / winter will last six more weeks. / ⑧ If the groundhog stays outside, / it means spring is almost here. / ⑨ The largest Groundhog Day celebration is / in Punxsutawney, Pennsylvania. / ⑩ People started gathering there / to see a groundhog / named Punxsutawney Phil / in 1886. / ⑪ Everyone enjoys the fun atmosphere. / ⑫ However, / not everyone believes Phil's prediction. / ⑬ In fact, / he is correct / only about 40% of the time! /

4 새해 첫날, 어떤 음식을 먹을까?

① On New Year's Day, / many people eat / some foods / for luck! / ② They eat them / to gain / money, love, or other kinds of good fortune. / ③ But / these good luck foods are different / from culture to culture. /

④ Some Europeans eat pork / on this day. / ⑤ Pigs dig forward / with their nose. / ⑥ People think / that this represents progress. / (⑦ Some people like beef more / than pork. /) ⑧ So / people eat it / to move forward / in the new year. /

⑨ In China, / long noodles represent long life. / ⑩ So / the Chinese eat noodles / on New Year's Day. / ⑪ They believe / that they can live a long life / by doing this. /

⑫ Black-eyed peas and greens / are good luck foods / on New Year's Day / for people in the Southern US. / ⑬ Black-eyed peas look like coins, / and / greens resemble dollar bills. / ⑭ For this reason, / people believe / that they will bring / money and luck. /

1 발톱보다 빠른 손톱

① We have nails / on our hands and feet. / ② But / some people have one big question / about them: / ③ Why do fingernails grow / much faster / than toenails? /

④ We use our fingers / much more / than our toes. / ⑤ We touch or grab items, / and type on our smartphones. / ⑥ These actions are a stimulus. / ⑦ Our bodies send more blood / to where the stimulus is. / ⑧ This increased blood flow delivers more nutrients / to the area, / which speeds up / nail growth. /

⑨ Meanwhile, / your toes are usually resting safely / in your socks and shoes. / ⑩ There is much less activity / in the toes. / ⑪ So / the toenails get fewer nutrients. / ⑫ In addition, / nail growth is affected / by vitamin D from sunlight. / ⑬ But socks and shoes prevent / toes / from receiving / as much sunlight as fingers. / ⑭ This also makes toenails grow / slower than fingernails. /

2 취미로 건강해질 수 있다?

① What can make us healthy? / ② Exercise probably comes to mind / first. / ③ But / creative hobbies can also make us healthy. / ④ Studies suggest / that creative hobbies / such as painting, writing, or playing a musical instrument / reduce stress. / ⑤ Doing creative things makes us / feel less worried and sad. / ⑥ This is because / it helps / us / release our negative emotions. / Creative hobbies are also good / for our brain. / ⑦ They activate both sides of the brain. / ⑧ Research shows / that the left and right sides of musicians' brains are better connected. / ⑨ This helps their brains / work well. / ⑩ It doesn't matter / whether you draw, sing, or dance. / ⑪ Expressing your creativity is good / for the brain. / ⑫ Do you have a creative hobby? / ⑬ If not, / why don't you find one? /

3 자, 귀를 보여주세요!

① When you travel / to a different country, / airport security staff check / your identity. / ② They may take your fingerprints / or scan your eyes. / ③ But / they will be able to check / another body part / in the future— / your ears! /

④ Airport security staff / can take a picture / of your ears. / ⑤ Then / they can match / the picture of your ears / to your information. / ⑥ If they do this, / they don't need to ask / you to show your passport / to them. /

⑦ Everyone's ears have / a unique shape. / ⑧ Of course, / the size of our ears / may change / as we get older. / ⑨ But / the shape of our ears / is always the same. / ⑩ So / looking at a person's ears / is a great way / to check his or her identity. /

4 컴퓨터에게 윙크를?

① Blink your eyes, / and you can control / your computer! / ② You can move / the mouse / with your eyes. / ③ You can click on something / by blinking. /

④ This is not something / from science fiction. / ⑤ It is an eye-tracking computer. / ⑥ The process is simple. / ⑧ The computer has a camera / that senses movement. / ⑨ When you move your eyes, / it follows them. / ⑦ The camera even works / when you wear / contact lenses or glasses. /

⑩ Thanks to / the eye-tracking computer, / your hands can be free. / ⑪ This can help / many kinds of people. / ⑫ For example, / doctors must perform difficult jobs / with their hands / and / use a computer / at the same time. / ⑬ They can do this easily / with an eye-tracking computer. /

1 퐁당! 넣어보세요

① In the past, / people couldn't make a single cup of tea. / ④ They had to make a whole pot. / ③ This was inconvenient / and created waste. / ② But / then / the tea bag was invented. / ⑤ There are several stories / about who created it. / ⑥ Some people think / it was a man / named Thomas Sullivan. / ⑦ He sold tea / in New York. / ⑧ He wanted / to send customers samples of his tea. / ⑨ So / he started / putting tea leaves in small silk bags. / ⑩ He expected them / to put only the tea leaves in boiling water. / ⑪ But / some of them accidentally put the whole bag in. / ⑫ They found / it convenient / for brewing tea. / ⑬ They asked for more tea bags. / ⑭ So / Sullivan started selling tea bags / in his shop. / ⑮ The way people make tea / was changed / forever. /

2 기쁜 마음으로 높이 높이!

① There is an interesting tradition / at some graduation ceremonies. / ② Many of the graduates throw their graduation caps / high / into the air. / ③ So / how did this tradition begin? /

④ The first graduation cap toss took place / at the U.S. Naval Academy / in the early 1900s. / ⑤ Students at the school wore a special hat. / ⑥ Once they graduated, / however, / they had to wear different hats / to show their new position / as officers. / ⑦ They no longer needed their old hats. / (⑧ It is considered impolite / to wear hats indoors. /) ⑨ So / they threw them into the air / before they received their new officer hats. / ⑩ Over time, / this fun tradition spread / to other schools. / ⑪ Today, / you can see caps tossed / at graduation ceremonies / all around the world. /

3 아~ 향긋한 커피콩 볶는 냄새

① Coffee is popular / all around the world. / ② But / why did people begin / roasting coffee beans? / ③ No one is sure, / but / here is one story / from Ethiopia. /

④ One day, / a shepherd's goats / ate some red berries / from a strange bush. / ⑤ Later, / they began / to run around / and / jump up and down. / ⑥ This was because / the seeds of the berries / were coffee beans, / and / the caffeine inside them / made the goats excited. / ⑦ When the shepherd told / some monks / the story, / they thought / that the berries came / from the devil. / ⑩ They threw the berries / into a fire. / ⑨ But / when the coffee beans / inside the berries / began to burn, / the smell was wonderful. / ⑧ So, / the monks made a black drink / from the burned beans. / ⑪ Since then, / people have enjoyed / drinking coffee. /

4 시저의 비밀 메시지

① Julius Caesar, / the famous Roman leader, / often fought wars. / ② He had to secretly communicate / with his soldiers / on the battlefield. / ③ He had his own way / of doing this. / ④ He invented a code / called the "Caesar cipher." / ⑤ It was simple. / ⑥ He just changed / the letters of the alphabet! /

⑦ For each letter, / he wrote the letter / that came three spots later / in the alphabet. / ⑧ For example, / the letter *A* became *D*. / ⑨ The letter *D* became *G*. / ⑩ Toward the end / of the alphabet, / the code had to start over. / ⑪ So / *X*, *Y*, and *Z* / became *A*, *B*, and *C*. /

⑫ Caesar and his soldiers / used this system / to safely exchange messages / about their strategy. / ⑬ In the end, / this clever idea / helped / them win many wars. /

1 올림픽에 이 종목이?!

① In past Olympics, / both athletes and artists won medals! / ② The founder of the modern Olympic Games was Pierre de Coubertin. / ③ He wanted them / to be about the body and the mind. / ④ So / the early Olympics had competitions / for literature, music, painting, sculpture, and architecture. / ⑤ To participate, / artists just needed / to submit new works / that had not been seen / by the public. / ⑥ Over time, / more and more artists participated. / ⑦ The 1928 Olympics had more than 1,000 entries / in the painting and sculpture categories. /

⑧ The last Olympics with art competitions were / in 1948. / ⑨ At the time, / the rules of the Olympics stated / that only amateurs could participate. / ⑩ However, / most of the participating artists were professionals. / ⑪ For this reason, / the art competitions were removed. /

2 독거미 춤을 아시나요?

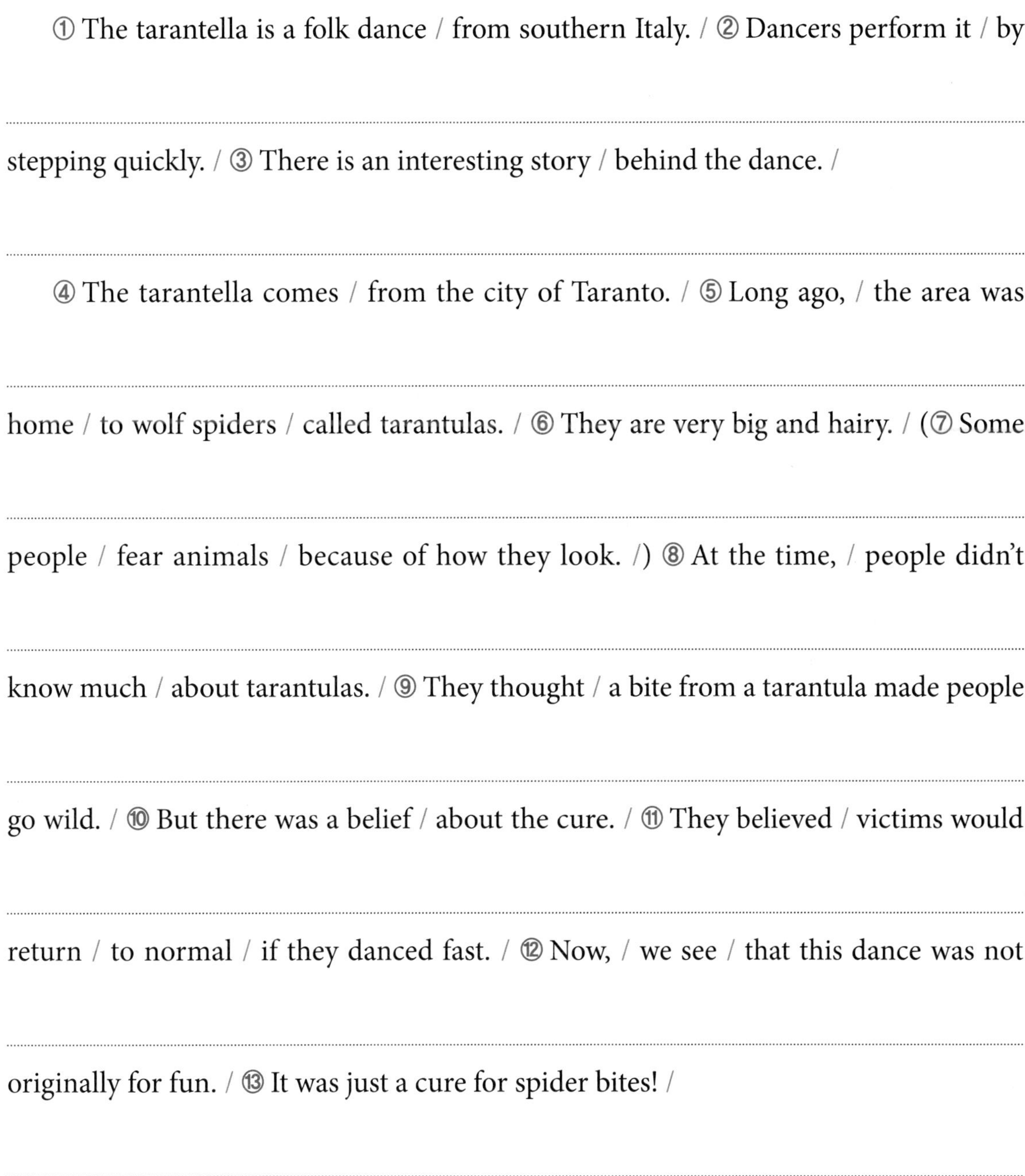

① The tarantella is a folk dance / from southern Italy. / ② Dancers perform it / by stepping quickly. / ③ There is an interesting story / behind the dance. /

④ The tarantella comes / from the city of Taranto. / ⑤ Long ago, / the area was home / to wolf spiders / called tarantulas. / ⑥ They are very big and hairy. / (⑦ Some people / fear animals / because of how they look. /) ⑧ At the time, / people didn't know much / about tarantulas. / ⑨ They thought / a bite from a tarantula made people go wild. / ⑩ But there was a belief / about the cure. / ⑪ They believed / victims would return / to normal / if they danced fast. / ⑫ Now, / we see / that this dance was not originally for fun. / ⑬ It was just a cure for spider bites! /

3 죽은 영혼을 위한 첼로 연주

① In 1992, / there was a terrible war / in Bosnia. / ② One day, / a bomb blew up / in Sarajevo. / ③ It killed 22 people / in a bakery. / But / this tragedy brought / something beautiful. /

④ The day after the bombing, / a cellist, / Vedran Smailovic, / went to the square / near the bakery. / ⑤ He was wearing / a black suit and a white shirt. / ⑥ He started / playing his cello. / ⑦ He played / in the same place / for 22 days. / ⑧ He did this / to remember / each of the 22 dead people. / ⑨ Every day, / people gathered / to listen to the music. / ⑩ Smailovic's music comforted Bosnians, / and / he became a symbol of peace. /

4 고흐의 서명에 이런 비밀이!

① Vincent van Gogh / is one of the most famous artists / in the world. / ② His signature is special, / too. / ③ He never signed / his full name. / ④ Instead, / he signed "Vincent." / ⑤ No one is sure / why he did this. / ⑥ However, / some people think / it was because / his last name was hard / to pronounce. / ⑦ People sometimes said / "Van Goff " or "Van Go." / ⑧ These are different from / the Dutch pronunciation. / ⑨ So he just signed / his common first name. / ⑩ Plus, / he did not sign / every painting. / ⑪ He signed his name / in the corner of a painting / only if he was satisfied with it. / ⑫ Interestingly, / for his painting *Sunflowers*, / he signed the flower vase / in the center. / ⑬ This shows us / his special love and pride / for the painting. /

1 무엇이든 할 수 있어!

① Ever since he was young, / John McFall loved sports. / ② Sadly, / when he was 19, / he lost his right leg / in a motorcycle accident. / ③ However, / he did not let this tragic event stop him. /

⑦ When McFall recovered, / he used a prosthetic leg / and trained to become a professional sprinter. ⑧ He began entering competitions / for disabled athletes. / ⑨ Eventually, / he earned medals / in events / such as the Paralympics. /

④ One day, / he heard / that the European Space Agency was searching / for people / with physical disabilities / to become astronauts. / ⑤ He decided to apply, / and he ended up being selected! / ⑥ He became the world's first parastronaut. /

⑩ McFall's story shows us / that if we never give up on ourselves, / there is nothing / we cannot achieve. / ⑪ By doing so, / we can make our dreams come true. /

2 내 말 들려요?

① A man was speaking / to his doctor. / ② "My wife cannot hear anything," / he said. / ③ "It's very frustrating." / ④ The doctor suggested / testing her hearing. / ⑤ "Stand far away / from your wife / and ask a question. / ⑥ Then move / closer and closer. / ⑦ And keep asking / until she answers," / the doctor said. /

⑧ That night, / the man's wife was cooking dinner / in the kitchen. / ⑨ Near the front door, / the man asked, / "What is for dinner?" /

⑩ There was no answer, / so he asked again / from the living room. / ⑪ Sadly, / she was still quiet. / ⑫ He entered the dining room / and / asked once more. / ⑬ Nothing! / ⑭ Finally, / he stepped / into the kitchen. / ⑮ "What is for dinner?" / he asked / once again. /

⑯ "Lasagna!", / she replied. / ⑰ "I told you / four times / already!" /

3 네가 속 썩여서 그래!

① There was a little girl. / ② She was always curious / about everything. / ③ She never stopped / asking her mother questions. / ④ So / her mother often had a hard time / answering them. /

⑤ One day, / the girl found / some gray hairs / on her mother's head / and asked her a silly question. /

⑥ "Mom, / you have some gray hairs / on your head," / the girl said. / ⑦ "You are very old, / aren't you?" /

⑧ "No, dear," / she answered. / ⑨ "My gray hair is from you! / ⑩ When you do / something wrong / and make me sad, / one of my hairs / becomes gray." /

⑪ The little girl responded, / "Then I think / that you should apologize / to Grandma. / ⑫ Her hair is completely gray!" /

4 컵의 무게가 달라진다고?

① A psychologist was giving a speech / about dealing with stress / in our daily lives. / ② She held up / a cup of water. / She asked the audience / how much it weighed. / ③ The audience made a few guesses, / but she just shook her head. /

④ "To me," / she said, / "the weight of the cup / depends on / how long / I hold it. / ⑤ After a couple of minutes, / the cup will still be light. / ⑥ After an hour, / however, / my arm will be sore. / ⑦ After a day, / my arm will be so weak / that I won't be able to move it. / ⑧ Our stress is / like the cup of water. / ⑨ If we think about it / for a few minutes, / it doesn't bother us. / ⑩ But / if we think about our stress / all day, / we will become weak. / ⑪ So, / how long / do you plan to hold onto / your cup?" /

1 나도 이런 형제자매가 있었으면!

① Humans often build relationships / with their siblings. / ② This is rare / in the animal world. / ③ However, / some animals are very close / with their siblings. /

Elephants

④ Adult male elephants / live alone. / ⑤ But / females and their young / stay together / as a family / for life. / ⑥ The older sisters / in the herd / look after their siblings. / (⑦ Elephants are one of the largest animals / on earth. /) ⑧ They keep the younger elephants safe. / ⑨ This is good practice / for being mothers / themselves. /

Termites

⑩ Termites live together / in huge groups. / ⑪ In the case of subterranean termite, / the termite parents / stick around / only while their babies are very young. / ⑫ After that, / the older siblings must raise / the younger ones. / ⑬ They make sure / the younger termites are clean / and / have enough food. /

2 귀 쫑긋~ 사막여우

① This fox looks cute, / doesn't it? / ② It is called / a fennec fox. / ③ It is not / as big as other foxes / and / has a small face. / ④ But / it has large, bat-like ears. / ⑤ There is an interesting secret / about its large ears. /

⑥ The fennec fox lives / in the desert, / so / it has to find ways / to stay cool. / ⑦ Luckily, / its large ears / keep it from getting hot. / ⑧ The many blood vessels / inside its ears / release heat. / ⑨ This means / that the fennec fox can control / its own body temperature. / ⑩ On the other hand, / the arctic fox lives / in cold areas. / ⑪ It must save its heat / in cold weather. / ⑫ So / it has small ears, / and these help / the fox stay warm. /

3 때밀이는 나한테 맡겨줘!

① The cleaner wrasse is a small fish. / ② It eats dead skin / and harmful creatures / found on larger fish. / ③ This is a win-win situation. / ④ The wrasse gets a free meal, / and the other fish get cleaned. /

⑤ The wrasse attracts fish / by moving the back of its body / up and down. / ⑥ Fish / that want to be cleaned / wait in line / for their turn. / ⑦ They stay still / with their mouths open. / ⑧ The wrasse actually swims / inside their mouths / to clean them. / ⑨ It vibrates its fins / to remind the fish / that it's there. / ⑩ Otherwise, / they might accidentally eat it! /

⑪ However, / this rarely happens. / ⑫ These fish need the wrasse, / so they wouldn't harm it / on purpose. / ⑬ In fact, / they protect it / from predators. / ⑭ It's an amazing case / of different species / helping each other. /

4 곰벌레, 죽지 않아~

① Big animals can be strong. / ② But / one of the strongest animals / on earth / is one of the smallest! / ③ It is the tardigrade. / ④ It is 1.7 mm long. / ⑤ It looks like / a tiny bear, / so it is also known as / the "water bear." /

⑥ Water bears can live / in extreme conditions. / ⑦ For example, / they can live / without oxygen / in space. / ⑧ They are also found / in places / as hot as 150 °C / and / as cold as -273 °C. / ⑨ They can even survive / when they are boiled or frozen! /

⑩ Here is their secret. / ⑪ Water bears can enter cryptobiosis. / ⑫ This is a state / like death. / ⑭ In this state, / they decrease / the amount of water / in their body / to 1%. / ⑬ So / they do not freeze to death. / ⑮ Instead, / they stay in this state / until conditions get better. /

1 당당해서 더 아름다워~

① Winnie Harlow is a beautiful model / who is known for / her unique skin tone. / ② She was born / with the disease vitiligo. / ③ It caused / some parts of her skin / to be dark / and / other parts / to be very light. /

④ She was often teased / about her appearance / when she was young. / ⑤ Winnie ignored / what others said. / ⑥ She believed / that her opinion about herself / was the most important. / ⑦ She researched / many types of makeup / and practiced / applying it / to her skin. / ⑧ Then, / she began posting / hundreds of / photos of herself / online. / ⑨ Finally, / she was chosen / to compete / in a modeling contest / on TV. /

⑩ Her unusual skin tone / gives her a unique look, / but / her confident personality is / what people find the most attractive / about her. /

2 F1의 숨은 영웅

① A number of F1 race cars / are speeding / around the track / noisily. / ② People in the stands / cheer / as the cars quickly pass by. / ③ But / sometimes / the cars have to stop. / ④ A team of mechanics / checks the driver's car / during these breaks. / ⑤ These mechanics work / in the pit area / near the starting line. / ⑥ When a driver stops the car, / they work / as fast as possible / to do many jobs. / ⑦ They must hurry / to change the tires / and repair damage. / (⑧ Many different types of tires / are used / for normal cars. /) ⑨ They usually finish their work / within three or four seconds. / ⑩ Then / the car returns to the race. / ⑪ What great teamwork! / ⑫ Thanks to the team / working in the pit area, / the driver might win. /

3 Derby, 그 유래를 찾아 영국으로!

① The Manchester Derby / is a traditional soccer match. / ② It's held / between two teams / in England, / Manchester United and Manchester City. / ③ Do you know / why this match is called a "derby"? /

④ There are many stories / about where this word came from. / ⑤ One says / it came from the name / of the English city Derby. / ⑥ During the 19th century, / the city was famous for / a game between two local rivals. / ⑦ They were St. Peters and All Saints. / ⑧ The matches were tough. / ⑨ Sometimes / they even caused deaths. / ⑩ They seemed / like fights. / ⑪ Later, / any match between local rivals / was called / a "derby" / in England. / ⑫ Today, / the word "derby" / can be used / for various kinds of sports events. /

4 전 세계의 음악을 즐겨요

① Every year / on June 21, / you can hear music / from all over the world! / ② The event is called / the Fête de la Musique, / or / World Music Day. / ③ Its goal is to show / that anyone can make music. / ④ It also tries to make / various kinds of music / popular. / (⑤ Music expresses emotion / through sound. /) ⑥ On this day, / all kinds of musicians, / from amateurs to professionals, / gather / on the street / and / in cafés. / ⑦ And / they perform / for free. / ⑧ This allows / people to enjoy / various kinds of music. / ⑨ The first Fête de la Musique / took place / in Paris, France, / in 1982. / ⑩ Now, / it is held / in more than a hundred countries, / including / Vietnam, Chile, Japan, Australia, Germany, and Italy. /

1 다리가 후들후들 떨려~

① Peru is / one of South America's most beautiful countries. / ② Now / there is a new and exciting way / to experience / the beauty of Peru / —staying at a hotel / located halfway / up a high cliff. /

③ The hotel has / only three rooms. / ④ They are made of glass. / ⑤ Each is big enough / for two people. / ⑥ Guests must climb 400 feet / up the cliff / to get to their rooms. / ⑦ If they want / some fresh air, / they can climb / onto the roof / of their room. / ⑧ As the sun goes down, / they can enjoy / amazing views / of the valley below. / ⑨ At the end of their stay, / they can ride a zip line / to the bottom / of the cliff. /

⑩ The hotel isn't for everyone. / ⑪ But / it's perfect / for people / who love nature and excitement! /

2 바다가 빨간색이라고?

① Panjin Red Beach is not a typical beach. / ② There are no umbrellas, waves, or

sand, / and / it is bright red. / ③ The area is actually a wetland / of the Liaohe River /

in northeast China. / ④ It gets its impressive color / from a special kind of plant /

known as seepweed. / ⑤ The beach is covered in it. / ⑥ Most of the year, / seepweed is

green, / like other plants. / ⑦ But / it turns bright red / in the autumn. /

⑧ Many tourists visit the beach / during this season / to enjoy the amazing

scenery. / ⑨ They gather / on wooden decks / and take photos / of the colorful plants. /

The beach is also home / to many birds and animals. / ⑩ So / efforts are being made /

to protect this unique area. /

3 음식도 안전벨트가 필요해!

① Do you love roller coasters? / ② Then / you should check out / Rollercoaster Restaurant. / ③ It's a restaurant chain. / ④ Guests order / food and drinks / from a touchscreen device / at their table. / ⑤ Then the food is delivered / in a very special way. / ⑥ It arrives / on a small roller coaster track! /

⑦ Each table has / its own track. / ⑧ The tracks are / up to nine meters tall, / and the food travels / as fast as 20 kilometers / per hour. / (⑨ Many people are / too afraid / to ride tall roller coasters. /) ⑩ You don't have to worry / about your food falling / on the floor, / though. / ⑪ All of the food is placed / in metal pots / with lids. / ⑫ The pots are secured / by straps. / ⑬ Cold drinks come / in bottles. / ⑭ But, / for safety reasons, / hot drinks are served / by a waiter. / ⑮ Doesn't it sound like fun? /

4 남극에 호수가?

① In Antarctica, / almost everything is covered / with ice and snow. / ② The temperature can drop / below -55 °C. / ③ Surprisingly, / four kilometers / beneath the ice, / there is a huge lake. / ④ Its name is Lake Vostok. / ⑤ It is 250 km long, / 50 km wide, / and about 400 m deep. / ⑥ It contains / around 5,400 km^3 of water / —about 5% / of all the fresh water / in the world! /

⑦ Lake Vostok has been covered / with ice / for more than 14 million years. / ⑧ But / the water in the lake / does not freeze. / ⑨ How is this possible? / ⑩ It is because / the thick ice protects it / from the cold air. / ⑪ The ice also prevents / the heat within the lake / from escaping. / ⑫ What an amazing lake! /

1 어라! 왜 안 깨지지?

① By using science, / we can turn an egg / into a rubber ball. / ② Let's do the experiment / together! /

③ First, / put an uncooked egg / in a jar. / ④ Then / pour vinegar / over it. / ⑤ Bubbles will soon appear / on the eggshell. / ⑥ After 24 hours, / change the vinegar. / ⑦ Wait another 24 hours. / ⑧ Rinse the egg / in water. / ⑨ Now / the egg will feel / like rubber. / ⑩ You can even gently bounce it / like a ball. /

⑪ This happens / because of calcium carbonate in the eggshell / and acetic acid in vinegar. / ⑫ These two chemicals react / with each other. / ⑬ The chemical reaction creates carbon dioxide gas. / ⑭ That's / what the little bubbles on the eggshell are. / ⑮ Slowly, / this gas destroys the eggshell. / ⑯ Beneath the eggshell, / there is a thin but strong layer. / ⑰ This is / what makes the egg bounce. /

2 우리는 과학적인 해적이야!

① Why did pirates wear / eye patches? / ② Did they often hurt / their eyes? / ③ You may be surprised / by the answer. / ④ They wore eye patches / so that they could / fight better! /

⑤ Generally, / the human eye needs time / to adapt / from sunlight to darkness. / ⑥ This usually takes / about 25 minutes. / ⑦ Pirates knew this. / ⑧ They wore the patches / so that one eye could / get used to the dark. / ⑨ This helped / them see better / when they fought / in the dark. / ⑩ For example, / when they needed to fight / under the deck, / they moved the patch / to the other eye. / ⑪ Then / they could instantly see / using the eye / that had adjusted / to darkness. /

⑫ Try it out. / ⑬ In a bright room, / cover one eye / with your hand. / ⑭ Turn off the light, / and / move your hand / to the other eye. / ⑮ You can still see, / right? /

3 안 들린다고요?!

① In science fiction movies, / there are often / big space battles. / ② As the spaceships shoot / at each other, / you can hear loud sounds. / ③ Interestingly, / this would be impossible. / ④ This is because / there is no air / in space! / ⑤ When something makes sound, / it creates sound waves. / ⑦ These sound waves move / through the air / until they reach our ears. / ⑥ In other words, / without air, / there is no sound. /

⑧ So / how can astronauts hear / in space? / ⑨ When they go / outside the spaceship, / they use radios / in their helmets. / ⑩ Unlike sound waves, / radio waves / do not need air / to move. / ⑪ And / inside the spaceship, / there is air. / ⑫ So / the astronauts can hear / each other / talk / when they are inside. /

4 방금 뭐가 지나간 것 같은데?

① When you hear the word "storm," / you probably think of / rain or snow. / ② But there is also something / called a solar storm. /

③ Few people know / about solar storms. / ④ Solar storms start / with an explosion / on the sun. / ⑤ These explosions are more powerful / than the biggest nuclear bomb. / ⑥ When they occur, / Earth is sometimes affected. / ⑦ However, / thanks to a unique layer / around Earth, / solar storms cannot hit Earth / directly. /

⑧ This is why / we don't see or feel them / like a regular storm. / ⑨ They only disturb / satellites and communication systems. / ⑩ Some solar storms / even / have a positive effect. / ⑪ They cause a beautiful phenomenon / known as an aurora / in some areas. /

Photo Credits

p. 58 ermess / istockphoto.com/

p. 60 http://www.geschiedenis24.nl/nieuws/2011/juli/Adagio-voor-de-doden.html

p. 62 http://www.artscroll.ru/Images/2008d/v/Vincent%20van%20Gogh/000453_disp.jpg

p. 68 PA Images / alamy.com/

p. 78 Gerald T. Coli / dreamstime.com
PA Images / alamy.com/

p. 92 Ovidiu Hrubaru/Shutterstock.com
Andrea Raffin/Shutterstock.com

p. 98 marietta peros / Shutterstock.com

p. 108 Viktoriia Adamchuk / Shutterstock.com

others

www.shutterstock.com/

www.istockphoto.com/

www.alamy.com/

www.dreamstime.com

commons.wikimedia.org/wiki/

BOOK LIST

도/서/목/록

중등

문법

GRAMMAR Inside

많은 양의 문제로 체계적으로 학습하는 중학 영문법

Starter | Level 1 | Level 2 | Level 3

Reading Inside

문제로 마스터하는 중학영문법

많은 문제로 확실히 끝내는 중학 영문법

Level 1 | Level 2 | Level 3

문제로 마스터하는 고등 영문법

1316 GRAMMAR

기초부터 내신까지 중학 영문법 완성

Level 1 | Level 2 | Level 3

1316 Reading | 1316 Listening

GRAMMAR ZONE

대한민국 영문법 교재의 표준

입문 | 기초 | 기본 1 | 기본 2 | 종합

(각 Workbook 별매)

중학영문법 총정리 모의고사

내신 상위권을 위한 학교 문법 통합형 모의고사

Level 1 | Level 2 | Level 3

구문 · 서술형

중학 천문장

구문이 독해로 연결되는 해석 공식

Level 1 | Level 2 | Level 3

천문장

정말 기특한 구문독해

독해가 쉬워지는 중등 구문 독해서

입문 | 기본 | 완성

쓰기로 마스터하는 중학서술형

최신 중간·기말고사 빈출 서술형 마스터

1학년 | 2학년 | 3학년

어휘

주니어 능률 VOCA

대한민국 중등 어휘 교재의 표준

Starter 1 | Starter 2 | 입문 | 기본 | 실력 | 숙어

능률VOCA

대한민국 어휘서의 표준

어원편 Lite | 어원편 | 고교기본 | 고교필수 2000 | 수능완성 2200 | 숙어 | 고난도

해당 교재와 연계되는 시리즈

Reading TUTOR 리딩튜터

Junior 1

정답 및 해설

NE 능률

Reading TUTOR 리딩튜터

정답 및 해설

Section
01 Food

본책 • pp. 8-9

1

정답 1 ⑤ 2 ② 3 pineapple and ham 4 (1) T (2) T (3) F
5 Panopoulos가 사용했던 통조림 파인애플의 이름이 'Hawaiian'이었기 때문에

문제 해설

1 하와이안 피자가 만들어지게 된 이야기에 관한 글이므로, 제목으로는 ⑤ '캐나다에서 만들어진 하와이안 피자'가 가장 알맞다.
① 하와이의 맛있는 음식 ② 하와이안 피자: 새로운 유행
③ 최고의 피자 토핑은 무엇인가? ④ 전 세계 피자 스타일

2 빈칸 앞에는 파인애플 토핑이 있는 피자가 하와이안 피자라고 불린다는 설명이 나오고, 빈칸 뒤에는 하와이안 피자가 이름과 달리 하와이가 아닌 캐나다에서 만들어졌다고 설명하고 있으므로, 빈칸에는 역접의 의미를 나타내는 ② '그러나'가 가장 알맞다.
① 대신에 ③ 게다가 ④ 따라서 ⑤ 예를 들면

3 문장 ⑨에 언급되어 있다.

4 (1) 문장 ⑤에 언급되어 있다.
(2) 문장 ⑦에 언급되어 있다.
(3) 문장 ⑪에서 하와이안 피자가 빠르게 인기를 얻었다고 했다.

5 문장 ⑬에 언급되어 있다.

본문 직독 직해

① There are many pizza toppings / like meat and vegetables. / ② But / what about fruit? /
많은 피자 토핑이 있다 / 고기와 채소와 같은 / 하지만 / 과일은 어떨까
③ It may sound strange, / but many people love pineapple / on their pizza. / ④ It's called Hawaiian pizza. /
이상하게 들릴지도 모르지만 / 많은 사람들은 파인애플을 좋아한다 / 그들의 피자 위에 놓인 / 그것은 하와이안 피자라고 불린다
⑤ However, / it was created / in Canada, / not Hawaii. / ⑥ A man named Sam Panopoulos / made the first Hawaiian pizza / in 1962. /
그러나 / 그것은 만들어졌다 / 캐나다에서 / 하와이가 아닌 / Sam Panopoulos라는 이름의 한 남자가 / 최초의 하와이안 피자를 만들었다 / 1962년에
⑦ He got the idea / from the sweet and spicy flavors of Chinese food. / ⑧ He tried / many different toppings. /
그는 아이디어를 얻었다 / 중국 음식의 달콤하고 양념 맛이 강한 맛으로부터 / 그는 시도했다 / 많은 다른 토핑을
⑨ Finally, he chose pineapple and ham. / ⑩ He added these to his pizza / with tomato sauce and cheese. /
마침내 그는 파인애플과 햄을 선택했다 / 그는 그의 피자에 이것들을 추가했다 / 토마토소스와 치즈와 함께
⑪ It quickly became popular. / ⑫ So / why did Panopoulos call it Hawaiian pizza? /
그것은 빠르게 인기를 얻었다 / 그렇다면 / 왜 Panopoulos는 그것을 하와이안 피자라고 불렀을까
⑬ "Hawaiian" was the name of the canned pineapples / he used. / ⑭ Why don't you give it a try? /
'하와이안'이 파인애플 통조림의 이름이었다 / 그가 사용했던 / 한번 시도해 보는 건 어떨까?

본문 해석

고기와 채소와 같은 많은 피자 토핑이 있다. 하지만 과일은 어떨까? 이상하게 들릴지도 모르지만, 많은 사람들은 그들의 피자 위에 놓인 파인애플을 좋아한다. 그것은 하와이안 피자라고 불린다. 그러나 그것은 하와이가 아닌 캐나다에서 만들어졌다. Sam Panopoulos라는 이름의 한 남자가 1962년에 최초의 하와이안 피자를 만들었다.

그는 중국 음식의 달콤하고 양념 맛이 강한 맛으로부터 아이디어를 얻었다. 그는 많은 다른 토핑을 시도했다. 마침내 그는 파인애플과 햄을 선택했다. 그는 그의 피자에 이것들을 토마토소스와 치즈와 함께 추가했다. 그것은 빠르게 인기를 얻었다. 그렇다면 왜 Panopoulos는 그것을 하와이안 피자라고 불렀을까? '하와이안'이 그가 사용했던 파인애플 통조림의 이름이었다. 한번 시도해 보는 건 어떨까?

구문 해설

③ It **may** *sound strange*, but many people love pineapple on their pizza.
→ may는 '~일지도 모른다'의 의미인 조동사로, 〈추측〉을 나타낸다.
→ 「sound+형용사」는 '~하게 들리다'의 의미이다.

④ It's **called** Hawaiian pizza.
→ 「A be called B」는 'A는 B라고 불리다'의 의미이다.

⑤ However, it **was created** in Canada, not Hawaii.
→ was created는 '만들어졌다'의 의미로, 「be+p.p.」의 수동태이다.

⑥ A man [**named** Sam Panopoulos] made the first Hawaiian pizza in 1962.
→ [ ]는 A man을 수식하는 과거분사구이다.

⑫ So why did Panopoulos **call it Hawaiian pizza**?
→ 「call A B」는 'A를 B라고 부르다'의 의미이다.

⑬ "Hawaiian" was the name [of the canned pineapples {(**which**[**that**]) he used}].
→ [ ]는 the name을 수식하는 전치사구이다.
→ { }는 the canned pineapples를 수식하는 목적격 관계대명사절로, 관계대명사 which[that]가 생략되었다.

2

본책 • pp. **10-11**

정답 1 ④ 2 ⑤ 3 ④ 4 economic difficulties

문제 해설

1 영화관에서 팝콘을 팔게 된 이유에 관한 글이므로, 주제로는 ④가 가장 알맞다.

2 대공황 전에는 화려한 분위기를 원해서 극장에서 간식을 먹는 것을 허용하지 않았다는 내용 뒤에, 대공황 기간 동안 극장들이 경제적 어려움에 직면했다는 내용의 (C), 그래서 극장들은 돈이 필요했다는 내용의 (A)가 이어진 후 그래서 스낵을 팔기 시작했다는 내용의 (B)가 이어지는 흐름이 가장 알맞다.

3 ④: 문장 ⑩에서 팝콘은 만들기 쉽고 저렴하다고 언급되어 있다.
①은 문장 ③에, ②는 문장 ④에, ③은 문장 ⑥, ⑧에, ⑤는 문장 ⑪-⑫에서 확인할 수 있다.

4 영화관은 경제적 어려움을 극복하기 위해 간식을 팔기 시작했다.

본문 직독 직해

① Popcorns and movies go great together. / ② However, / they weren't always a perfect pair. /
팝콘과 영화는 아주 잘 어울린다 / 하지만 / 그것들이 항상 완벽한 한 쌍은 아니었다

③ Before the Great Depression, / eating snacks in theaters / was generally not allowed. /
대공황 전에는 / 극장에서 간식을 먹는 것이 / 일반적으로 허용되지 않았다

④ Movie theaters / at the time / wanted to be fancy / like traditional theaters. / ⑤ They
영화관은 / 이 시기의 / 화려하기를 원했다 / 전통적인 극장처럼 / 그들은

thought / eating snacks could ruin the atmosphere. /
생각했다 간식을 먹으면 분위기를 망칠 수 있다고

⑧ During the Great Depression, / however, / theater faced economic difficulties. / ⑥ They
대공황 기간 동안 그러나 영화관은 경제적 어려움에 직면했다 그들은

needed more money. / ⑦ So they started selling snacks. / ⑨ They realized / that popcorn was
더 많은 돈이 필요했다 그래서 그들은 스낵을 판매하기 시작했다 그들은 알게 되었다 팝콘이 완벽하다는 것을

perfect / to sell. / ⑩ It is cheap / and easy to make. / ⑪ Also, / the delicious smell of popcorn /
팔기에 그것은 싸고 만들기 쉽다 또한 팝콘의 맛있는 냄새는

can draw people into the theater! / ⑫ Audiences love it / too, / because it is easy / to eat with
사람들을 영화관으로 끌어들일 수 있다 관객들은 그것을 좋아한다 역시 그것은 쉽기 때문에 손으로 먹기

your hands / while you watch movies! /
당신이 영화를 보는 동안

본문 해석

팝콘과 영화는 아주 잘 어울린다. 하지만 그것들이 항상 완벽한 한 쌍은 아니었다. 대공황 이전에는 일반적으로 극장에서 간식을 먹는 것이 허용되지 않았다. 이 시기의 영화관은 전통적인 극장처럼 화려하기를 원했다. 그들은 간식을 먹으면 분위기를 망칠 수 있다고 생각했다.

그러나 대공황 기간 동안 영화관은 경제적 어려움에 직면했다. 그들은 더 많은 돈이 필요했다. 그래서 그들은 스낵을 판매하기 시작했다. 그들은 팝콘이 팔기에 완벽하다는 것을 알게 되었다. 그것은 싸고 만들기 쉽다. 또한, 팝콘의 맛있는 냄새는 사람들을 영화관으로 끌어들일 수 있다! 당신이 영화를 보는 동안 팝콘은 손으로 먹기 쉽기 때문에 관객들 역시 그것을 좋아한다!

구문 해설

② However, they were**n't always** a perfect pair.
→ 「not always」는 '항상 ~인 것은 아니다'의 의미이다.

③ Before the Great Depression, **eating snacks** in theaters **was** generally not allowed.
→ eating snacks는 주어로 쓰인 동명사구이다. 동명사(구)는 단수 취급하므로 단수형 동사 was가 쓰였다.

⑤ They thought [(**that**) eating snacks could ruin the atmosphere].
→ [ ]는 동사 thought의 목적어 역할을 하는 명사절로, 접속사 that이 생략되어 있다.

⑦ So they **started selling** snacks.
→ 「start+v-ing[to-v]」는 '~하기 시작하다'의 의미이다.

⑨ They realized [**that** popcorn was perfect *to sell*].
→ that은 명사절을 이끄는 접속사로, [ ]는 동사 realized의 목적어 역할을 한다.
→ to sell은 '팔기에'의 의미로, 형용사 perfect를 수식하는 부사적 용법의 to부정사이다.

⑩ **It** is cheap and easy *to make*.
→ It은 앞 문장의 popcorn을 가리킨다.
→ to make는 '만들기에'의 의미로, 형용사 easy를 수식하는 부사적 용법의 to부정사이다.

⑫ Audiences love **it** too, because **it** is easy *to eat* with your hands while you watch movies!
→ 두 it은 모두 popcorn을 가리킨다.
→ to eat은 '먹기에'의 의미로, 형용사 easy를 수식하는 부사적 용법의 to부정사이다.

3

정답 1 ④ 2 ③ 3 (1) T (2) F 4 culture

문제 해설

1 프랑스 문화에서 큰 부분을 차지하는 바게트에 관한 글이므로, 제목으로는 ④ '바게트: 프랑스에서 중요한 빵'이 가장 알맞다.
① 왜 바게트는 아주 쉽게 구워질까? ② 프랑스인처럼 바게트를 먹는 방법
③ 맛있는 바게트에 숨겨진 비밀 ⑤ 바게트와 가장 잘 어울리는 프랑스 음식들

2 빈칸 앞 문장에서 바게트를 굽는 시간이 제한되어 아침 식사 시간에 맞춰 빵이 구워지는 것을 불가능하게 했으며, 이를 위해 얇고 긴 모양의 반죽을 만들었다고 했으므로 빈칸에는 ③ '더 빨리 익는'이 가장 알맞다.
① 더 맛있는 ② 전통적인 ④ 맛있어 보이는 ⑤ 더 인기 있는

3 (1) 문장 ⑥-⑦에 언급되어 있다.
(2) 문장 ⑪에서 바게트는 반드시 같은 장소에서 만들어지고 판매되어야 한다고 했다.

4 '특정 국가나 사람들의 집단의 생활 방식, 관습, 신념, 예술 등'이라는 의미를 가진 단어는 culture(문화)이다.

본문 직독 직해

① When you think about French food, / what comes to mind? / ② Many people will think
프랑스 음식을 생각하면 / 무엇이 떠오르는가? / 많은 사람들이
of baguettes. / ③ These sticks of baked dough / are a big part of French culture. / ④ Every
바게트를 떠올릴 것이다 / 이 구운 반죽의 막대는 / 프랑스 문화의 큰 부분이다 / 매년
year, / about ten million of them / are sold in France! / ⑤ People have been baking baguettes /
약 천만 개가 / 프랑스에서 판매된다 / 사람들은 바게트를 구워 왔다
since Louis XVI was king. / ⑥ Later, / in 1920, / France passed a new law. / ⑦ It said / that
루이 16세가 왕이었을 때부터 / 그 후 / 1920년에 / 프랑스는 새로운 법을 통과시켰다 / 그것은 적혀있었다
people could bake only / between 4:00 a.m. and 10:00 p.m. / ⑧ This made it impossible / to
사람들은 오직 빵을 구울 수 있다 / 오전 4시에서 오후 10시 사이에 / 이것은 불가능하게 만들었다
get the bread cooked / in time for breakfast. / ⑨ So / bakers made the dough / into a long,
빵이 구워지는 것을 / 아침 식사 시간에 맞춰 / 그래서 / 제빵사들은 반죽을 만들었다 / 길고
thin shape / that cooked faster. /
얇은 모양으로 / 더 빨리 익는

⑩ There are some special rules / for traditional baguettes. / ⑪ They must be made and sold /
몇 가지 특별한 규칙이 있다 / 전통 바게트에는 / 바게트는 반드시 만들어지고 판매되어야 한다
at the same place. / ⑫ Also, / they can contain only / wheat flour, water, yeast, and salt. /
같은 장소에서 / 또한 / 그것들은 단지 함유할 수 있다 / 밀가루, 물, 효모, 소금을

본문 해석

프랑스 음식을 생각하면 무엇이 떠오르는가? 많은 사람들이 바게트를 떠올릴 것이다. 이 구운 반죽의 막대는 프랑스 문화의 큰 부분이다. 매년 약 천만 개가 프랑스에서 판매된다! 사람들은 루이 16세가 왕이었을 때부터 바게트를 구워 왔다. 그 후 1920년에 프랑스는 새로운 법을 통과시켰다. 그것에 사람들은 오직 오전 4시에서 오후 10시 사이에만 빵을 구울 수 있다고 적혀 있었다. 이것은 아침 식사 시간에 맞춰 빵이 구워지는 것을 불가능하게 만들었다. 그래서 제빵사들은 더 빨리 익는 길고 얇은 모양으로 반죽을 만들었다.

전통 바게트에는 몇 가지 특별한 규칙이 있다. 바게트는 반드시 같은 장소에서 만들어지고 판매되어야 한다. 또한 그것들은 단지 밀가루, 물, 효모, 소금만을 함유할 수 있다.

구문 해설

④ Every year, **about** ten million of them *are sold* in France!
→ about은 숫자 앞에서 '약', '~쯤'의 의미이다.
→ are sold는 '팔린다'라는 의미로, 「be+p.p.」의 수동태이다.

⑤ People **have been baking** baguettes *since* Louis XVI was king.
→ have been baking은 「have[has] been+v-ing」의 현재완료 진행으로 '구워오고 있다'의 의미이다.
→ 접속사 since는 '~ 이후로'의 의미인 접속사로 쓰였다.

⑦ **It** said [*that* people could bake only between 4:00 a.m. and 10:00 p.m.]
→ It은 앞 문장의 a new law를 가리킨다.
→ that은 명사절을 이끄는 접속사로, [ ]는 동사 said의 목적어 역할을 한다.

⑧ This made **it** impossible [to *get the bread cooked* in time for breakfast].
→ it이 가목적어, [ ]가 진목적어이다.
→ 「get+목적어+과거분사」는 '~가 …되게 하다'의 의미이다.

⑨ So bakers **made the dough into *a long, thin shape*** [*that* cooked faster].
→ 「make A into B」는 'A를 B로 만들다'의 의미이다.
→ [ ]는 선행사 a long, thin shape를 수식하는 주격 관계대명사절이다.

⑪ They **must *be made*** and ***sold*** at the same place.
→ be made와 (be) sold는 '만들어지다'와 '팔리다'라는 의미로, 「be+p.p.」의 수동태이다. 조동사 must가 쓰여 동사원형 be가 쓰였다.
→ be made와 (be) sold가 접속사 and로 병렬 연결되어 있다.

⑫ Also, they can contain only **wheat flour, water, yeast,** and **salt.**
→ 명사 wheat flour, water, yeast, salt가 접속사 and로 병렬 연결되어 있다.

본책 • pp. 14-15

정답 1 ⑤　2 ⑤　3 (1) F　(2) T　4 natural, powder

문제 해설

1 카카오와 코코아의 차이점에 관한 글이므로, 제목으로는 ⑤ '카카오를 코코아와 혼동하지 말아라!'가 가장 알맞다.
① 두 이름을 가진 하나의 제품　② 카카오는 어떻게 코코아로 바뀌는가
③ 초콜릿은 많은 형태로 나온다　④ 초콜릿의 핵심 원료들

2 빈칸 앞 단락에 카카오에 관한 설명이 나오고, 빈칸 뒤에는 코코아를 대조하여 설명하고 있으므로, 빈칸에는 대조의 의미를 나타내는 ⑤ '반면에'가 가장 알맞다.
① 그래서　② 게다가　③ 예를 들면　④ 다시 말해서

3 (1) 문장 ④에서 카카오는 카카오 식물의 씨앗으로부터 나온다고 했다.
(2) 문장 ⑫에 언급되어 있다.

4 보기 | 천연의　인공적인　액체　분말

카카오는 초콜릿을 만드는 데 쓰이는 천연생산물이다. 그러나 코코아는 생카카오를 가열하여 만들어지는 분말이다.

본문 직독 직해

① The words *cacao* and *cocoa* / look very similar. / ② For this reason, / many people
'카카오'와 '코코아'라는 단어는 매우 비슷해 보인다 이러한 이유로 많은 사람들이
think / they're the same thing. / ③ But they are very different! / ④ Cacao comes from /
생각한다 그것들이 같은 것이라고 그러나 그것들은 매우 다르다 카카오는 ~에서 나온다
cacao plant seeds / in their natural state. / ⑤ The cacao plant is a small tree / that grows /
카카오 식물의 씨앗 그것들의 천연 상태의 카카오 식물은 작은 나무이다 자라는
in South America and West Africa. / ⑥ After cacao seeds are harvested, / they are turned into
남아메리카와 서아프리카에서 카카오 씨앗들이 수확된 이후에 그것들은 초콜릿으로
chocolate. /
변화된다

⑦ On the other hand, / cocoa is a man-made product. / ⑧ It is a powder / used to
반면에 코코아는 인공 제품이다 그것은 분말이다
make / chocolate-flavored drinks. / ⑨ Cocoa is made / by heating up / raw cacao. /
만드는 데 쓰이는 초콜릿 맛이 나는 음료를 코코아는 만들어진다 가열함으로써 생카카오를
⑩ This process causes / the cacao to lose / many of its nutrients. / ⑪ Manufacturers also add
이 과정은 야기한다 카카오가 잃게끔 그것의 많은 영양소를 제조업자들은 또한 설탕을
sugar / to the cocoa / to make it sweeter. / ⑫ This is why / raw cacao is considered / much
첨가한다 코코아에 그것을 더 달게 만들기 위해 이것이 ~한 이유이다 생카카오는 여겨진다
healthier / than products / that contain cocoa powder. /
훨씬 더 건강에 좋다고 제품들보다 코코아 분말을 함유한

본문 해석

'카카오'와 '코코아'라는 단어는 매우 비슷해 보인다. 이러한 이유로 많은 사람들이 그것들이 같은 것이라고 생각한다. 그러나 그것들은 매우 다르다! 카카오는 천연 상태의 카카오 식물의 씨앗으로부터 나온다. 카카오 식물은 남아메리카와 서아프리카에서 자라는 작은 나무이다. 카카오 씨앗들은 수확된 이후에 초콜릿으로 변화된다.

반면에, 코코아는 인공 제품이다. 그것은 초콜릿 맛이 나는 음료를 만드는 데 쓰이는 분말이다. 코코아는 생카카오를 가열하여 만들어진다. 이 과정은 카카오가 많은 영양소를 잃게 만든다. 제조업자들은 또한 코코아를 더 달게 만들기 위해 코코아에 설탕을 첨가한다. 이것이 생카카오가 코코아 분말을 함유한 제품들보다 훨씬 더 건강에 좋다고 여겨지는 이유이다.

구문 해설

② For this reason, many people think [(**that**) they're the same thing].
→ [ ]는 동사 think의 목적어 역할을 하는 명사절로, 접속사 that이 생략되어 있다.

⑤ The cacao plant is **a small tree** [**that** grows in South America and West Africa].
→ that은 a small tree를 선행사로 하는 주격 관계대명사이다.

⑥ After cacao seeds **are harvested**, they **are turned** into chocolate.
→ are harvested와 are turned는 각각 '수확된다'와 '변화된다'의 의미로 「be+p.p.」의 수동태이다.

⑧ It is a powder [**used** *to make* chocolate-flavored drinks].
→ [ ]는 a powder를 수식하는 과거분사구이다.
→ to make는 '만들기 위해, 만드는 데'의 의미로, 〈목적〉을 나타내는 부사적 용법의 to부정사이다.

⑨ Cocoa is made **by heating up** raw cacao.
→ 「by+v-ing」는 '~함으로써'의 의미로, 〈방법〉을 나타낸다.

⑩ This process **causes the cacao to lose** many of its nutrients.

→ 「cause+목적어+to-v」는 '~가 …하도록 야기하다'의 의미이다.

⑫ **This is why** raw cacao is considered *much* healthier than products [that contain cocoa powder].

→ this is why ~는 '이것이 ~한 이유이다'의 의미로, 뒤에 결과에 해당하는 내용이 온다.

→ much는 비교급 강조 표현으로 '훨씬, 더욱'의 의미이다. even, still, a lot, far도 비교급을 강조할 때 쓰인다.

→ that은 products를 선행사로 하는 주격 관계대명사이다.

정답 1 ⑤ 2 ② 3 ② 4 They realized that popcorn was perfect to sell. 5 ③ 6 contain
7 코코아를 만들기 위해 생카카오를 가열하는 것 8 ⑤

문제 해설

1 ⑤ harvest: 수확하다

2 strange(이상한)와 반대 의미의 단어는 ② 'normal(보통의, 평범한)'이다.

> 그 소리는 이상하게 들린다. 나는 결코 그것을 들어본 적이 없다.

① 비슷한 ③ 특별한 ④ 달콤한 ⑤ 인기 있는

3 빈칸 앞쪽에는 영화관에서 간식을 먹는 것이 허용되지 않았다고 했지만, 빈칸 뒤쪽에는 대공황 때 영화관이 경제적 어려움을 겪게 되어 간식을 팔기 시작했다는 대조되는 내용이 언급되고 있으므로, 빈칸에는 ② 'however(그러나)'가 가장 알맞다.

① 예를 들어 ③ 운 좋게도 ④ 대신에 ⑤ 다시 말해서

4 동사 realized의 목적어로 명사절을 이끄는 접속사 that을 쓴 다음 「주어+동사」인 popcorn was를 배열한다. to sell은 형용사(perfect)를 수식하는 부사적 용법의 to부정사로 perfect 뒤에 쓴다.

5 '그것에 사람들은 오직 오전 4시에서 오후 10시 사이에만 빵을 구울 수 있다고 적혀 있었다.'는 내용의 주어진 문장은 새로운 법이 통과되었다는 내용과 그 법의 내용으로 인해 아침 식사 시간에 맞춰 빵을 굽는 것이 불가능해졌다는 내용 사이인 ③에 오는 것이 가장 알맞다.

6

> 무언가를 갖거나 포함하다

7 바로 앞 문장의 '코코아를 만들기 위해 생카카오를 가열하는 것'을 가리킨다.

8 빈칸 앞에서 코코아를 만들기 위해 생카카오를 가열하게 되면 영양소를 많이 잃게 되고, 코코아를 달게 하기 위해 설탕을 넣는다고 했으므로, 빈칸에는 생카카오가 코코아 가루를 함유한 제품보다 ⑤ '더 건강에 좋다고' 여겨진다는 것이 가장 알맞다.

① 더 단 ② 더 싼 ③ 쓴 ④ 영양가 있는

Section 02 Culture

본책 • pp. 20-21

1

정답 1 ① 2 ④ 3 tradition 4 home, honor

문제 해설

1 목장 주인들이 장화를 울타리에 둔 이유에 관한 글이므로, 제목으로는 ① '목장 주인들이 장화를 울타리에 놓아두는 이유'가 가장 알맞다.

② 오래된 카우보이 장화를 가지고 있는 것의 이점

③ 시골 지역 카우보이 전통의 변화

④ 말을 탈 때 장화를 신는 목적

⑤ 친구나 반려동물이 세상을 떠난 후 존경을 표하는 방법

2 주어진 문장은 '같은 관행이 동료 목장 주인이 죽었을 때 행해졌다'는 내용이므로, 사랑한 동물이 죽었을 때 존경을 표하기 위해 하는 관행에 관한 문장 ⑨와 이런 방법으로 친구에게 경의를 표할 수 있었다고 설명하는 문장 ⑩ 사이인 ④에 오는 것이 가장 자연스럽다.

3 '집단의 사람들이 행하거나 믿는, 오랫동안 전해 내려오는 것'의 의미를 가진 단어는 tradition(전통)이다.

4 목장 주인들은 그들이 집에 있다는 것을 이웃들에게 알리기 위해 또는 사망한 소중한 친구에게 경의를 표하기 위해 울타리에 카우보이 장화를 걸어두었다.

본문 직독 직해

① In rural areas of the United States, / you may see cowboy boots / on fence posts. / ② Why are boots placed / like that? /
미국의 시골 지역에서 / 당신은 카우보이 장화를 볼 수도 있다 / 울타리 기둥 위에 있는 것을 / 왜 장화가 놓여 있을까 / 그렇게

③ Ranchers used to leave their boots / on fence posts / to show they were home. / ④ Long ago, / there were no phones or electricity. / ⑤ So / this was an easy way / to communicate. / ⑥ People saw the boots / and knew the rancher was there. / ⑦ Hanging boots on fences was also done / when a horse died. / ⑧ Ranchers were close to their horses. / ⑨ They hung up their boots / to show respect / for their beloved animal. / The same practice was done / when a fellow rancher passed away. / ⑩ They could honor their friend / in this way. /
목장 주인들은 장화를 놓아두곤 했다 / 울타리 기둥 위에 / 그들이 집에 있다는 것을 보여주기 위해 / 오래전에는 / 전화기나 전기가 없었다 / 그래서 / 이것은 쉬운 방법이었다 / 의사소통하는 / 사람들은 장화를 보았다 / 그리고 목장 주인이 거기에 있다는 것을 알았다 / 울타리에 장화를 거는 것은 또한 행해졌다 / 말이 죽었을 때 / 목장 주인들은 그들의 말들과 가까웠다 / 그들은 그들의 장화를 걸어두었다 / 존경을 표하기 위해 / 그들의 사랑하는 동물에 대한 / 같은 관행이 행해졌다 / 동료 목장 주인이 죽었을 때 / 그들은 그들의 친구에게 경의를 표할 수 있었다 / 이런 방법으로

⑪ So, / now / you know the reason behind this tradition. / ⑫ If you see boots on a fence, / just leave them alone. /
자, / 이제 / 당신은 이 전통에 숨겨진 이유를 알게 되었다 / 만약 당신이 울타리에서 장화를 본다면 / 그냥 두어라

본문 해석

미국의 시골 지역에서 당신은 카우보이 장화가 울타리 기둥 위에 있는 것을 볼 수도 있다. 왜 장화가 그렇게 놓여 있을까?

목장 주인들은 그들이 집에 있다는 것을 보여주기 위해 장화를 울타리 기둥 위에 놓아두곤 했다. 오래 전에는, 전화기나 전기가 없었다. 그래서 이것은 의사소통하는 쉬운 방법이었다. 사람들은 장화를 보았고 목장 주인이 거기에 있다는 것을 알았다. 울타리에 장화를 거는 것은 또한 말이 죽었을 때도 행해졌다. 목장 주인들은 그들의 말들과 가까웠다. 그들은 그들의 사랑하는 동물에 대한 존경을 표하기 위해 그들의 장화를 걸어두었다. 같은 관행이 동료 목장 주인이 죽었을 때 행해졌다. 그들은 이런 방법으로 그들의 친구에게 경의를 표할 수 있었다.

자, 이제 당신은 이 전통에 숨겨진 이유를 알게 되었다. 만약 당신이 울타리에 장화를 본다면, 그냥 두어라.

구문 해설

① In rural areas [of the United States], you may see cowboy boots on fence posts.
→ [ ]는 rural areas를 수식하는 전치사구이다.

② Why **are** boots **placed** like that?
→ are placed는 '놓여 있다'의 의미로, 「be+p.p.」형태의 수동태이다.

③ Ranchers **used to** leave their boots on fence posts *to show* [(that) they were home].
→ 「used to+동사원형」은 '(과거에) ~였다/~하곤 했다'의 의미로 과거의 상태나 습관을 나타낸다.
→ to show는 '보여주기 위해'의 의미로 〈목적〉을 나타내는 부사적 용법의 to부정사이다.
→ [ ]는 동사 show의 목적어 역할을 하는 명사절로, 접속사 that이 생략되어 있다.

⑤ So this was an easy way **to communicate.**
→ to communicate는 명사구 an easy way를 수식하는 형용사적 용법의 to부정사이다.

⑥ People **saw** the boots and **knew** [(*that*) the rancher was there].
→ 동사 saw와 knew가 접속사 and로 병렬 연결되어 있다.
→ [ ]는 동사 knew의 목적어 역할을 하는 명사절로, 접속사 that이 생략되었다.

⑦ [**Hanging** boots on fences] **was** also done when a horse died.
→ [ ]는 주어 역할을 하는 동명사구이며, 동명사구는 단수 취급하므로 단수형 동사 was가 쓰였다.

2

본책 • pp. 22-23

정답 **1** ⑤ **2** (1) T (2) F (3) F **3** 학생들이 학교에 다닐 준비가 되었다는 것 **4** first day, nervous

문제 해설

1 첫 등교일에 아이들이 너무 긴장하지 않도록 하기 위한 독일의 스쿨 콘이라는 전통에 관한 글이므로, 제목으로는 ⑤ '스쿨 콘: 긴장되는 날을 신나게 만들기'가 가장 알맞다.
① 스쿨 콘의 비극적인 역사
② 스쿨 콘: 아이들을 안전하게 지키기
③ 스쿨 콘 나무를 다시 도입하는 계획
④ 왜 스쿨 콘은 독일에서만 존재하는가

2 (1) 문장 ①-③에 언급되어 있다.
(2) 문장 ⑤에서 1800년대 초에 스쿨 콘 전통이 시작되었다고 했다.
(3) 문장 ⑥-⑦에서 과거에 부모들이나 조부모들이 스쿨 콘을 학교에 가지고 왔다.

3 문장 ⑧에 언급되어 있다.

4 독일의 어린이들은 학교 첫날에 스쿨 콘을 받는데, 그것은 그들이 덜 긴장하도록 돕는다.

본문 직독 직해

① Children are often nervous / on their first day of school. / ② In Germany, / however, /
아이들은 종종 긴장한다 맨 첫 등교일에 독일에서는 하지만
this day is fun and exciting / thanks to an old tradition. / ③ Children starting first grade in
이날은 재미있고 신난다 오래된 전통 덕분에 독일에서 1학년을 시작하는 아이들은
Germany / are given cone-shaped bags / full of school supplies, toys, and even candy! /
원뿔 모양의 가방을 받는다 학용품, 장난감, 그리고 심지어 사탕까지 가득한
④ This tradition is called "school cones." / ⑤ It started / in the early 1800s. / ⑥ According
이 전통은 '스쿨 콘'이라고 불린다 그것은 시작되었다 1800년대 초에 어떤 이야기에
to one story, / parents or grandparents brought the school cones / to the schools. / ⑦ Then /
따르면 부모님들이나 조부모님들이 스쿨 콘을 가져왔다고 한다 학교에 그러고 나서
they were hung / on a school cone tree / in the students' classroom. / ⑧ When the tree was
그것들은 걸렸다 스쿨 콘 나무에 학생들의 교실에 있는 나무가
ripe with cones, / it meant / that the students were ready / to attend school. / ⑨ So / they
콘으로 가득 찼을 때 그것은 의미했다 학생들이 준비가 되었다는 것을 학교에 다닐 그래서 그들은
could pick up their school cones / on the first day of school. / ⑩ These special gifts make / the
스쿨 콘을 집어 들 수 있었다 첫 등교일에 이 특별한 선물은 만든다
first day of school / an enjoyable event! /
첫 등교일을 즐거운 행사로

본문 해석

아이들은 종종 맨 첫 등교일에 긴장한다. 하지만 독일에서는 오래된 전통 덕분에 이날은 재미있고 신난다. 독일에서 1학년을 시작하는 아이들은 학용품, 장난감, 그리고 심지어 사탕까지 가득한 원뿔 모양의 가방을 받는다!

이 전통은 '스쿨 콘'이라고 불린다. 그것은 1800년대 초에 시작되었다. 어떤 이야기에 따르면, 부모님들이나 조부모님들이 스쿨 콘을 학교에 가져왔다고 한다. 그러고 나서 그것들은 학생들의 교실에 있는 스쿨 콘 나무에 걸렸다. 나무가 콘으로 가득 찼을 때, 그것은 학생들이 학교에 다닐 준비가 되었다는 것을 의미했다. 그래서 그들은 첫 등교일에 스쿨 콘을 집어 들 수 있었다. 이 특별한 선물은 첫 등교일을 즐거운 행사로 만든다!

구문 해설

③ Children [**starting** first grade in Germany] are given cone-shaped bags [*full* of school supplies, toys, and even candy]!
→ [ ]는 Children을 수식하는 현재분사구이다.
→ 두 번째 [ ]는 cone-shaped bags를 수식하는 형용사구이다.

④ This tradition **is called** "school cones."
→ 「A be called B」는 'A는 B라고 불리다'의 의미이다.

⑥ According to one story, parents or grandparents **brought** the school cones **to** the schools.
→ 「bring A to B」는 'B에게 A를 가져다주다'의 의미이다.

⑦ Then they **were hung** on a school cones tree in the students' classroom.
→ were hung은 '걸렸다'의 의미로, 「be + p.p.」의 수동태이다.

⑧ When the tree was ripe with cones, it meant [**that** the students were ready to attend school].
→ that은 명사절을 이끄는 접속사로, [ ]는 동사 meant의 목적어 역할을 한다.

⑩ These special gifts **make the first day of school an enjoyable event!**
→ 「make+목적어+명사」는 '~를 …로 만들다'의 의미이다.

본책 • pp. 24-25

3

정답 1 ② 2 ③ 3 (1) F (2) T 4 (1) shadow (2) sleep (3) winter (4) Spring

문제 해설

1 마멋의 날의 유래와 그 의미를 설명하는 글이므로, 제목으로는 ② '마멋의 날의 역사와 의미'가 가장 알맞다.
① 마멋의 날을 기념하기에 가장 좋은 장소들
③ Punxsutawney Phil: 가장 똑똑한 마멋
④ 마멋의 날을 기념해서는 안 되는 이유
⑤ 마멋이 날씨를 정확하게 예측하는 방법

2 빈칸 뒤에 마멋이 자기 그림자를 보고 더 자러 집으로 들어가면 겨울이고, 마멋이 밖에 있다면 봄이 거의 왔다는 것을 의미한다고 설명하고 있으므로, 빈칸에는 마멋이 ③ '날씨'를 예측한다는 것이 가장 알맞다.
① 위험 ② 승리 ④ 새로운 유행 ⑤ 환경

3 (1) 문장 ①에서 미국과 캐나다 사람들이 마멋의 날을 기념한다고 했다.
(2) 문장 ⑬에 언급되어 있다.

4

마멋이 (1) 그림자를 보는가?	마멋이 무슨 일을 하는가?	예측
그렇다.	그것은 더 (2) 자기 위해 집으로 돌아간다.	(3) 겨울이 6주 더 지속될 것이다.
아니다.	그것은 밖에 있다.	(4) 봄이 곧 올 것이다.

본문 직독 직해

① On February 2, / people in the US and Canada / celebrate Groundhog Day. / ② On this
2월 2일 미국과 캐나다 사람들은 마멋의 날을 기념한다 이날에
day, / they pay close attention / to groundhogs' behavior. / ③ Some think / that it predicts the
그들은 세심한 주의를 기울인다 마멋의 행동에 어떤 사람들은 생각한다 그것이 날씨를
weather! / ④ Groundhogs sleep / during the winter. / ⑤ On Groundhog Day, / they come out
예측한다고 마멋은 잠을 잔다 겨울 동안 마멋의 날에 그들은
of their winter homes. / ⑥ If a groundhog sees its shadow, / it will go back and sleep more. /
겨울 집에서 나온다 만약 마멋이 자신의 그림자를 본다면 마멋은 돌아가서 더 잘 것이다
⑦ This means / winter will last six more weeks. / ⑧ If the groundhog stays outside, / it means
이것은 의미한다 겨울이 6주 더 지속된다는 것을 마멋이 밖에 있다면
spring is almost here. / ⑨ The largest Groundhog Day celebration is / in Punxsutawney,
봄이 거의 왔다는 것을 의미한다 가장 큰 마멋의 날 기념행사는 있다 펜실베이니아의
Pennsylvania. / ⑩ People started gathering there / to see a groundhog / named Punxsutawney
Punxsutawney에 사람들은 그곳에 모이기 시작했다 마멋을 보기 위해 Punxsutawney Phil이라는 이름의
Phil / in 1886. / ⑪ Everyone enjoys the fun atmosphere. / ⑫ However, / not everyone believes
1886년에 모든 사람들이 재미있는 분위기를 즐긴다 하지만 모든 사람들이 Phil의 예측을
Phil's prediction. / ⑬ In fact, / he is correct / only about 40% of the time! /
믿는 것은 아니다 사실 그는 옳다 단지 그 시간의 40% 정도만

본문 해석

2월 2일, 미국과 캐나다 사람들은 마멋의 날을 기념한다. 이날에 그들은 마멋의 행동에 세심한 주의를 기울인다. 어떤 사람들은 그것이 날씨를 예측한다고 생각한다! 마멋은 겨울 동안 잠을 잔다. 마멋의 날에 그들은 겨울 집에서 나온다. 만약 마멋이 자신의 그림자를 본다면, 마멋은 돌아가서 더 잘 것이다. 이것은 겨울이 6주 더 지속된다는 것을 의미한다. 마멋이 밖에 있다면, 봄이 거의 왔다는 것을 의미한다. 가장 큰 마멋의 날 기념행사는 펜실베이니아의 Punxsutawney에 있다. 사람들은 1886년에 Punxsutawney Phil이라는 이름의 마멋을 보기 위해 그곳에 모이기 시작했다. 모든 사람들이 재미있는 분위기를 즐긴다. 하지만 모든 사람들이 Phil의 예측을 믿는 것은 아니다. 사실, 그는 단지 그 시간의 40% 정도만 옳다!

구문 해설

① On February 2, people [in the US and Canada] celebrate Groundhog Day.
→ [ ]는 people을 수식하는 전치사구이다.

③ Some think [**that** it predicts the weather]!
→ that은 명사절을 이끄는 접속사로, [ ]는 동사 think의 목적어 역할을 한다.

⑦ **This** means [(*that*) winter will last six more weeks].
→ This는 앞 문장의 '마멋이 자기 그림자를 보고 다시 들어가서 자는 것'을 가리킨다.
→ [ ]는 동사 means의 목적어 역할을 하는 명사절로, 접속사 that이 생략되었다.

⑧ If the groundhog stays outside, it means [(**that**) spring is almost here].
→ [ ]는 동사 means의 목적어 역할을 하는 명사절로, 접속사 that이 생략되었다.

⑩ People started gathering there **to see** a groundhog [*named* Punxsutawney Phil] in 1886.
→ to see는 '보기 위해'의 의미로, 〈목적〉을 나타내는 부사적 용법의 to부정사이다.
→ [ ]는 a groundhog를 수식하는 과거분사구이다.

⑫ However, **not everyone** believes Phil's prediction.
→ '모든 사람'의 의미인 everyone이 부정을 나타내는 not과 함께 쓰여 '모든 사람이 ~한 것은 아니다'라는 의미의 부분 부정을 나타낸다.

본책 • pp. 26-27

정답 1 ④ 2 ④ 3 resemble 4 (1) ⓑ (2) ⓐ (3) ⓒ

문제 해설

1 빈칸이 있는 문장은 글의 주제 문장이며, 새해 첫날 행운을 얻기 위해 어떤 음식을 먹는지에 대한 내용이 뒤에 이어지므로, 빈칸에는 ④ '행운을 위한 몇몇 음식들'이 가장 알맞다.
① 신선한 음식들 ② 맛있는 음식들
③ 전통적인 음식들 ⑤ 건강을 위한 몇몇 음식들

2 돼지가 진보를 나타내기 때문에 일부 유럽인들이 새해에 돼지고기를 먹는다는 내용 중에, 어떤 사람들은 돼지고기보다 소고기를 더 좋아한다는 내용의 (d)는 글의 흐름과 무관하다.

3 '어떤 사람 또는 어떤 것처럼 보이거나 비슷하다'라는 의미를 가진 단어는 resemble(닮다, 비슷하다)이다.

4 (1) 문장 ⑤-⑥에 돼지고기를 먹는 이유인 ⓑ가 언급되어 있다.
(2) 문장 ⑨-⑩에 국수를 먹는 이유인 ⓐ가 언급되어 있다.
(3) 문장 ⑫-⑭에 동부콩과 녹색 채소를 먹는 이유인 ⓒ가 언급되어 있다.

본문 직독 직해

① On New Year's Day, / many people eat / some foods / for luck! / ② They eat them /
새해 첫날에 / 많은 사람들이 먹는다 / 몇몇 음식들을 / 행운을 위한 / 그들은 그것들을 먹는다

to gain / money, love, or other kinds of good fortune. / ③ But / these good luck foods are
얻기 위해 / 돈, 사랑, 또는 다른 종류들의 행운을 / 그러나 / 이 행운의 음식들은

different / from culture to culture. /
다르다 / 문화마다

④ Some Europeans eat pork / on this day. / ⑤ Pigs dig forward / with their nose. /
일부 유럽인들은 돼지고기를 먹는다 / 이날에 / 돼지는 앞으로 땅을 판다 / 그들의 코를 사용하여

⑥ People think / that this represents progress. / (⑦ Some people like beef more / than pork. /)
사람들은 생각한다 / 이것이 진보를 나타낸다고 / 어떤 사람들은 소고기를 더 좋아한다 / 돼지고기보다

⑧ So / people eat it / to move forward / in the new year. /
그래서 / 사람들은 그것을 먹는다 / 앞으로 나아가기 위해 / 새해에

⑨ In China, / long noodles represent long life. / ⑩ So / the Chinese eat noodles / on New
중국에서 / 긴 국수는 장수를 상징한다 / 그래서 / 중국인들은 국수를 먹는다

Year's Day. / ⑪ They believe / that they can live a long life / by doing this. /
새해 첫날에 / 그들은 믿는다 / 그들이 긴 인생을 살 수 있다고 / 이것을 함으로써

⑫ Black-eyed peas and greens / are good luck foods / on New Year's Day / for people in
동부콩과 녹색 채소는 / 행운의 음식들이다 / 새해 첫날에

the Southern US. / ⑬ Black-eyed peas look like coins, / and / greens resemble dollar bills. /
미국 남부의 사람들에게 / 동부콩은 동전처럼 보인다 / 그리고 / 녹색 채소는 달러 지폐와 닮았다

⑭ For this reason, / people believe / that they will bring / money and luck. /
이런 이유로 / 사람들은 믿는다 / 그것들이 가져다줄 것이라고 / 돈과 행운을

본문 해석

새해 첫날에, 많은 사람들은 행운을 위한 몇몇 음식들을 먹는다! 그들은 돈, 사랑, 또는 다른 종류들의 행운을 얻기 위해 그것들을 먹는다. 그러나 이 행운의 음식들은 문화마다 다르다.

일부 유럽인들은 이날에 돼지고기를 먹는다. 돼지는 그들의 코를 사용하여 앞으로 땅을 판다. 사람들은 이것이 진보를 나타낸다고 생각한다. (어떤 사람들은 돼지고기보다 소고기를 더 좋아한다.) 그래서 사람들은 새해에 앞으로 나아가기 위해 그것을 먹는다.

중국에서 긴 국수는 장수를 상징한다. 그래서 중국인들은 새해 첫날에 국수를 먹는다. 그들은 이것을 함으로써 그들이 긴 인생을 살 수 있다고 믿는다.

동부콩과 녹색 채소는 미국 남부의 사람들에게 새해 첫날 (먹는) 행운의 음식들이다. 동부콩은 동전처럼 보이고, 녹색 채소는 달러 지폐와 닮았다. 이런 이유로, 사람들은 그것들이 돈과 행운을 가져다줄 것이라고 믿는다.

구문 해설

② They eat them **to gain** money, love, or other kinds of good fortune.
→ to gain은 '얻기 위해'의 의미로, 〈목적〉을 나타내는 부사적 용법의 to부정사이다.

⑦ Some people like beef **more than** pork.
→ 「부사의 비교급+than」은 '~보다 더 …하게'의 의미이다.

⑧ So people eat it **to move** forward in the new year.
→ to move는 '나아가기 위해'의 의미로, 〈목적〉을 나타내는 부사적 용법의 to부정사이다.

⑪ They believe [**that** they can live a long life *by doing* this].

→ that은 명사절을 이끄는 접속사로, [ ]는 동사 believe의 목적어 역할을 한다.

→ 「by+v-ing」는 '~함으로써'의 의미로, 〈방법〉을 나타낸다.

⑬ Black-eyed peas **look like** coins, and greens resemble dollar bills.

→ look like ~는 '~처럼 보이다'의 의미이다.

본책 • pp. 28-29

정답 1 ③ 2 ④ 3 ② 4 울타리에 장화를 거는 것 5 ⑤ 6 nervous 7 ⑤
8 not everyone believes Phil's prediction

문제 해설

1 ③ represent: 나타내다, 상징하다

2 fortune(운)과 비슷한 의미의 단어는 ④ 'luck(운)'이다.

그는 복권에 당첨될 운을 가지고 있었다.

① 행동 ② 동향, 유행 ③ 목적 ⑤ 위험

3 옛날에는 전화기나 전기가 없었지만, 사람들은 울타리 기둥 위에 걸린 장화를 보고 목장 주인이 거기에 있다는 것을 알게 되었다고 했으므로, 빈칸에는 ② '의사소통하는 쉬운 방법'이 가장 알맞다.
① 행운의 징조 ③ 울타리를 장식하는 방법
④ 장화를 건조하게 유지하는 방법 ⑤ 동물에게 겁을 주어 쫓는 방법

4 바로 앞에서 가장 사랑하는 동물이 죽었을 때와 마찬가지로 동료가 죽었을 때도 같은 관행을 했다 했으므로, 울타리에 장화를 거는 것으로 동료에게 경의를 표했음을 알 수 있다.

5 오래된 '전통' 덕분에 독일에서는 학교 첫날이 재미있고, 이 '전통'은 '스쿨 콘'이라고 불린다는 것이 자연스러우므로, ⑤ 'tradition(전통)'이 가장 알맞다.
① 이야기 ② 휴가 ③ 습관 ④ 방법

6

무슨 일이 일어날지도 모른다는 것에 걱정되고 두려워하는

7 ⓔ는 '마멋이 밖에 있는 것'을 가리키고, 나머지는 모두 '마멋'을 가리킨다.

8 '모든 사람들이 ~한 것은 아니다'라는 의미의 부분부정을 사용하여 everyone 앞에 not을 쓴다.

Section
03 Body & Health

본책 • pp. 32-33

1

정답 1 ③ 2 ④ 3 ③ 4 (1) faster (2) blood (3) sunlight

문제 해설

1 손톱이 발톱보다 빨리 자라는 이유에 관한 글이므로, 제목으로는 ③ '손톱이 발톱보다 더 빨리 자라는 이유'가 가장 알맞다.
① 손톱이 쉽게 손상되는 이유 ② 손톱을 건강하게 유지하는 방법
④ 양말과 신발을 신는 것의 이점 ⑤ 손톱에 햇볕을 너무 많이 쬐는 것의 위험성

2 빈칸 앞 단락에 손톱이 빨리 자라는 이유에 관한 설명이 나오고, 빈칸 뒤에는 손톱에 비해 발톱의 활동이 적어 영양소를 덜 얻는다고 대치하여 설명하고 있으므로, 빈칸에는 대치의 의미를 나타내는 ④ '한편'이 가장 알맞다.
① 사실 ② 무엇보다도 ③ 그러므로 ⑤ 게다가

3 ③: 문장 ⑧에서 증가된 혈류는 자극이 있는 부위에 더 많은 영양소를 전달한다고 했다.
①은 문장 ⑤와 ⑥에, ②는 문장 ⑦에, ④는 문장 ⑩에, ⑤는 문장 ⑫에 언급되어 있다.

4

질문	왜 손톱이 발톱보다 (1) 더 빨리 자라는가?
대답	손톱은 발톱보다 더 많은 (2) 혈류와 영양분을 받는다.
	손톱은 발톱보다 더 많은 (3) 햇빛을 받는다.

본문 직독 직해

① We have nails / on our hands and feet. / ② But / some people have one big question / about them: / ③ Why do fingernails grow / much faster / than toenails? /
우리의 손톱, 발톱이 있다 / 손과 발에는 / 하지만 / 어떤 사람들은 한 가지 큰 질문을 가지고 있다 / 그것들에 대해 / 왜 손톱은 자랄까 / 훨씬 더 빨리 / 발톱보다

④ We use our fingers / much more / than our toes. / ⑤ We touch or grab items, / and type on our smartphones. / ⑥ These actions are a stimulus. / ⑦ Our bodies send more blood / to where the stimulus is. / ⑧ This increased blood flow delivers more nutrients / to the area, / which speeds up / nail growth. /
우리는 손가락을 사용한다 / 훨씬 더 많이 / 발가락보다 / 우리는 물건을 만지거나 잡는다 / 그리고 스마트폰에 입력을 한다 / 이러한 행동은 자극이 된다 / 우리 몸은 더 많은 혈액을 보낸다 / 자극이 있는 곳으로 / 이렇게 증가된 혈류는 더 많은 영양소를 전달한다 / 그 부위에 / 그리고 그것은 빠르게 한다 / 손톱 성장을

⑨ Meanwhile, / your toes are usually resting safely / in your socks and shoes. / ⑩ There is much less activity / in the toes. / ⑪ So / the toenails get fewer nutrients. / ⑫ In addition, / nail growth is affected / by vitamin D from sunlight. / ⑬ But socks and shoes prevent / toes / from receiving / as much sunlight as fingers. / ⑭ This also makes toenails grow / slower than fingernails. /
한편 / 당신의 발가락은 보통 안전하게 쉬고 있다 / 양말과 신발 안에서 / 활동이 훨씬 적다 / 발가락에는 / 그래서 / 발톱은 영양소를 덜 얻는다 / 게다가 / 손톱 발톱의 성장은 영향을 받는다 / 햇빛의 비타민 D에 의해 / 그러나 양말과 신발은 막는다 / 발가락이 / 받는 것을 / 손가락만큼 많은 햇빛을 / 이것은 또한 발톱이 자라게 한다 / 손톱보다 느리게

본문 해석

우리의 손과 발에는 손톱, 발톱이 있다. 하지만 어떤 사람들은 그것들에 대해 한 가지 큰 질문을 가지고 있다. 왜 손톱은 발톱보다 훨씬 더 빨리 자랄까?

우리는 발가락보다 손가락을 훨씬 더 많이 사용한다. 우리는 물건을 만지거나 잡고, 스마트폰에 입력을 한다. 이러한 행동은 자극이 된다. 우리 몸은 더 많은 혈액을 자극이 있는 곳으로 보낸다. 이렇게 증가된 혈류는 그 부위에 더 많은 영양소를 전달하고, 이것은 손톱 성장을 빠르게 한다.

한편, 당신의 발가락은 보통 양말과 신발 안에서 안전하게 쉬고 있다. 발가락에는 활동이 훨씬 적다. 그래서 발톱은 영양소를 덜 얻는다. 게다가, 손톱, 발톱의 성장은 햇빛의 비타민 D에 의해 영향을 받는다. 그러나 양말과 신발은 발가락이 손가락만큼 햇빛을 많이 받지 못하게 한다. 이는 또한 발톱이 손톱보다 느리게 자라게 한다.

구문 해설

③ Why do fingernails grow **much** *faster than* toenails?

→ much는 '더욱, 훨씬'의 의미로, 비교급을 강조하는 부사이다. even, a lot, far도 비교급을 강조할 때 쓸 수 있다.

→ 「부사의 비교급+than」은 '~보다 더 …하게'의 의미이다.

⑦ Our bodies **send more blood to** (*the place*) [***where*** **the stimulus is**].

→ 「send A to B」는 'A를 B로 보내다'의 의미로, more blood가 A, where the stimulus is가 B에 해당한다.

→ [ ]는 〈장소〉를 나타내는 선행사를 수식하는 관계부사절로, 선행사 the place가 생략되었다. 관계부사의 선행사가 time, place 등과 같이 일반적인 명사일 경우 선행사를 생략할 수 있다.

⑧ This **increased** blood flow delivers more nutrients to the area, [*which* speeds up nail growth].

→ '증가된'의 의미의 과거분사 increased는 명사구 blood flow를 수식한다.

→ [ ]는 앞 절 전체를 선행사로 하는 계속적 용법의 주격 관계대명사절이다.

⑪ So the toenails get **fewer** nutrients.

→ fewer는 '많지 않은, 적은'의 의미인 few의 비교급이다. few 뒤에는 셀 수 있는 명사의 복수형이 온다.

⑫ In addition, nail growth **is affected** by vitamin D from sunlight.

→ is affected는 '영향을 받다'의 의미로, 「be+p.p.」의 수동태이다.

⑬ But socks and shoes **prevent toes from receiving** *as much sunlight as* fingers.

→ 「prevent+목적어+from+v-ing」는 '~가 …하는 것을 막다'의 의미이다.

→ 「as+형용사[부사]의 원급(+명사)+as」는 '~만큼 …한[하게]'의 의미이다.

⑭ This also **makes toenails grow** slower than fingernails.

→ 「make+목적어+동사원형」은 '~가 …하게 하다'의 의미이다.

본책 • pp. 34-35

정답 1 ② 2 ② 3 (1) F (2) T (3) F 4 negative, brain

문제 해설

1 창의적인 취미가 스트레스를 줄이고 양쪽 뇌의 활성화를 돕는다는 내용의 글이므로, 요지로는 ②가 가장 알맞다.

2 '창의적인 취미는 또한 우리의 뇌에도 좋다.'라는 내용의 주어진 문장은 창의적인 취미가 덜 걱정하고 덜 슬프게 만든다는 내용과 창의적인 취미가 뇌의 양쪽을 활성화시킨다는 내용 사이인 ②에 오는 것이 가장 알맞다.

3 (1) 문장 ⑤에서 창의적인 취미는 덜 걱정하게 하고 덜 슬프게 만든다고 했다.
(2) 문장 ⑧에 언급되어 있다.
(3) 문장 ⑩에 어떤 창의적인 활동이든 상관이 없다고 했다.

4 창의적인 취미는 우리가 부정적인 감정을 방출하도록 하고 뇌의 양쪽을 활성화함으로써 우리를 돕는다.

본문 직독 직해

① What can make us healthy? / ② Exercise probably comes to mind / first. / ③ But /
무엇이 우리를 건강하게 만들 수 있을까 운동이 아마도 떠오를 것이다 먼저 하지만
creative hobbies can also make us healthy. / ④ Studies suggest / that creative hobbies / such
창의적인 취미는 또한 우리를 건강하게 만들 수 있다 연구들은 제안한다 창의적인 취미들이
as painting, writing, or playing a musical instrument / reduce stress. / ⑤ Doing creative
그림 그리기, 글쓰기, 혹은 악기 연주와 같은 스트레스를 줄인다 창의적인 것을 하는
things makes us / feel less worried and sad. / ⑥ This is because / it helps / us / release our
것은 우리를 만든다 덜 걱정하고 덜 슬프게 이것은 ~ 때문이다 그것이 돕는다 우리가 부정적인
negative emotions. / Creative hobbies are also good / for our brain. / ⑦ They activate both
감정들을 방출하는 것을 창의적인 취미는 또한 좋다 우리의 뇌에 그것들은 뇌의 양쪽을
sides of the brain. / ⑧ Research shows / that the left and right sides of musicians' brains are
활성화시킨다 연구는 보여준다 음악가들의 뇌의 왼쪽과 오른쪽이 더 잘 연결되어 있다는 것을
better connected. / ⑨ This helps their brains / work well. / ⑩ It doesn't matter / whether you
이것은 그들의 뇌를 돕는다 잘 작동하도록 상관이 없다 당신이
draw, sing, or dance. / ⑪ Expressing your creativity is good / for the brain. / ⑫ Do you have a
그림을 그리든, 노래를 부르든, 춤을 추든 당신의 창의력을 표현하는 것은 좋다 뇌에 당신은 창의적인
creative hobby? / ⑬ If not, / why don't you find one? /
취미를 가지고 있는가 만약 그렇지 않다면 하나 찾아보는 게 어떨까

본문 해석

무엇이 우리를 건강하게 만들 수 있을까? 운동이 아마도 먼저 떠오를 것이다. 하지만 창의적인 취미는 또한 우리를 건강하게 만들 수 있다. 연구들은 그림 그리기, 글쓰기, 혹은 악기 연주와 같은 창의적인 취미들이 스트레스를 줄인다는 것을 시사한다. 창의적인 것을 하는 일은 우리를 덜 걱정하고 덜 슬프게 한다. 이것은 우리가 부정적인 감정들을 방출하는 것을 돕기 때문이다. 창의적인 취미는 또한 우리의 뇌에도 좋다. 그것들은 뇌의 양쪽을 활성화시킨다. 연구는 음악가들의 뇌의 왼쪽과 오른쪽이 더 잘 연결되어 있다는 것을 보여준다. 이것은 그들의 뇌가 잘 작동하도록 돕는다. 당신이 그림을 그리든, 노래를 부르든, 춤을 추든 상관이 없다. 당신의 창의력을 표현하는 것은 뇌에 좋다. 당신은 창의적인 취미를 가지고 있는가? 만약 그렇지 않다면, 하나 찾아보는 게 어떨까?

구문 해설

① What can **make us healthy**?
→ 「make+목적어+형용사」는 '~을 …하게 만들다'의 의미이다.

④ Studies suggest [**that** creative hobbies {*such as* painting, writing, or playing a musical instrument} reduce stress].
→ that은 명사절을 이끄는 접속사로, [ ]는 동사 suggest의 목적어 역할을 한다.
→ { }는 삽입구이며, that절의 주어 creative hobbies가 복수 명사이므로 복수형 동사 reduce가 쓰였다. 「such as ~」는 '~와 같은'의 의미로, 뒤에 예시에 해당하는 내용이 이어진다.

⑤ [**Doing** creative thing] **makes** us *feel less worried and (less) sad.*

→ [ ]는 주어 역할을 하는 동명사구이며, 동명사(구)는 단수 취급하므로 단수형 동사 makes가 쓰였다.

→ 「feel+형용사」는 '~하게 느끼다'의 의미로, 형용사 less worried와 (less) sad가 접속사 and로 병렬 연결되어 있다.

⑥ **This is because** it *helps us release* our negative emotions.

→ this is because ~는 '이것은 ~ 때문이다'의 의미로, 뒤에 이유에 해당하는 내용이 온다.

→ 「help+목적어+동사원형[to-v]」은 '~가 …하는 것을 돕다'의 의미이다.

⑧ Research shows [**that** *the left and right sides of musicians' brains* are better connected].

→ that은 명사절을 이끄는 접속사로, [ ]는 동사 shows의 목적어 역할을 한다.

→ that절의 주어는 the left and right sides of musicians' brains로 복수 명사이므로, 복수형 동사 are가 쓰였다.

→ are connected는 '연결되어 있다'의 의미로, 「be+p.p.」의 수동태이다.

⑩ **It** doesn't matter [***whether*** you draw, sing, or dance].

→ It은 가주어, [ ]는 진주어이다.

→ whether는 명사절을 이끄는 접속사로, '~인지 아닌지'의 의미이다.

⑪ [**Expressing** your creativity] **is** good for the brain.

→ [ ]는 주어 역할을 하는 동명사구이며, 동명사(구)는 단수 취급하므로 단수형 동사 is가 쓰였다.

⑬ **If not**, why don't you find one?

→ If not은 If you don't have a creative hobby를 의미한다.

본책 • pp. 36-37

3

정답 1 ⑤ 2 ⑤ 3 unique 4 ears, identity, shape

문제 해설

1 사람마다 귀의 모양이 다르기 때문에 귀를 신원 확인 방법으로 쓸 수 있다는 것을 설명하고 있으므로, 제목으로는 ⑤ '사람의 신원을 확인하는 새로운 방법'이 가장 알맞다.

① 안전하게 여행하는 방법 ② 공항 보안 직원들이 하는 일

③ 우리 귀가 시간이 지남에 따라 변하는 이유 ④ 사람들이 각기 다른 귀 모양을 가지고 있는 이유

2 사람의 귀는 고유한 모양을 가지고 있다는 내용을 설명하는 부분이다. 빈칸 앞 문장에서 나이가 들면서 귀의 크기는 바뀔 수 있다고 했고, 빈칸을 포함한 문장이 역접을 나타내는 But(그러나)으로 시작하고 있으므로, 빈칸에는 ⑤ '동일한'이 가장 알맞다.

① 튼튼한 ② 단순한 ③ 흔한 ④ 다양한

3 '다른 모든 것과 다른'의 의미를 가진 단어는 unique(고유의, 특유의)이다.

4 미래에, 공항 보안 직원들은 당신의 신원을 확인하기 위해 당신의 귀 사진을 이용할 수 있다. 이것은 모든 사람이 고유한 귀 모양을 가지고 있기 때문이다.

본문 직독 직해

① When you travel / to a different country, / airport security staff check / your identity. /
당신이 여행갈 때 다른 나라로 공항 보안 직원들은 확인한다 당신의 신원을
② They may take your fingerprints / or scan your eyes. / ③ But / they will be able to check /
그들은 당신의 지문을 채취할 수도 있다 또는 당신의 눈을 스캔할 수도 있다 그러나 그들은 확인할 수 있을 것이다
another body part / in the future— / your ears! /
또 다른 신체 부위를 미래에 당신의 귀
④ Airport security staff / can take a picture / of your ears. / ⑤ Then / they can match /
공항 보안 직원들은 사진을 찍을 수 있다 당신의 귀의 그러고 나서 그들은 맞춰 볼 수 있다
the picture of your ears / to your information. / ⑥ If they do this, / they don't need to ask /
당신의 귀의 사진을 당신의 정보에 그들이 이것을 하면 그들은 요청할 필요가 없다
you to show your passport / to them. /
당신에게 당신의 여권을 보여 달라고 그들에게
⑦ Everyone's ears have / a unique shape. / ⑧ Of course, / the size of our ears / may change /
모든 사람의 귀는 가지고 있다 고유한 모양을 물론 우리의 귀의 크기는 바뀔 수도 있다
as we get older. / ⑨ But / the shape of our ears / is always the same. / ⑩ So / looking at a
우리가 나이 들어감에 따라 그러나 우리의 귀의 모양은 항상 똑같다 따라서
person's ears / is a great way / to check his or her identity. /
사람의 귀를 보는 것은 매우 좋은 방법이다 그 또는 그녀의 신원을 확인하는

본문 해석

당신이 다른 나라로 여행 갈 때, 공항 보안 직원들은 당신의 신원을 확인한다. 그들은 당신의 지문을 채취하거나 당신의 눈을 스캔할 수도 있다. 그러나 미래에 그들은 또 다른 신체 부위를 확인할 수 있을 것이다. 그것은 바로 당신의 귀이다!

공항 보안 직원들은 당신의 귀 사진을 찍을 수 있다. 그러고 나서 그들은 당신의 귀 사진을 당신의 정보에 맞춰 볼 수 있다. 그들이 이것을 하면, 그들은 당신에게 당신의 여권을 그들에게 보여 달라고 요청할 필요가 없다.

모든 사람의 귀는 고유한 모양을 가지고 있다. 물론, 우리의 귀 크기는 우리가 나이 들어감에 따라 바뀔 수도 있다. 그러나 우리의 귀의 모양은 항상 똑같다. 따라서, 사람의 귀를 보는 것은 그 또는 그녀의 신원을 확인하는 매우 좋은 방법이다.

구문 해설

② **They** *may take* your fingerprints or *scan* your eyes.
- They는 앞 문장의 airport security staff를 가리킨다. staff는 family, team과 같은 집합명사로 단수, 복수 취급이 모두 가능하며, 여기서는 문맥상 복수로 취급해 복수형인 They가 쓰였다.
- may는 '~일 수도 있다'의 의미로, 〈추측〉을 나타내는 조동사이다. take와 scan이 접속사 or로 병렬 연결되어 있다.

⑤ Then they can **match** the picture of your ears **to** your information.
- 「match A to B」는 'A를 B에 맞춰 보다'의 의미이다.

⑥ If they do this, they **don't need to** ***ask*** *you to show* your passport to them.
- 「don't need+to-v」는 '~할 필요가 없다'의 의미이다.
- 「ask+목적어+to-v」는 '~에게 …해 달라고 요청하다'의 의미이다.

⑧ Of course, the size of our ears may change **as** we *get older*.
- as는 '~함에 따라'의 의미인 접속사이다.
- 「get+형용사」는 '~해지다'의 의미이다.

정답 1 ④ 2 ③ 3 ① 4 손으로 어려운 일을 하면서 동시에 컴퓨터를 사용하는 것

문제 해설

1 눈을 깜빡이고 움직이는 것으로 컴퓨터를 제어할 수 있는 안구 추적 컴퓨터에 관한 글이다.

2 안구 추적 컴퓨터의 작동 원리를 설명하는 부분으로, 컴퓨터에 움직임을 감지하는 카메라가 있다는 내용의 (B), 눈을 움직일 때 카메라가 눈을 따라간다는 내용의 (C), 사람들이 콘택트렌즈나 안경을 착용할 때에도 카메라가 작동한다는 내용의 (A)의 흐름이 알맞다.

3 빈칸을 포함한 문장이 안구 추적 컴퓨터의 이점을 설명하는 문장이고, 빈칸 뒤에서 예로 의사가 양손으로 일을 하는 동시에 컴퓨터를 사용할 수 있는 점을 언급했으므로, 빈칸에는 ① '자유로운'이 가장 알맞다.
② 바쁜 ③ 게으른 ④ 쓸모없는 ⑤ 위험한

4 문장 ⑫를 통해 알 수 있다.

본문 직독 직해

① Blink your eyes, / and you can control / your computer! / ② You can move / the mouse /
당신의 눈을 깜빡여라 그러면 당신은 제어할 수 있다 당신의 컴퓨터를 당신은 움직일 수 있다 마우스를
with your eyes. / ③ You can click on something / by blinking. /
당신의 눈으로 당신은 어떤 것을 클릭할 수 있다 눈을 깜빡임으로써

④ This is not something / from science fiction. / ⑤ It is an eye-tracking computer. /
이것은 어떤 것이 아니다 공상 과학 소설에서 나오는 그것은 안구 추적 컴퓨터이다
⑥ The process is simple. / ⑧ The computer has a camera / that senses movement. / ⑨ When
그 과정은 간단하다 컴퓨터에 카메라가 있다 움직임을 감지하는
you move your eyes, / it follows them. / ⑦ The camera even works / when you wear / contact
당신이 당신의 눈을 움직일 때 그것은 그것들을 따라간다 그 카메라는 심지어 작동한다 당신이 착용할 때
lenses or glasses. /
콘택트렌즈나 안경을

⑩ Thanks to / the eye-tracking computer, / your hands can be free. / ⑪ This can help /
~ 덕분에 안구 추적 컴퓨터 당신의 손은 자유로울 수 있다 이것은 도울 수 있다
many kinds of people. / ⑫ For example, / doctors must perform difficult jobs / with their
여러 종류의 사람들을 예를 들어 의사들은 어려운 일들을 해야만 한다 그들의
hands / and / use a computer / at the same time. / ⑬ They can do this easily / with an
손으로 그리고 컴퓨터를 사용한다 동시에 그들은 이것을 쉽게 할 수 있다
eye-tracking computer. /
안구 추적 컴퓨터로

본문 해석

눈을 깜빡여라, 그러면 당신은 당신의 컴퓨터를 제어할 수 있다! 당신은 눈으로 마우스를 움직일 수 있다. 당신은 눈을 깜빡임으로써 어떤 것을 클릭할 수 있다.

이것은 공상 과학 소설에서 나오는 어떤 것이 아니다. 그것은 안구 추적 컴퓨터이다. 그 과정은 간단하다. (B) 그 컴퓨터에는 움직임을 감지하는 카메라가 있다. (C) 당신이 눈을 움직일 때, 그것(카메라)이 그것들(눈)을 따라간다. (A) 그 카메라는 심지어 당신이 콘택트렌즈나 안경을 착용할 때에도 작동한다.

안구 추적 컴퓨터 덕분에, 당신의 손은 자유로울 수 있다. 이것은 여러 종류의 사람들을 도울 수 있다. 예를 들어, 의사들은 손으로 어려운 일을 하면서 동시에 컴퓨터를 사용해야만 한다. 그들은 안구 추적 컴퓨터로 이것을 쉽게 할 수 있다.

구문 해설

① **Blink** your eyes, **and** you can control your computer!

→ 「명령문 ~, and …」는 '~해라, 그러면 …할 것이다'의 의미이다.

③ You can click on something **by blinking**.

→ 「by+v-ing」는 '~함으로써'의 의미로, 〈방법〉을 나타낸다.

⑦ The camera even works **when** you wear contact lenses or glasses.

→ when은 '~할 때'의 의미로, 〈때〉를 나타내는 접속사이다.

⑧ The computer has **a camera** [**that** senses movement].

→ [ ]는 선행사 a camera를 수식하는 주격 관계대명사절이다.

⑨ When you move your eyes, **it** follows **them**.

→ it은 바로 앞 문장의 a camera를 가리키고, them은 앞 절의 your eyes를 가리킨다.

⑩ **Thanks to the eye-tracking computer**, your hands can be free.

→ 「thanks to+명사(구)」는 '~ 덕분에'의 의미이다.

⑫ For example, doctors **must perform** difficult jobs with their hands and **use** a computer at the same time.

→ must는 '~해야 한다'의 의미로, 〈의무〉를 나타내는 조동사이다. 뒤에 동사원형 perform과 use가 접속사 and로 병렬 연결되어 있다.

본책 • pp. 40-41

정답 1 ⑤ 2 ③ 3 ③ 4 socks and shoes prevent toes from receiving 5 ③ 6 doing creative things 7 identity 8 공항 보안 직원들이 귀 사진을 찍어 사람들의 정보에 맞춰 보는 것

문제 해설

1 ⑤ process: 과정

2 unique(고유의, 특유의)와 비슷한 의미의 단어는 ③ 'special(특별한)'이다.

각각의 눈송이는 모양과 무늬가 고유하다.

① 자유로운 ② 게으른 ④ 창의적인 ⑤ 걱정하는

3 빈칸 뒤에 손톱이 발톱보다 빨리 자라는 이유에 대해 언급되고 있으므로, 빈칸에는 ③ '손톱이 발톱보다 훨씬 빨리 자라는 이유는 무엇인가?'가 가장 알맞다.

① 왜 우리는 손에 손톱을 가지고 있는가?
② 여름에 손톱과 발톱이 더 빨리 자라는 이유는 무엇인가?
④ 발톱이 손톱보다 훨씬 빨리 자라는 이유는 무엇인가?
⑤ 손톱과 발톱이 같은 속도로 자라는 이유는 무엇인가?

4 '~가 …하는 것을 막다'의 의미인 「prevent+목적어+from+v-ing」를 이용한다.

5 창의적인 취미의 이점을 설명하는 내용 중에 '야외에서 시간을 보내고 친구와 사교 활동을 하는 것도 우리가 건강을 유지하는 데 도움이 될 수 있다.'는 내용의 (c)는 글의 흐름과 무관하다.

6 앞 문장의 'doing creative things(창의적인 일을 하는 것)'을 가리킨다.

7

어떤 사람이 누구인지에 관한 사실들

8 바로 앞 문장에서 공항 보안 직원이 사람들의 귀 사진을 찍어 그 사진과 정보를 비교해 본다고 언급했다.

Section 04 Origins

본책 • pp. 44-45

1

정답 1 ① 2 ⑤ 3 (1) T (2) F (3) F 4 samples, accidentally

문제 해설

1 티백이 발명된 과정에 관한 글이므로, 주제로는 ① '어떻게 티백이 발명되었는가'가 가장 알맞다.
② 과거에 누가 차를 즐겼는가 ③ 티백은 무엇으로 만들어졌는가
④ 우리가 뜨거운 물에 티백을 넣는 이유 ⑤ 사람들이 차를 마시기 시작한 시기

2 과거에 차를 한 잔씩 만들 수 없던 이유를 설명하는 내용이다. 앞서 언급된 과거에는 한 잔의 차를 만들 수 없었다는 내용 뒤에 차를 마시려면 주전자 가득 만들어야 했다는 내용의 (C), 이것(This)이 불편하고 낭비였다는 내용의 (B), 그러나 그 후 티백이 만들어졌다는 내용의 (A)로 이어지는 흐름이 가장 알맞다.

3 (1) 문장 ⑥, ⑦에 언급되어 있다.
(2) 문장 ⑧에서 Sullivan이 차의 견본품을 보내기를 원했다고 했다.
(3) 문장 ⑬에서 고객들은 더 많은 티백을 요구했다고 했다.

4 한 차 판매자가 차 견본품을 고객들에게 제공하기 위해 실크 봉지를 사용했는데, 그들 중 일부가 우연히 물에 그 티백을 넣었다.

본문 직독 직해

① In the past, / people couldn't make a single cup of tea. / ④ They had to make a whole pot. /
과거에 사람들은 단 한 잔의 차만을 만들 수는 없었다 그들은 주전자 가득 만들어야 했다
③ This was inconvenient / and created waste. / ② But / then / the tea bag was invented. /
이것은 불편했고 낭비를 만들었다 하지만 그 후 티백이 발명되었다
⑤ There are several stories / about who created it. / ⑥ Some people think / it was a man /
몇 가지 이야기가 있다 누가 그것을 만들었는지에 관한 어떤 사람들은 생각한다 그것이 남자였다고
named Thomas Sullivan. / ⑦ He sold tea / in New York. / ⑧ He wanted / to send customers
Thomas Sullivan이라는 이름을 가진 그는 차를 팔았다 뉴욕에서 그는 원했다 고객들에게 그의 차의
samples of his tea. / ⑨ So / he started / putting tea leaves in small silk bags. / ⑩ He expected
견본품을 보내기를 그래서 그는 시작했다 작은 실크 봉지에 찻잎을 넣는 것을 그는 그들을
them / to put only the tea leaves in boiling water. / ⑪ But / some of them accidentally put the
기대했다 끓는 물에 찻잎만 넣기를 그러나 그들 중 일부가 우연히 전체 봉지를 넣었다
whole bag in. / ⑫ They found / it convenient / for brewing tea. / ⑬ They asked for more tea
그들은 생각했다 그것이 편리하다고 차를 만드는 데에 그들은 더 많은 티백을 요구했다
bags. / ⑭ So / Sullivan started selling tea bags / in his shop. / ⑮ The way people make tea / was
그래서 Sullivan은 티백을 팔기 시작했다 그의 가게에서 사람들이 차를 만드는 방법은
changed / forever. /
바뀌었다 영원히

본문 해석

과거에 사람들은 단 한 잔의 차만을 만들 수는 없었다. (C) 그들은 주전자 가득 만들어야 했다. (B) 이것은 불편했고 낭비를 만들었다. (A) 하지만 그 후 티백이 발명되었다. 누가 그것을 만들었는지에 관한 몇 가지 이야기가 있다. 어떤 사람들은 그것이 Thomas Sullivan이라는 이름을 가진 남자였다고 생각한다. 그는 뉴욕에서 차를 팔았다. 그는 고객들에게 그의 차의 견본품을 보내기를 원했다. 그래서 그는 작은 실크 봉지에 찻잎을 넣기 시작했다. 그는 그들이 끓는 물에 찻잎만 넣기를 기대했다. 그러나 그들 중 일부가 우연히 전체 봉지를 넣었다. 그들은 그것이

차를 만드는 데 편리하다고 생각했다. 그들은 더 많은 티백을 요구했다. 그래서 Sullivan은 그의 가게에서 티백을 팔기 시작했다. 사람들이 차를 만드는 방법은 영원히 바뀌었다.

구문 해설

③ This **was** inconvenient and **created** waste.

→ 동사 was와 created는 접속사 and로 병렬 연결되어 있다.

④ They **had to make** a whole pot.

→ 「had to + 동사원형」은 「have to + 동사원형」의 과거형으로, '~해야 했다'의 의미이다.

⑤ **There are several stories** about [who created it].

→ 「there + are + 복수 명사」는 '~들이 있다'의 의미이다. (*cf.* there is + 단수 명사: ~가 있다)

→ [ ]는 간접의문문으로, 「의문사 + 주어 + 동사」의 어순으로 쓰며 여기서는 who가 의문사이자 주어 역할을 한다.

⑥ Some people think [(**that**) it was a man {*named* Thomas Sullivan}].

→ [ ]는 동사 think의 목적어 역할을 하는 명사절로, 접속사 that이 생략되었다.

→ { }는 a man을 수식하는 과거분사구이다.

⑩ He **expected them to put** only the tea leaves in boiling water.

→ 「expect + 목적어 + to-v」는 '~가 …하리라고 기대하다'의 의미이다.

⑫ They **found it convenient** *for brewing tea*.

→ 「find + 목적어 + 형용사」는 '~가 …하다고 생각하다'의 의미이다.

→ brewing tea는 전치사 for의 목적어 역할을 하는 동명사구이다.

⑮ **The way** [(~~how~~) people make tea] *was changed* forever.

→ [ ]는 선행사 the way를 수식하는 관계부사절이다. 선행사 the way와 관계부사 how는 함께 쓸 수 없다.

→ was changed는 '바뀌었다'의 의미로, 「be + p.p.」의 수동태이다.

본책 • pp. 46-47

정답 1 ① 2 ⑤ 3 their old hats 4 graduated, tradition

문제 해설

1 졸업식에서 모자를 허공에 던지는 전통의 유래에 관한 글이므로, 제목으로는 ① '졸업식 전통의 기원'이 가장 알맞다.

② 신입 졸업생들이 직면한 문제들 ③ 해군 장교들이 쓰는 특별한 모자

④ 졸업생들이 네모난 모자를 쓰는 이유 ⑤ 미국에서의 첫 졸업식

2 해군 사관 학교의 모자를 설명하는 내용 중에, 실내에서 모자를 쓰는 것은 무례한 것으로 여겨진다는 내용의 (e)는 글의 흐름과 무관하다.

3 문장 ⑦에 언급되어 있다.

4

보기	전통	던졌다	졸업했다	습관

미국 해군 사관학교 학생들은 졸업한 후 그들의 예전의 모자가 필요 없어서 그들은 그것들을 공중에 던지며 전통을 시작했다.

본문 직독 직해

① There is an interesting tradition / at some graduation ceremonies. / ② Many of the
흥미로운 전통이 있다 몇몇 졸업식에는 많은
graduates throw their graduation caps / high / into the air. / ③ So / how did this tradition
졸업생이 졸업 모자를 던진다 높이 허공에 그렇다면 이 전통은 어떻게
begin? /
시작되었을까

④ The first graduation cap toss took place / at the U.S. Naval Academy / in the early 1900s. /
최초의 졸업 모자 던지기는 일어났다 미국 해군 사관학교에서 1900년대 초에
⑤ Students at the school wore a special hat. / ⑥ Once they graduated, / however, / they had to
그 학교의 학생들은 특별한 모자를 썼다 일단 그들이 졸업을 하면 그러나 그들은
wear different hats / to show their new position / as officers. / ⑦ They no longer needed their
다른 모자를 써야 했다 그들의 새로운 지위를 보여주기 위해 장교로서 그들은 더 이상 예전의 모자가 필요하지
old hats. / (⑧ It is considered impolite / to wear hats indoors. /) ⑨ So / they threw them into
않았다 무례한 것으로 여겨진다 실내에서 모자를 쓰는 것은 그래서 그들은 그것들을 허공에
the air / before they received their new officer hats. / ⑩ Over time, / this fun tradition spread /
던졌다 그들이 새로운 장교 모자를 받기 전에 시간이 흐르면서 이 재미있는 전통은 퍼졌다
to other schools. / ⑪ Today, / you can see caps tossed / at graduation ceremonies / all around
다른 학교들로 오늘날 당신은 모자가 던져지는 것을 볼 수 있다 졸업식에서
the world. /
전 세계의

본문 해석

몇몇 졸업식에는 흥미로운 전통이 있다. 많은 졸업생이 졸업 모자를 허공에 높이 던진다. 그렇다면, 이 전통은 어떻게 시작되었을까?

최초의 졸업 모자 던지기는 1900년대 초에 미국 해군 사관학교에서 일어났다. 그 학교의 학생들은 특별한 모자를 썼다. 그러나 일단 그들이 졸업을 하면, 그들은 장교로서 그들의 새로운 지위를 보여주기 위해 다른 모자를 써야 했다. 그들은 더 이상 예전의 모자가 필요하지 않았다. (실내에서 모자를 쓰는 것은 무례한 것으로 여겨진다.) 그래서 그들은 그들이 새로운 장교 모자를 받기 전에 그것들을 허공에 던졌다. 시간이 흐르면서, 이 재미있는 전통은 다른 학교들로 퍼졌다. 오늘날, 당신은 전 세계의 졸업식에서 모자가 던져지는 것을 볼 수 있다.

구문 해설

⑤ Students [at the school] wore a special hat.
→ [ ]는 Students를 수식하는 전치사구이다.

⑥ **Once** they graduated, however, they *had to wear* different hats to show their new position as officers.
→ once는 '일단 ~하면'의 의미로, 〈조건〉을 나타내는 접속사이다.
→ 「had to + 동사원형」은 「have to + 동사원형」의 과거형으로, '~해야 했다'의 의미이다.
→ to show는 '보여주기 위해'라는 의미로, 〈목적〉을 나타내는 부사적 용법의 to부정사이다.

⑧ *It is considered impolite* **to wear hats indoors.**
→ It은 가주어 to wear hats indoors가 진주어이다.
→ 「A be considered B」는 「consider A B(A를 B라고 여기다)」의 수동태 표현으로, 'A는 B라고 여겨진다'라는 의미이다. It(= to wear hats indoors)이 A, impolite가 B에 해당한다.

⑪ Today, you can **see caps tossed** at graduation ceremonies all around the world.
→ 「see+목적어+p.p.」는 '~가 …되는 것을 보다'의 의미이다. 목적어와 목적격 보어가 수동의 관계일 때 목적격 보어는 과거분사로 쓴다.

본책 • pp. 48-49

3

정답 1 ④ 2 ④ 3 ⑤ 4 ③

문제 해설

1 염소들이 우연히 커피콩이 들어 있는 열매를 먹고 벌어진 일이 계기가 되어 커피콩을 볶기 시작한 이야기에 관한 글이다. 따라서 제목으로는 ④ '사람들은 어떻게 커피콩을 볶기 시작했는가'가 가장 알맞다.
① 커피콩을 재배하는 방법 ② 커피를 마시는 것의 효과
③ 커피: 양치기들이 매우 좋아하는 음료 ⑤ 왜 에티오피아의 커피콩이 최고인가

2 앞 문장에서 열매를 먹은 염소들이 뛰어다니고 펄쩍펄쩍 뛰기 시작했다고 했으므로, 빈칸에는 ④ '흥분된'이 가장 알맞다.
① 슬픈 ② 피곤한 ③ 지루해하는 ⑤ 건강한

3 수도사들이 빨간 열매를 악마에게서 온 것으로 생각했다고 했으므로 그것들을 불 속으로 던졌다는 내용의 (C), 열매 안의 커피콩이 타기 시작하면서 좋은 냄새가 났다는 내용의 (B), 수도사들이 탄 커피콩을 이용해서 검은색 음료(커피)를 만들었다는 내용의 (A)로 이어지는 흐름이 가장 자연스럽다.

4 ③: 문장 ⑦에 언급되어 있다.
①: 문장 ④에서 염소들이 이상한 관목에 달린 빨간 열매를 먹었다고 했다.
②: 문장 ④-⑦을 통해 양치기가 수도사에게 말한 것은 염소가 빨간 열매를 먹은 일화임을 알 수 있다.
④: 문장 ⑧에서 수도사들이 태운 열매로 음료를 만들었다고 했다.
⑤: 문장 ⑨에서 빨간 열매를 태울 때 냄새가 좋았다고 했다.

본문 직독 직해

① Coffee is popular / all around the world. / ② But / why did people begin / roasting coffee beans? / ③ No one is sure, / but / here is one story / from Ethiopia. /
커피는 인기가 있다 / 전 세계에서 / 그런데 / 왜 사람들은 시작했을까 / 커피콩을 볶기 / 아무도 확신하지 못한다 / 하지만 / 여기에 한 이야기가 있다 / 에티오피아에서 유래한

④ One day, / a shepherd's goats / ate some red berries / from a strange bush. / ⑤ Later, / they began / to run around / and / jump up and down. / ⑥ This was because / the seeds of the berries / were coffee beans, / and / the caffeine inside them / made the goats excited. / ⑦ When the shepherd told / some monks / the story, / they thought / that the berries came / from the devil. / ⑩ They threw the berries / into a fire. / ⑨ But / when the coffee beans / inside the berries / began to burn, / the smell was wonderful. / ⑧ So, / the monks
어느 날 / 한 양치기의 염소들이 / 어떤 빨간 열매들을 먹었다 / 이상한 관목에 달린 / 나중에 / 그것들은 시작했다 / 뛰어다니기 / 그리고 / 펄쩍펄쩍 뛰기 / 이것은 ~ 때문이었다 / 열매들의 씨앗들이 / 커피콩들이었다 / 그리고 / 그것들 안에 있는 카페인이 / 염소들을 흥분되게 만들었다 / 양치기가 말했을 때 / 몇몇 수도사들에게 / 그 이야기를 / 그들은 생각했다 / 그 열매들이 왔다고 / 악마에게서 / 그들은 그 열매들을 던졌다 / 불 속으로 / 그러나 / 커피콩들이 / 열매들 안의 / 타기 시작했을 때 / 냄새가 정말 좋았다 / 그래서 / 그 수도사들은

made a black drink / from the burned beans. / ⑪ Since then, / people have enjoyed /
검은색 음료를 만들었다 / 탄 콩들로 / 그때 이후로 / 사람들은 즐겨 왔다

drinking coffee. /
커피를 마시는 것을

본문 해석

커피는 전 세계에서 인기가 있다. 그런데 왜 사람들은 커피콩을 볶기 시작했을까? 아무도 확신하지 못하지만, 여기에 에티오피아에서 유래한 한 이야기가 있다.

어느 날, 한 양치기의 염소들이 이상한 관목에 달린 어떤 빨간 열매들을 먹었다. 나중에, 그것들은 뛰어다니고 펄쩍펄쩍 뛰기 시작했다. 이것은 그 열매들의 씨앗들이 커피콩들이었고, 그것들 안에 있는 카페인이 염소들을 흥분되게 만들었기 때문이었다. 양치기가 몇몇 수도사들에게 그 이야기를 말했을 때, 그들은 그 열매들이 악마에게서 왔다고 생각했다. (C) 그들은 그 열매들을 불 속으로 던졌다. (B) 그러나 열매들 안의 커피콩들이 타기 시작했을 때, 냄새가 정말 좋았다. (A) 그래서, 그 수도사들은 탄 콩들로 검은색 음료를 만들었다. 그때 이후로, 사람들은 커피 마시는 것을 즐겨 왔다.

구문 해설

③ **No one** is sure, but *here is* one story from Ethiopia.
→ no one은 '아무도 ~ 않다'의 의미이다.
→ 「here is + 단수 명사」는 '여기에 ~가 있다'의 의미이다.

⑥ **This was because** the seeds *of the berries* were coffee beans, and the caffeine *inside them* made the goats excited.
→ this was because ~는 '이것은 ~ 때문이었다'의 의미이다.
→ of the berries와 inside them은 각각 앞의 명사 the seeds와 the caffeine을 수식하는 전치사구이다.
→ 「make + 목적어 + 형용사」는 '~을 …하게 만들다'의 의미이다.

⑦ When the shepherd **told some monks the story**, they thought [*that* the berries came from the devil].
→ 「tell A B」는 'A에게 B를 말하다'의 의미로, some monks가 A, the story가 B에 해당한다.
→ that은 명사절을 이끄는 접속사로, [ ]는 동사 thought의 목적어 역할을 한다.

⑧ So, the monks made a black drink from the **burned** beans.
→ burned는 뒤의 명사 beans를 수식하는 과거분사로, '탄, 타버린'의 의미이다.

⑪ Since then, people **have *enjoyed*** *drinking* coffee.
→ have enjoyed는 「have[has] + p.p.」의 현재완료 시제로, 과거부터 현재까지 계속해서 일어난 일을 나타낸다.
→ 「enjoy + v-ing」는 '~하는 것을 즐기다'의 의미이다.

본책 • pp. 50-51

정답 1 ④ 2 ⑤ 3 전쟁터에서 그의 군인들과 몰래 연락하는 것 4 COME TO ROME

문제 해설

1 각 글자 대신에 알파벳에서 세 자리 뒤의 글자를 썼다고 했으므로, 빈칸에는 ④ '알파벳의 글자들을 바꿨다'가 가장 알맞다.
① 새로운 글자들을 만들어 냈다 ② 수화를 사용했다

③ 비밀 장소를 발견했다 ⑤ 전쟁터에 비밀 병사를 보냈다

2 빈칸 뒤에서 시저 암호의 알파벳이 어떻게 바뀌는지 예를 들어 설명하고 있으므로, 빈칸에는 ⑤ '예를 들어'가 가장 알맞다.

① 대신에 ② 요약하면 ③ 하지만 ④ 게다가

3 문장 ②에 언급되어 있다.

4 시저 암호의 원리는 각각의 글자 대신에 알파벳에서 그 글자의 세 자리 뒤에 오는 글자를 쓰는 것이라고 했으므로, 암호의 각 글자의 세 자리 앞에 있는 알파벳을 쓰면 'COME TO ROME'이 된다.

본문 직독 직해

① Julius Caesar, / the famous Roman leader, / often fought wars. / ② He had to secretly
줄리어스 시저는 / 유명한 로마의 지도자인 / 자주 전쟁을 했다 / 그는 몰래

communicate / with his soldiers / on the battlefield. / ③ He had his own way / of doing this. /
연락해야 했다 / 그의 군인들과 / 전쟁터에서 / 그는 자신만의 방법을 갖고 있었다 / 이것을 하는

④ He invented a code / called the "Caesar cipher." / ⑤ It was simple. / ⑥ He just changed / the letters of the alphabet! /
그는 암호를 발명했다 / '시저 암호'라고 불리는 / 그것은 단순했다 / 그는 그저 바꿨다 / 알파벳의 글자들을

⑦ For each letter, / he wrote the letter / that came three spots later / in the alphabet. /
각각의 글자 대신에 / 그는 글자를 썼다 / 세 자리 뒤에 오는 / 알파벳에서

⑧ For example, / the letter *A* became *D*. / ⑨ The letter *D* became *G*. / ⑩ Toward the end / of
예를 들어 / 글자 A는 D가 되었다 / 글자 D는 G가 되었다 / 끝 쪽으로 가면

the alphabet, / the code had to start over. / ⑪ So / *X*, *Y*, and *Z* / became *A*, *B*, and *C*. /
알파벳의 / 암호는 다시 시작해야 했다 / 따라서 / X, Y, Z는 / A, B, C가 되었다

⑫ Caesar and his soldiers / used this system / to safely exchange messages / about their
시저와 그의 군인들은 / 이 체계를 사용했다 / 메시지를 안전하게 주고받기 위해 / 그들의

strategy. / ⑬ In the end, / this clever idea / helped / them win many wars. /
전략에 관한 / 결국 / 이 영리한 아이디어는 / 도왔다 / 그들이 많은 전쟁에서 승리하도록

본문 해석

유명한 로마의 지도자인 줄리어스 시저는 자주 전쟁을 했다. 그는 전쟁터에서 그의 군인들과 몰래 연락해야 했다. 그는 이것을 하는 자신만의 방법을 가지고 있었다. 그는 '시저 암호'라고 불리는 암호를 발명했다. 그것은 단순했다. 그는 그저 알파벳의 글자들을 바꿨다!

각각의 글자 대신에, 그는 알파벳에서 세 자리 뒤에 오는 글자를 썼다. 예를 들어, 글자 A는 D가 되었다. 글자 D는 G가 되었다. 알파벳의 끝 쪽으로 가면, 암호는 다시 시작해야 했다. 따라서 X, Y, Z는 A, B, C가 되었다.

시저와 그의 군인들은 그들의 전략에 관한 메시지를 안전하게 주고받기 위해 이 체계를 사용했다. 결국, 이 영리한 아이디어는 그들이 많은 전쟁에서 승리하는 것을 도왔다.

구문 해설

① **Julius Caesar, the famous Roman leader**, often fought wars.

→ Julius Caesar와 the famous Roman leader는 동격 관계이다.

② He **had to** secretly **communicate** with his soldiers on the battlefield.

→ 「had to + 동사원형」은 「have to + 동사원형」의 과거형으로, '~해야 했다'의 의미이다.

③ He had his own way of **doing** this.

→ doing은 전치사 of의 목적어 역할을 하는 동명사이다.

⑦ **For** each letter, he wrote *the letter* [*that* came three spots later in the alphabet].

→ for는 '(교환의 대상) ~에 대해, ~ 대신에'의 의미인 전치사이다.

→ [ ]는 선행사 the letter를 수식하는 주격 관계대명사절이다.

⑫ Caesar and his soldiers used this system **to** safely **exchange** messages about their strategy.

→ to exchange는 '주고받기 위해'의 의미로, 〈목적〉을 나타내는 부사적 용법의 to부정사이다.

⑬ In the end, this clever idea **helped them win** many wars.

→ 「help+목적어+동사원형[to-v]」은 '~가 …하는 것을 돕다'의 의미이다.

본책 • pp. 52-53

정답 1 ② 2 ① 3 ④ 4 accidentally 5 There is an interesting tradition at some graduation ceremonies. 6 ④ 7 ⑤ 8 빨간 열매의 씨앗이 커피콩이었고, 그 안의 카페인이 염소들을 흥분되게 만들어서

문제 해설

1 ② exchange: 교환하다, 주고받다

2 discovered(발견했다)와 비슷한 의미의 단어는 ① 'found(발견했다)'이다.

등산 중에 우리는 숨겨진 폭포를 발견했다.

② 싸웠다 ③ 볶았다 ④ 태웠다 ⑤ 던졌다

3 빈칸 앞에 티백에 담긴 차가 어떻게 발명되었는지에 대해 언급되고 있으므로, 빈칸에는 ④ '사람들이 차를 만드는 방법'이 가장 알맞다.
① 차의 맛 ② 차의 가격 ③ 찻잎이 수확되는 방법 ⑤ 차를 위해 물을 끓이는 시간

4 '어떤 일이 의도되거나 계획되지 않고 일어나는 방식으로'라는 의미의 단어는 'accidentally(우연히)'이다.

5 문장 맨 앞에는 '~이 있다'의 의미인 「there is+단수 명사」를 이용한다. 장소를 나타내는 표현인 at some graduation ceremonies는 문장 뒤에 쓴다.

6 미국 해군 사관학교 학생들은 특별한 모자를 썼었다는 내용 다음에, 그러나 졸업 후에는 다른 모자를 써야 했다는 (C)가 이어지고, 예전 모자는 더 이상 필요가 없었다는 (A)가 나온 다음, 그래서 새로운 모자를 받기 전에 이전 모자를 공중에 던지게 되었다는 (B)로 이어지는 것이 자연스럽다.

7 밑줄 친 roasting은 '볶는 것'이라는 의미의 동명사로 쓰였고, ⑤의 cleaning 역시 '청소하는 것'이라는 의미의 동명사로 쓰였다. 나머지는 현재 진행형의 현재분사이다.

8 빨간 열매를 먹은 염소들이 펄쩍펄쩍 뛴 이유는 빨간 열매의 씨앗이 커피콩이었고, 그 안의 카페인이 이 염소들을 흥분되게 만들었기 때문이다.

Section
05 Art

본책 • pp. 56-57

1

정답 1 ③ 2 ④ 3 (1) F (2) T (3) T 4 올림픽 규정에는 아마추어만 참가할 수 있다고 명시되어 있는데, 참가한 예술가들의 대부분은 전문가들이었기 때문에

문제 해설

1 과거 올림픽에는 예술 부문 경연이 있었다는 내용의 글이므로, 제목으로는 ③ '올림픽 대회에서 예술의 역사'가 가장 알맞다.
① 예술이 올림픽에 복귀해야 하는 이유
② 근대 올림픽 대회의 창시자
④ 올림픽의 규칙은 바뀌어야 할까?
⑤ 전문가들이 올림픽 대회를 장악한 방법

2 문장 ④에서 올림픽은 문학, 음악, 회화, 조각, 건축 부문이 있었다고 했다.

3 (1) 문장 ③에서 올림픽의 창시자는 올림픽이 몸과 마음에 관한 것이기를 원했다고 했다.
(2) 문장 ⑤에 언급되어 있다.
(3) 문장 ⑥에 언급되어 있다.

4 문장 ⑨-⑪에 언급되어 있다.

본문 직독 직해

① In past Olympics, / both athletes and artists won medals! / ② The founder of the modern
과거의 올림픽에서는 운동선수들과 예술가들 모두 메달을 땄다 현대 올림픽 대회의
Olympic Games was Pierre de Coubertin. / ③ He wanted them / to be about the body and
창시자는 Pierre de Coubertin이었다 그는 그것들을 원했다 몸과 마음에 관한 것이기를
the mind. / ④ So / the early Olympics had competitions / for literature, music, painting,
그래서 초기 올림픽에는 경연이 있었다 문학, 음악, 회화,
sculpture, and architecture. / ⑤ To participate, / artists just needed / to submit new works /
조각, 건축 부문의 참가하기 위해서 예술가들은 단지 해야 했다 새로운 작품들을 제출하기만
that had not been seen / by the public. / ⑥ Over time, / more and more artists participated. /
보여지지 않았던 대중들에게 시간이 지나면서 점점 더 많은 예술가들이 참가했다
⑦ The 1928 Olympics had more than 1,000 entries / in the painting and sculpture categories. /
1928년 올림픽에는 1,000개 이상의 출품작이 있었다 회화와 조각 부문에서
⑧ The last Olympics with art competitions were / in 1948. / ⑨ At the time, / the rules
예술 대회가 있는 마지막 올림픽은 있었다 1948년에 그 당시
of the Olympics stated / that only amateurs could participate. / ⑩ However, / most of the
올림픽의 규정은 명시했다 아마추어들만 참가할 수 있다고 하지만 참가한
participating artists were professionals. / ⑪ For this reason, / the art competitions were
예술가들의 대부분은 전문가들이었다 이러한 이유로 예술 대회는 제외되었다
removed. /

본문 해석

과거의 올림픽에서는, 운동선수들과 예술가들 모두 메달을 땄다! 현대 올림픽 대회의 창시자는 Pierre de Coubertin이었다. 그는 그것들이 몸과 마음에 관한 것이기를 원했다. 그래서 초기 올림픽에는 문학, 음악, 회화, 조각, 건축 부문의 경연이 있었다. 참가하기 위해서 예술가들은 대중들이 보지 못했던 새로운 작품들을 제출하기만 하면 되었다. 시간이 지나면서, 점점 더 많은 예술가들이 참가했다. 1928년 올림픽에는 회화와 조각 부문에서 1,000개 이상의 출품작이 있었다.

예술 대회가 있는 마지막 올림픽은 1948년이었다. 그 당시, 올림픽의 규정은 아마추어들만 참가할 수 있다고 명시했다. 하지만 참가한 예술가들의 대부분은 전문가들이었다. 이러한 이유로 예술 대회는 제외되었다.

구문 해설

① In past Olympics, **both** athletes **and** artists won medals!
→ 「both A and B」는 'A와 B 둘 다'의 의미이다.

③ He **wanted** them **to be** about the body and the mind.
→ 「want+목적어+to-v」는 '~가 …하기를 원하다'의 의미이다.

⑤ **To participate**, artists just needed to submit *new works* [*that* had not been seen by the public].
→ To participate는 '참가하기 위해'의 의미로, 〈목적〉을 나타내는 부사적 용법의 to부정사이다.
→ [ ]는 선행사 new works를 수식하는 주격 관계대명사절이다.
→ had not been seen은 「had been+p.p.」 형태의 과거완료 수동태로, '보이지 않았다'의 의미이다. 특정 과거 시점(needed)보다 먼저 일어난 일을 나타내기 위해 과거완료 시제를 썼다.

⑨ At the time, the rules [of the Olympics] stated [**that** only amateurs could participate].
→ 첫 번째 [ ]는 the rules를 수식하는 전치사구이다.
→ that은 명사절을 이끄는 접속사로, 두 번째 [ ]는 동사 stated의 목적어 역할을 한다.

⑩ However, **most of the participating artists were** professionals.
→ 「most of+명사」는 of 뒤에 오는 명사에 수를 일치시킨다. 여기서는 복수 명사 the participating artists가 왔으므로 복수형 동사인 were가 쓰였다.

본책 • pp. 58-59

2

정답 1 ④ 2 ② 3 ⑤ 4 미쳐 날뛰게 된다

문제 해설

1 이탈리아의 민속춤인 타란텔라는 원래 타란툴라 거미에 물렸을 때 치료하기 위한 목적으로 만들어 졌다는 유래에 관한 내용의 글이므로, 제목으로는 ④ '거미 춤: 타란텔라의 초창기'가 가장 알맞다.
① 타란텔라 춤추는 법
② 거미를 쫓기 위해 춤추기
③ 이탈리아 남부의 춤 유행
⑤ 왜 타란텔라가 인기를 유지해 왔을까?

2 타란툴라에 대한 설명과 과거 사람들이 타란툴라에 대해 잘 알지 못했다는 내용 중에, 어떤 사람들은 동물들의 생김새 때문에 그들을 두려워한다는 내용의 (b)는 글의 흐름과 무관하다.

3 빈칸 앞에 타란툴라 거미에게 물렸을 때 춤을 춰서 치료하려고 했다는 설명이 나오므로, 빈칸에는 타란텔라 춤이 단순히 재미를 위한 것이 아니라 ⑤ '거미에게 물린 상처의 치료법'이었다는 것이 가장 알맞다.
① 일상적인 운동 ② 사교 활동 ③ 전통극 ④ 기침 치료법

4 문장 ⑨에 언급되어 있다.

본문 직독 직해

① The tarantella is a folk dance / from southern Italy. / ② Dancers perform it / by stepping
타란텔라는 민속 춤이다 이탈리아 남부에서 온 춤을 추는 사람들은 춤을 춘다
quickly. / ③ There is an interesting story / behind the dance. /
빠르게 스텝을 밟으며 흥미로운 이야기가 있다 그 춤 뒤에는

④ The tarantella comes / from the city of Taranto. / ⑤ Long ago, / the area was home /
타란텔라는 왔다 Taranto라는 도시에서 오래전에 그 지역은 서식지였다
to wolf spiders / called tarantulas. / ⑥ They are very big and hairy. / (⑦ Some people / fear
늑대 거미의 타란툴라라 불리는 그들은 매우 크고 털이 많다 어떤 사람들은
animals / because of how they look. /) ⑧ At the time, / people didn't know much / about
동물들을 두려워한다 그들이 어떻게 보이는지 때문에 그 당시에 사람들은 많이 알지 못했다
tarantulas. / ⑨ They thought / a bite from a tarantula made people go wild. / ⑩ But there was
타란툴라에 대해 그들은 생각했다 타란툴라에 물린 상처가 사람들을 미쳐 날뛰게 만든다고 그러나
a belief / about the cure. / ⑪ They believed / victims would return / to normal / if they danced
믿음이 있었다 치료법에 대한 그들은 믿었다 희생자들이 돌아올 수 있다고 정상으로 빠르게 춤을 추면
fast. / ⑫ Now, / we see / that this dance was not originally for fun. / ⑬ It was just a cure for
이제 우리는 알게 되었다 이 춤이 원래 재미를 위한 것이 아니라는 것을 그것은 단지 거미에게 물린
spider bites! /
상처의 치료법이었다

본문 해석

타란텔라는 이탈리아 남부에서 온 민속춤이다. 춤을 추는 사람들은 빠르게 스텝을 밟으며 춤을 춘다. 그 춤 뒤에는 흥미로운 이야기가 있다.

타란텔라는 Taranto라는 도시에서 왔다. 오래전에, 그 지역은 타란툴라라 불리는 늑대거미의 서식지였다. 그들은 매우 크고 털이 많다. (어떤 사람들은 동물들의 생김새 때문에 그들을 두려워한다.) 그 당시, 사람들은 타란툴라에 대해 많이 알지 못했다. 그들은 타란툴라에 물린 상처가 사람들을 미쳐 날뛰게 만든다고 생각했다. 그러나 치료법에 대한 믿음이 있었다. 그들은 그 희생자들이 빠르게 춤을 추면 정상으로 돌아올 수 있다고 믿었다. 이제 우리는 이 춤이 원래 재미를 위한 것이 아니라는 것을 알게 되었다. 그것은 단지 거미에게 물린 상처의 치료법이었다!

구문 해설

② Dancers perform it **by stepping** quickly.
→ 「by+v-ing」는 '~함으로써'의 의미로 〈방법〉을 나타낸다.

⑤ Long ago, the area was home to wolf spiders [**called** tarantulas].
→ [ ]는 wolf spiders를 수식하는 과거분사구이다.

⑦ Some people fear spiders because of [how they look].
→ [ ]는 관계부사절로, how는 '~하는 방법[방식]'의 의미이다. 방법을 나타내는 선행사 the way와 관계부사 how는 같이 쓸 수 없으므로, 둘 중 하나는 반드시 생략한다.

⑨ They thought [(**that**) a bite {from a tarantula} made people go wild].
→ [ ]는 동사 thought의 목적어 역할을 하는 명사절로, 접속사 that이 생략되었다.
→ { }는 a bite를 수식하는 전치사구이다.
→ 「make+목적어+동사원형」은 '~가 …하게 만들다'의 의미이다.

정답 1 ③ 2 ⑤ 3 같은 장소(빵집 근처 광장)에서 22일 동안 첼로를 연주한 것 4 ④

문제 해설

1 '하지만 이 비극은 아름다운 어떤 것을 가져왔다'는 내용의 주어진 문장은 전쟁 중 폭격으로 빵집에 있던 사람들이 죽었다는 내용과 폭격 다음 날부터 Smailovic이 그 빵집 근처 광장에서 첼로 연주를 했다는 내용 사이인 ③에 오는 것이 가장 알맞다.

2 전쟁 중 폭격으로 사람들이 죽는 비극적인 일이 일어났지만, Smailovic의 첼로 연주가 사람들에게 위로가 되었다고 했으므로, 글의 분위기 변화로는 ⑤ '비극적인 → 감동적인'이 가장 알맞다.

3 바로 앞 문장의 내용을 의미한다.

4 전쟁으로 인한 폭격의 희생자들을 기억하기 위한 Smailovic의 연주가 보스니아 사람들을 위로했다고 했으므로, 빈칸에는 ④ '평화의 상징'이 가장 알맞다.
① 전쟁 영웅 ② 비극의 예술가
③ 유명한 제빵사 ⑤ 보스니아에서 가장 부유한 첼로 연주자

본문 직독 직해

① In 1992, / there was a terrible war / in Bosnia. / ② One day, / a bomb blew up / in
1992년에 끔찍한 전쟁이 있었다 보스니아에서 어느 날 폭탄이 터졌다
Sarajevo. / ③ It killed 22 people / in a bakery. / But / this tragedy brought / something
사라예보에서 그것은 22명의 사람들을 죽였다 빵집 안의 하지만 이 비극은 가져왔다 아름다운 어떤
beautiful. /
것을

④ The day after the bombing, / a cellist, / Vedran Smailovic, / went to the square /
폭격 다음 날 첼로 연주자인 Vedran Smailovic은 광장으로 갔다
near the bakery. / ⑤ He was wearing / a black suit and a white shirt. / ⑥ He started / playing
그 빵집 근처의 그는 입고 있었다 검은색 정장과 흰색 셔츠를 그는 시작했다
his cello. / ⑦ He played / in the same place / for 22 days. / ⑧ He did this / to remember / each
그의 첼로를 연주하기 그는 연주했다 같은 장소에서 22일 동안 그는 이것을 했다 기억하기 위해
of the 22 dead people. / ⑨ Every day, / people gathered / to listen to the music. / ⑩ Smailovic's
22명의 죽은 사람들 각각을 매일 사람들은 모였다 음악을 듣기 위해 Smailovic의
music comforted Bosnians, / and / he became a symbol of peace. /
음악은 보스니아 사람들을 위로했다 그리고 그는 평화의 상징이 되었다

본문 해석

1992년에, 보스니아에서 끔찍한 전쟁이 있었다. 어느 날, 사라예보에서 폭탄이 터졌다. 그것은 빵집 안에 있던 22명의 사람들을 죽였다. 하지만 이 비극은 아름다운 어떤 것을 가져왔다.

폭격 다음 날, 첼로 연주자인 Vedran Smailovic은 그 빵집 근처의 광장으로 갔다. 그는 검은색 정장과 흰색 셔츠를 입고 있었다. 그는 그의 첼로를 연주하기 시작했다. 그는 같은 장소에서 22일 동안 연주했다. 그는 22명의 죽은 사람들 각각을 기억하기 위해 이것을 했다. 매일, 사람들은 음악을 듣기 위해 모였다. Smailovic의 음악은 보스니아 사람들을 위로했고, 그는 평화의 상징이 되었다.

구문 해설

㉠ But this tragedy brought **something beautiful**.
→ -thing으로 끝나는 대명사는 형용사가 뒤에서 수식한다.

④ The day after the bombing, **a cellist**, **Vedran Smailovic**, went to the square near the bakery.
→ a cellist와 Vedran Smailovic은 동격 관계이다.

⑤ He **was wearing** a black suit and a white shirt.
→ was wearing은 '입고 있었다'의 의미로, 「be동사의 과거형+v-ing」의 과거진행형이다.

⑥ He **started playing** his cello.
→ 「start+v-ing[to-v]」는 '~하기 시작하다'의 의미이다.

⑧ He did this **to remember** each of the 22 dead people.
→ to remember는 '기억하기 위해'의 의미로, 〈목적〉을 나타내는 부사적 용법의 to부정사이다.

⑨ Every day, people gathered **to listen** to the music.
→ to listen은 '듣기 위해'의 의미로, 〈목적〉을 나타내는 부사적 용법의 to부정사이다.

본책 • pp. 62-63

정답 1 ⑤ 2 ② 3 ⑤ 4 pronounce

문제 해설

1 빈센트 반 고흐의 특별한 서명 방식과 그렇게 한 이유에 대해 설명한 글이므로, 주제로는 ⑤ '빈센트 반 고흐의 독특한 서명'이 가장 알맞다.
① 자신의 이름을 좋아한 예술가 ② 빈센트 반 고흐가 사랑한 그림
③ 네덜란드 역사에서 가장 유명한 예술가 ④ 그림에서 서명의 중요성

2 문장 ⑥-⑧에 언급되어 있다.

3 빈센트 반 고흐가 자신이 만족한 작품에만 그 구석에 서명을 했다는 문장 ⑪의 내용과, 그의 작품 〈해바라기〉에서는 중앙에 있는 꽃병에 서명을 했다는 문장 ⑫로 미루어 보아, 빈칸에는 ⑤ '그 그림에 대한 그의 특별한 사랑과 자부심'이 가장 알맞다.
① 그의 미적 감각 ② 그의 그림 그리는 습관
③ 유명한 화가가 되려는 그의 꿈 ④ 그의 이름을 서명하는 것에 대한 그의 대단한 사랑[애착]

4 '글자들이나 단어들의 소리를 말하다'라는 의미를 가진 단어는 pronounce(발음하다)이다.

본문 직독 직해

① Vincent van Gogh / is one of the most famous artists / in the world. / ② His signature
빈센트 반 고흐는 / 가장 유명한 예술가들 중 한 명이다 / 세계에서 / 그의 서명은

is special, / too. / ③ He never signed / his full name. / ④ Instead, / he signed "Vincent." /
특별하다 / 또한 / 그는 절대 서명하지 않았다 / 그의 이름 전체를 / 대신에 / 그는 '빈센트'라고 서명했다

⑤ No one is sure / why he did this. / ⑥ However, / some people think / it was because /
아무도 확실히 알지 못한다 / 왜 그가 이것을 했는지 / 그러나 / 어떤 사람들은 생각한다 / 그것은 ~ 때문이었다

his last name was hard / to pronounce. / ⑦ People sometimes said / "Van Goff"
그의 성이 어렵기 / 발음하기에 / 사람들은 때때로 말했다 / "반 고프"

or "Van Go." / ⑧ These are different from / the Dutch pronunciation. / ⑨ So he just signed /
또는 "반 고"라고 이것들은 ~와 다르다 네덜란드어 발음 그래서 그는 단지 서명했다

his common first name. / ⑩ Plus, / he did not sign / every painting. / ⑪ He signed his name /
그의 흔한 이름을 게다가 그는 서명하지는 않았다 모든 그림에 그는 그의 이름을 서명했다

in the corner of a painting / only if he was satisfied with it. / ⑫ Interestingly, / for his painting
그림의 구석에 그가 그것에 만족해야만 흥미롭게도 그의 그림

Sunflowers, / he signed the flower vase / in the center. / ⑬ This shows us / his special love and
〈해바라기〉에서 그는 꽃병에 서명했다 중앙에 있는 이것은 우리에게 보여준다 그의 특별한 사랑과

pride / for the painting. /
자부심을 그 그림에 대한

본문 해석

빈센트 반 고흐는 세계에서 가장 유명한 예술가들 중 한 명이다. 그의 서명 또한 특별하다. 그는 절대 그의 이름 전체를 서명하지 않았다. 대신에, 그는 '빈센트'라고 서명했다. 아무도 왜 그가 이것('빈센트'라고 서명하는 것)을 했는지 확실히 알지 못한다. 그러나 어떤 사람들은 그것이 그의 성이 발음하기에 어려웠기 때문이었다고 생각한다. 사람들은 때때로 "반 고프" 또는 "반 고"라고 말했다. 이것들은 네덜란드어 발음과 다르다. 그래서 그는 그의 (성을 뺀) 흔한 이름만 서명했다. 게다가, 그는 모든 그림에 서명하지는 않았다. 그는 그림에 만족해야만 그것의 구석에 그의 이름을 서명했다. 흥미롭게도, 그의 그림 〈해바라기〉에서, 그는 중앙에 있는 꽃병에 서명했다. 이것은 우리에게 그 그림에 대한 그의 특별한 사랑과 자부심을 보여준다.

구문 해설

① Vincent van Gogh is **one of the most famous artists** in the world.
→ 「one of the+최상급+복수 명사」는 '가장 ~한 …들 중 하나'의 의미이다.

③ He **never** signed his full name.
→ never는 '절대 ~ 않다'의 의미인 빈도부사로, 일반동사 앞이나 be동사, 조동사 뒤에 온다.

⑤ No one is sure [why he did this].
→ [ ]는 「의문사+주어+동사」의 간접의문문이다.

⑥ However, some people think [(**that**) it was because his last name was hard *to pronounce*].
→ [ ]는 동사 think의 목적어 역할을 하는 명사절로, 접속사 that이 생략되었다.
→ to pronounce는 '발음하기에'의 의미로, 형용사 hard를 수식하는 부사적 용법의 to부정사이다.

⑩ Plus, he did **not** sign **every** painting.
→ '모든'의 의미인 every가 부정을 나타내는 not과 함께 쓰여 '모든 ~가 …한 것은 아니다'라는 의미의 부분 부정을 나타낸다.

⑬ This **shows us his special love and pride for the painting.**
→ 「show A B」는 'A에게 B를 보여주다'의 의미로, us가 A, his special … the painting이 B에 해당한다.

본책 • pp. 64-65

정답 1 ④ 2 ④ 3 ③ 4 bite 5 ③ 6 cello, peace 7 it was because his last name was hard to pronounce 8 ②

문제 해설

1 ④ normal: 보통의; 보통

2 common(흔한)과 반대 의미의 단어는 ④ 'unique(독특한)'이다.

스위스에서 독일어는 가장 흔한 언어들 중 하나이다.

① 사회적인, 사교적인 ② 확신하는, 확실히 아는 ③ 일반적인 ⑤ 비극적인

3 타란텔라 춤이 거미에게 물린 상처의 치료법이었던 이유는 타란툴라 거미에게 물린 사람들이 춤을 빨리 추면 원래 상태로 돌아온다고 믿었기 때문이라고 언급되어 있다.

4

이에 의해 생긴 상처

5 밑줄 친 to remember는 '~하기 위해서'라는 의미의 목적을 나타내는 부사적 용법의 to부정사이다.
① Sam은 살 집을 찾았다. - 형용사적 용법
② 나는 영화 보는 것을 매우 좋아한다. - 명사적 용법
③ 그는 일찍 일어나기 위해 알람을 설정했다. - 부사적 용법
④ 그들은 그 문제에 관해 토론하는 것을 계속했다. - 명사적 용법
⑤ 내 꿈은 댄서가 되는 것이다. - 명사적 용법

6

Vedran Smailovic는 22일 동안 빵집 근처 광장에서 첼로를 연주하며 각 희생자를 추모했다. 그의 음악은 평화의 상징이 될 수 있었다.

7 '그것은 ~ 때문이었다'라는 의미로 「it was because 주어+동사」를 쓴다. to pronounce는 형용사 hard를 수식하도록 hard 뒤에 쓴다.

8 반 고흐의 이름이 네덜란드어 발음과 달라서 사람들이 그의 이름을 다르게 부르곤 했다는 내용 다음에, 그 이유로 반 고흐는 서명할 때 흔한 성만 썼었다는 (A)가 이어지고, 게다가 모든 그림에 서명을 한 것은 아니었다는 (C)가 온 다음, 반 고흐가 스스로 만족하는 그림에만 서명했다는 (B)로 이어지는 것이 자연스럽다.

Section 06 Stories

본책 • pp. 68-69

1

정답 1 ② 2 ③ 3 (1) F (2) T (3) T 4 give up on

문제 해설

1 사고로 한 쪽 다리를 잃은 John McFall이 좌절하지 않고 프로 단거리 선수로 메달을 땄고 결국 우주비행사도 되었다는 내용의 글이므로, 제목으로는 ② 'John McFall의 감동적인 이야기'가 가장 알맞다.

① 젊은 운동선수의 비극 ③ 우주비행사가 되기 위해 필요한 것들

④ John McFall: 세계 최초의 우주비행사 ⑤ 장애인 올림픽 대회가 어떻게 시작되었는가

2 John McFall이 오토바이 사고로 오른쪽 다리를 잃었다는 주어진 단락 다음에, 그가 회복하고 나서 의족을 사용해 장애인 올림픽과 같은 경기에서 메달을 땄다는 내용의 (B), 유럽 우주국이 우주비행사가 될 신체 장애가 있는 사람을 찾고 있어, 그가 지원 후 세계 최초 장애인 우주비행사가 되었다는 내용의 (A), 그의 이야기처럼 포기하지 않으면 꿈을 이룰 수 있다는 내용인 (C)의 흐름이 알맞다.

3 (1) 문장 ①에서 John McFall은 어렸을 때 스포츠를 좋아했다고 언급되어 있으나, 우주비행사가 되는 것을 꿈꿨다는 사실은 언급되어 있지 않다.

(2) 문장 ⑥에 언급되어 있다.

(3) 문장 ⑨에 언급되어 있다.

4 사고로 한 쪽 다리를 잃었음에도 불구하고, John McFall은 장애인 올림픽 메달리스트이자 최초의 신체적 장애가 있는 우주비행사가 되었다. 그의 이야기는 우리에게 어떤 것도 포기하지 말라고 가르쳐 준다.

본문 직독 직해

① Ever since he was young, / John McFall loved sports. / ② Sadly, / when he was 19, / he
그가 어렸을 때부터 John McFall은 스포츠를 좋아했다 애석하게도 그가 19살이었을 때 그는
lost his right leg / in a motorcycle accident. / ③ However, / he did not let this tragic event stop
오른쪽 다리를 잃었다 오토바이 사고로 하지만 그는 이 비극적인 사건이 그를 멈추게 하지 않았다
him. /

⑦ When McFall recovered, / he used a prosthetic leg / and trained to become a professional
McFall이 회복되었을 때 그는 의족을 사용했다 그리고 프로 단거리 선수가 되기 위해 훈련했다
sprinter. ⑧ He began entering competitions / for disabled athletes. / ⑨ Eventually, / he earned
그는 대회에 참가하기 시작했다 장애가 있는 운동선수들을 위한 마침내 그는 메달을
medals / in events / such as the Paralympics. /
땄다 경기에서 세계 장애인 올림픽과 같은

④ One day, / he heard / that the European Space Agency was searching / for people / with
어느 날 그는 들었다 유럽 우주국이 찾고 있다고 사람을
physical disabilities / to become astronauts. / ⑤ He decided to apply, / and he ended up being
신체 장애가 있는 우주비행사가 될 그는 지원하기로 결정했다 그리고 그는 결국 선택되었다
selected! / ⑥ He became the world's first parastronaut. /
그는 세계 최초의 신체적 장애가 있는 우주비행사가 되었다

⑩ McFall's story shows us / that if we never give up on ourselves, / there is nothing / we
McFall의 이야기는 우리에게 보여준다 우리 자신을 절대 포기하지 않는다면 없다는 것을 우리가
cannot achieve. / ⑪ By doing so, / we can make our dreams come true. /
이룰 수 없는 것이 그렇게 함으로써 우리는 우리의 꿈을 이룰 수 있다

본문 해석

John McFall은 어렸을 때부터 스포츠를 좋아했다. 애석하게도, 그가 19살이었을 때, 그는 오토바이 사고로 오른쪽 다리를 잃었다. 하지만, 그는 이 비극적인 사건이 그를 멈추게 하지 않았다.

(B) McFall이 회복되었을 때, 그는 의족을 사용했고 프로 단거리 선수가 되기 위해 훈련했다. 그는 장애가 있는 운동선수들을 위한 대회에 참가하기 시작했다. 마침내, 그는 세계 장애인 올림픽과 같은 경기에서 메달을 땄다.

(A) 어느 날, 그는 유럽 우주국이 우주비행사가 될 신체 장애가 있는 사람을 찾고 있다는 소식을 들었다. 그는 지원하기로 결정했고, 결국 선택되었다! 그는 세계 최초의 신체적 장애가 있는 우주비행사가 되었다.

(C) McFall의 이야기는 우리에게 우리 자신을 절대 포기하지 않는다면 이룰 수 없는 것이 없다는 것을 보여준다. 그렇게 함으로써, 우리는 우리의 꿈을 이룰 수 있다.

구문 해설

③ However, he did not **let this tragic event stop** him.
- ➜ 「let+목적어+동사원형」은 '~가 …하게 하다'의 의미이다.

④ One day, he heard [**that** the European Space Agency was searching for people with physical disabilities *to become* astronauts].
- ➜ that은 명사절을 이끄는 접속사로, [ ]는 동사 heard의 목적어 역할을 한다.
- ➜ to become은 '될'의 의미로, 명사구 people with physical disabilities를 수식하는 형용사적 용법의 to부정사이다.

⑤ He **decided to apply**, and he *ended up* being selected!
- ➜ 「decide+to-v」는 '~하기로 결심하다'의 의미이다.
- ➜ 「end up v-ing」는 '결국 ~하게 되다'의 의미이다.
- ➜ being selected는 '선택된 것'의 의미로, 동명사의 수동태(being+p.p)이다.

⑦ When McFall recovered, he **used** a prosthetic leg and **trained** *to become* a professional sprinter.
- ➜ 동사 used와 trained가 접속사 and로 병렬 연결되어 있다.
- ➜ to become은 '되기 위해'의 의미로, 〈목적〉을 나타내는 부사적 용법의 to부정사이다.

⑩ McFall's story **shows us** [**that** if we never give up on ourselves, there is *nothing* {(*that*) we cannot achieve}].
- ➜ 「show A B」는 'A에게 B를 보여주다'의 의미로, 여기서 A는 us이고 B는 명사절인 [ ]이다. that은 명사절을 이끄는 접속사이다.
- ➜ { }는 nothing을 수식하는 목적격 관계대명사절로, 관계대명사 that이 생략되었다.

⑪ **By doing** so, we can *make our dreams come* true.
- ➜ 「by+v-ing」는 '~함으로써'의 의미로 〈방법〉을 나타낸다.
- ➜ 「make+목적어+동사원형」은 '~가 …하게 만들다'의 의미이다.

본책 • pp. 70-71

2

정답 1 ① 2 ① 3 ② 4 ③

문제 해설

1 문장 ②-③에 언급되어 있다.

2 아내가 잘 듣지 못해서 좌절감을 느끼는 남자에게 아내가 대답할 때까지 멀리서부터 점점 가까이 가면서 질문하라고 했으므로, 빈칸에는 ① '그녀의 청력을 검사할 것'이 가장 알맞다.

② 진솔한 대화를 할 것　　③ 특별한 저녁 식사를 할 것
④ 매일 운동할 것　　⑤ 더 큰 목소리로 말할 것

3 (A)를 통해 아내가 남자의 질문에 이미 네 번이나 대답했다는 사실을 알 수 있다. 따라서, 아내가 아니라 남자의 청력에 문제가 있다는 것을 유추할 수 있다.

4 남자는 아내가 잘 듣지 못한다고 생각했는데, 잘 듣지 못하는 것은 아내가 아닌 자기 자신이었으므로, 남자의 심정으로는 '당황한'이 알맞다.

본문 직독 직해

① A man was speaking / to his doctor. / ② "My wife cannot hear anything," / he said. /
한 남자가 이야기하고 있었다 그의 의사에게 제 아내는 아무것도 듣지 못해요 그가 말했다
③ "It's very frustrating." / ④ The doctor suggested / testing her hearing. / ⑤ "Stand far away /
이것은 아주 절망스러워요 의사는 제안했다 그녀의 청력을 검사할 것을 멀리 서세요
from your wife / and ask a question. / ⑥ Then move / closer and closer. / ⑦ And keep asking /
당신의 아내로부터 그리고 질문을 하세요 그러고 나서 이동하세요 점점 더 가까이 그리고 계속 질문하세요
until she answers," / the doctor said. /
그녀가 대답할 때까지 의사는 말했다
⑧ That night, / the man's wife was cooking dinner / in the kitchen. / ⑨ Near the front door, /
그날 밤 그 남자의 아내는 저녁 식사를 요리하고 있었다 부엌에서 현관문 근처에서
the man asked, / "What is for dinner?" /
남자는 물었다 저녁 식사는 뭐예요
⑩ There was no answer, / so he asked again / from the living room. / ⑪ Sadly, / she
대답이 없었다 그래서 그는 다시 물었다 거실에서 애석하게도 그녀는
was still quiet. / ⑫ He entered the dining room / and / asked once more. / ⑬ Nothing! /
여전히 조용했다 그는 식당으로 들어갔다 그리고 한 번 더 물었다 아무것도 (없었다)
⑭ Finally, / he stepped / into the kitchen. / ⑮ "What is for dinner?" / he asked / once again. /
마침내 그는 걸음을 옮겼다 부엌으로 저녁 식사는 뭐예요 그는 물었다 한 번 더
⑯ "Lasagna!", / she replied. / ⑰ "I told you / four times / already!" /
라자냐요 그녀는 대답했다 저는 당신에게 말했어요 네 번 이미

본문 해석

한 남자가 그의 의사에게 이야기하고 있었다. "제 아내가 아무것도 듣지 못해요."라고 그는 말했다. "이건 아주 절망스러워요." 의사는 그녀의 청력을 검사할 것을 제안했다. "당신의 아내로부터 멀리 서서 질문을 하세요. 그러고 나서 점점 더 가까이 이동하세요. 그리고 그녀가 대답할 때까지 계속 질문하세요."라고 의사는 말했다.

그날 밤, 그 남자의 아내는 부엌에서 저녁 식사를 요리하고 있었다. 현관문 근처에서 남자는 물었다. "저녁 식사는 뭐예요?"

대답이 없어서, 그는 거실에서 다시 물었다. 애석하게도, 그녀는 여전히 조용했다. 그는 식당으로 들어가서 한 번 더 물었다. 아무 대답도 없었다! 마침내, 그는 부엌으로 걸음을 옮겼다. "저녁 식사는 뭐예요?" 그는 한 번 더 물었다.

"라자냐요!" 그녀는 대답했다. "이미 당신에게 네 번이나 말했다고요!"

구문 해설

② "My wife cannot hear **anything**," he said.
→ 부정문에 쓰인 anything은 '아무것도'의 의미이다.

⑥ Then move **closer and closer.**

→ 「비교급+and+비교급」은 '점점 더 ~한[하게]'의 의미이다.

⑦ And **keep asking** *until* she answers," the doctor said.

→ 「keep+v-ing」는 '계속해서 ~하다'의 의미이다.

→ until은 '~할 때까지'의 의미인 접속사이다.

⑧ That night, the man's wife **was cooking** dinner in the kitchen.

→ was cooking은 「be동사의 과거형+v-ing」의 과거진행형으로, '요리하고 있었다'의 의미이다.

본책 • pp. 72-73

3

정답 1 ⑤ 2 ④ 3 curious 4 엄마가 무언가를 잘못해서 할머니를 슬프게 만들어서 할머니의 머리카락이 완전히 하얗게 된 것이기 때문에

문제 해설

1 ⓔ는 소녀의 할머니를 가리키고, 나머지는 모두 소녀의 엄마를 가리킨다.

2 자신의 머리에 흰 머리카락이 생긴 이유가 소녀 때문이라는 엄마의 말에, 소녀는 그렇다면 할머니의 머리카락이 완전히 하얗게 된 것은 엄마 때문이라며 재치 있게 대답했다.

3 '무언가에 관심이 있고 그것에 대해 알고 싶어 하는'이라는 의미를 가진 단어는 curious(호기심이 많은)이다.

4 문장 ⑩과 문장 ⑫를 통해 유추할 수 있다.

본문 직독 직해

① There was a little girl. / ② She was always curious / about everything. / ③ She never
한 어린 소녀가 있었다 / 그녀는 항상 호기심이 많았다 / 모든 것에 대해 / 그녀는 절대
stopped / asking her mother questions. / ④ So / her mother often had a hard time / answering
멈추지 않았다 / 그녀의 엄마에게 질문을 하는 것을 / 그래서 / 그녀의 엄마는 종종 어려움을 겪었다 / 그것들에
them. /
대답하는 데

⑤ One day, / the girl found / some gray hairs / on her mother's head / and asked her a silly
어느 날 / 소녀는 발견했다 / 몇 가닥의 흰 머리카락을 / 그녀의 엄마의 머리에서 / 그리고 그녀에게
question. /
우스꽝스러운 질문을 했다

⑥ "Mom, / you have some gray hairs / on your head," / the girl said. / ⑦ "You are very old, /
엄마 / 엄마는 흰 머리카락이 조금 있어요 / 머리에 / 소녀는 말했다 / 엄마는 연세가 매우 많으신 거죠
aren't you?" /
그렇지 않나요

⑧ "No, dear," / she answered. / ⑨ "My gray hair is from you! / ⑩ When you do / something
아니란다, 얘야 / 그녀가 대답했다 / 내 흰 머리카락은 너로 인해 생긴 거란다 / 네가 하면 / 잘못된
wrong / and make me sad, / one of my hairs / becomes gray." /
무언가를 / 그리고 나를 슬프게 만들면 / 내 머리카락 중 하나가 / 하얘진단다

⑪ The little girl responded, / "Then I think / that you should apologize / to Grandma. /
어린 소녀가 대답했다 / 그렇다면 저는 생각해요 / 엄마가 사과하셔야 한다고 / 할머니께
⑫ Her hair is completely gray!" /
그녀의 머리카락은 완전히 하얗잖아요

본문 해석

한 어린 소녀가 있었다. 그녀는 항상 모든 것에 대해 호기심이 많았다. 그녀는 그녀의 엄마에게 질문하는 것을 절대 멈추지 않았다. 그래서 그녀의 엄마는 종종 그것들에 대답하는 데 어려움을 겪었다.

어느 날, 소녀는 그녀의 엄마의 머리에서 몇 가닥의 흰 머리카락을 발견하고는 그녀에게 우스꽝스러운 질문을 했다.

"엄마, 엄마는 머리에 흰 머리카락이 조금 있어요." 소녀는 말했다. "엄마는 연세가 매우 많으신 거죠, 그렇지 않나요?"

"아니란다, 얘야." 그녀가 대답했다. "내 흰 머리카락은 너로 인해 생긴 거란다! 네가 잘못된 무언가를 해서 나를 슬프게 만들면, 내 머리카락 중 하나가 하얘진단다."

어린 소녀가 대답했다, "그렇다면 엄마가 할머니께 사과하셔야 한다고 생각해요. 그녀의 머리카락은 완전히 하얗잖아요!"

구문 해설

③ She never **stopped** ***asking*** *her mother questions*.
→ 「stop+v-ing」는 '~하는 것을 멈추다'의 의미이다. (*cf.* stop+to-v: ~하기 위해 멈추다)
→ 「ask A B」는 'A에게 B를 묻다'의 의미이다.

④ So her mother often **had a hard time answering** them.
→ 「have a hard time+v-ing」는 '~하는 데 어려움을 겪다'의 의미이다.

⑤ One day, the girl **found** some gray hairs on her mother's head and **asked** her a silly question.
→ 문장의 동사 found와 asked가 접속사 and로 병렬 연결되어 있다.

⑦ "You are very old, **aren't you**?"
→ aren't you는 부가의문문으로, 앞의 절이 긍정문이므로 부가의문문은 부정의 형태를 쓴다.

⑩ When you do **something wrong** and *make me sad*, one of my hairs becomes gray."
→ -thing으로 끝나는 대명사는 형용사가 뒤에서 수식한다.
→ 「make+목적어+형용사」는 '~을 …하게 만들다'의 의미이다.
→ 「become+형용사」는 '~해지다'의 의미이다.

⑪ The little girl responded, "Then I think [**that** you *should* apologize to Grandma]."
→ that은 명사절을 이끄는 접속사로, [ ]는 동사 think의 목적어 역할을 한다.
→ should는 '~해야 한다'의 의미로, 〈의무〉를 나타내는 조동사이다.

본책 • pp. 74-75

정답 1 ② 2 ② 3 ③ 4 long, weak

문제 해설

1 스트레스에 관해 오래 생각할수록 더 괴로워진다는 것을 컵을 들고 있는 것에 비유하여 설명한 글이므로, 제목으로는 ② '스트레스를 붙잡고 있지 마라'가 가장 알맞다.

① 컵이 비었는가 아니면 가득 찼는가? ③ 당신은 얼마나 많은 무게를 들 수 있는가?
④ 컵의 무게를 측정하는 방법 ⑤ 물 마시기: 스트레스를 줄이는 방법

2 '그녀는 청중에게 그것의 무게가 얼마나 나가는지 물었다'라는 주어진 문장은 청중이 몇 개의 추측을 했으나 모두 틀렸다는 내용의 문장 앞인 ②의 위치가 가장 알맞다.

3 빈칸 앞에서 컵의 무게는 컵을 들고 있는 시간에 따라 다르다고 언급한 후에, 몇 분 후와 한 시간 후의 상황을 대조하여 설명하고 있다. 몇 분 후에는 여전히 '가볍지만' 한 시간 후에는 팔이 아플 것이라고 하는 흐름이 자연스러우므로, 빈칸에는 ③ '가벼운'이 가장 알맞다.

① 가득 찬 ② 깨끗한 ④ 비어 있는 ⑤ 작은

4

보기	짧은	긴	약한	강한

만약 당신이 컵을 긴 시간 동안 들고 있으면, 당신의 팔은 아플 것이다. 마찬가지로, 당신이 너무 많은 시간을 자신의 스트레스에 대해 생각하는 데 보내면, 당신은 약해질 것이다.

본문 직독 직해

① A psychologist was giving a speech / about dealing with stress / in our daily lives. /
한 심리학자가 연설을 하고 있었다 / 스트레스에 대처하는 것에 관해 / 우리의 일상생활에서

② She held up / a cup of water. / She asked the audience / how much it weighed. /
그녀는 들어 올렸다 / 물 한 잔을 / 그녀는 청중에게 물었다 / 그것이 무게가 얼마나 나가는지

③ The audience made a few guesses, / but she just shook her head. /
청중은 몇 개의 추측을 했다 / 그러나 그녀는 그저 고개를 저었다

④ "To me," / she said, / "the weight of the cup / depends on / how long / I hold it. /
제게는 / 그녀가 말했다 / 컵의 무게는 / ~에 달려 있습니다 / 얼마나 오래 / 제가 그것을 들고 있는지에

⑤ After a couple of minutes, / the cup will still be light. / ⑥ After an hour, / however, /
몇 분 후에 / 그 컵은 여전히 가벼울 것입니다 / 한 시간 후에 / 그러나

my arm will be sore. / ⑦ After a day, / my arm will be so weak / that I won't be able to move
제 팔은 아플 것입니다 / 하루 후에 / 제 팔은 너무 약해져서 / 저는 그것을 움직일 수 없을 것입니다

it. / ⑧ Our stress is / like the cup of water. / ⑨ If we think about it / for a few minutes, /
우리의 스트레스는 / 이 한 잔의 물과 같습니다 / 만약 우리가 그것에 대해 생각하면 / 몇 분 동안

it doesn't bother us. / ⑩ But / if we think about our stress / all day, / we will become weak. /
그것은 우리를 괴롭히지 않습니다 / 그러나 / 만약 우리가 스트레스에 대해 생각하면 / 온종일 / 우리는 약해질 것입니다

⑪ So, / how long / do you plan to hold onto / your cup?" /
그래서 / 얼마나 오래 / 당신은 잡고 있을 계획입니까 / 당신의 컵을

본문 해석

한 심리학자가 우리의 일상생활에서 스트레스에 대처하는 것에 관해 연설을 하고 있었다. 그녀는 물 한 잔을 들어 올렸다. 그녀는 청중에게 그것의 무게가 얼마나 나가는지 물었다. 청중은 몇 개의 추측을 했지만, 그녀는 그저 고개를 저었다.

그녀가 말했다. "제게는, 컵의 무게는 제가 그것을 얼마나 오래 들고 있느냐에 달려 있습니다. 몇 분 후에, 컵은 여전히 가벼울 것입니다. 그러나, 한 시간 후에 제 팔은 아플 것입니다. 하루 후에, 제 팔은 너무 약해져서 저는 그것(팔)을 움직일 수 없을 것입니다. 우리의 스트레스는 이 한 잔의 물과 같습니다. 만약 우리가 몇 분 동안 그것에 대해 생각한다면, 그것은 우리를 괴롭히지 않습니다. 그러나 만약 우리가 스트레스에 대해 온종일 생각한다면, 우리는 약해질 것입니다. 그래서 당신은 당신의 컵을 얼마나 오래 잡고 있을 계획입니까?"

구문 해설

① A psychologist **was giving** a speech about [*dealing with* stress in our daily lives].

→ was giving은 「be동사의 과거형+v-ing」의 과거진행형으로, '(연설을) 하고 있었다'의 의미이다.

→ [ ]는 전치사 about의 목적어 역할을 하는 동명사구이다.

㉣ She **asked the audience** [**how much it weighed**].

→ 「ask A B」는 'A에게 B를 묻다'의 의미이다. the audience가 A, 간접의문문인 [ ]가 B에 해당한다.

④ "To me," she said, "the weight of the cup depends on [how long I hold it].

→ [ ]는 동사구 depends on의 목적어 역할을 하는 간접의문문이다.

⑦ After a day, my arm will be **so weak that I won't be able to move** *it*.

→ 「so+형용사[부사]+that+주어+동사」는 '너무 ~해서 …하다'의 의미이다.

→ it은 문장의 주어로 쓰인 my arm을 가리킨다.

⑪ So, how long do you **plan to hold** onto your cup?

→ 「plan+to-v」는 '~할 계획이다'의 의미이다.

본책 • pp. 76-77

정답 1 ② 2 ⑤ 3 ② 4 John McFall이 19살 때 오토바이 사고로 오른쪽 다리를 잃은 일 5 ③
6 apologize 7 ④ 8 so weak that I won't be able to move it

문제 해설

1 ② recover: 회복하다

2 responded(대답했다)와 비슷한 의미의 단어는 ⑤ 'replied(대답했다)'이다.

그 가게는 고객의 불만에 빠르게 답했다.

① 괴롭혔다 ② 계속했다 ③ 들었다 ④ 제안했다

3 글의 마지막 두 문장에서 John McFall의 이야기는 우리에게 포기하지 않는다면 이룰 수 없는 게 없다는 것을 보여주고, 그렇게 함으로써 우리의 꿈은 이루어질 수 있다고 했다.

4 바로 앞 문장에 언급되어 있다.

5 엄마에게 계속 질문을 하는 여자아이에 관한 내용이므로, 빈칸에는 ③ 'curious(호기심이 많은)'가 가장 알맞다.
① 좌절하는 ② 조용한 ④ 비극의 ⑤ 전문적인

6 잘못한 일을 한 것에 대해 후회를 표현하다

7 처음 몇 분 동안 컵을 들고 있으면 가볍게 느껴지지만, 한 시간 뒤에는 컵이 무겁게 느껴져서 팔이 아프게 된다는 반대되는 내용이므로, 빈칸에는 'however(그러나)'가 가장 알맞다.

8 '너무 ~해서 …하다'라는 의미로 「so+형용사[부사]+that+주어+동사」를 쓴다.

Section 07 Animals

본책 • pp. 80-81

1

정답 1 ② 2 ③ 3 ⑤ 4 parents, raise

문제 해설

1 더 어린 형제자매를 보살피며 끈끈한 관계를 형성하는 동물들에 관한 글이므로, 제목으로는 ② '동물의 형제자매가 도움의 손길을 건네다'가 가장 알맞다.
① 형제자매가 동물들이 더 빠르게 자라도록 돕는다
③ 어느 동물들이 가장 많은 형제자매를 가지는가?
④ 동물들은 자신들의 형제자매를 얼마나 잘 알까?
⑤ 동물과 그들의 형제자매는 사람으로부터 배운다

2 암컷 코끼리들이 더 어린 코끼리들을 보살피는 방법을 설명하는 내용 중에, 코끼리가 지구 상에서 가장 큰 동물들 중 하나라는 내용의 (c)는 글의 흐름과 무관하다.

3 ⑤: 문장 ⑪에 지중 흰개미 부모들은 자신의 새끼들이 매우 어릴 때만 같이 산다고 했다.
①은 문장 ①, ②에, ②는 문장 ④에, ③은 문장 ⑥에, ④는 문장 ⑩에 언급되어 있다.

4 흰개미 부모가 무리를 떠나면, 나이가 더 많은 형제자매가 동생들을 키운다.

본문 직독 직해

① Humans often build relationships / with their siblings. / ② This is rare / in the animal
사람들은 흔히 관계를 쌓는다 / 자신의 형제자매와 / 이것은 드물다 / 동물 세계에서는
world. / ③ However, / some animals are very close / with their siblings. /
그러나 / 몇몇 동물들은 매우 친밀하다 / 자신의 형제자매들과

Elephants
코끼리

④ Adult male elephants / live alone. / ⑤ But / females and their young / stay together / as
어른 수컷 코끼리는 / 혼자 산다 / 하지만 / 암컷과 그것들의 새끼는 / 함께 산다
a family / for life. / ⑥ The older sisters / in the herd / look after their siblings. / (⑦ Elephants
한 가족으로 / 평생 / 나이가 더 많은 암컷 코끼리들은 / 무리에서 / 자신의 동생들을 돌본다 / 코끼리는
are one of the largest animals / on earth. /) ⑧ They keep the younger elephants safe. / ⑨ This
가장 큰 동물들 중 하나다 / 지구상에서 / 그들은 더 어린 코끼리들을 안전하게 유지한다 / 이것은
is good practice / for being mothers / themselves. /
좋은 연습이다 / 엄마가 되기 위한 / 그들 스스로

Termites
흰개미

⑩ Termites live together / in huge groups. / ⑪ In the case of subterranean termite, / the
흰개미는 함께 산다 / 크게 무리 지어 / 지중 흰개미의 경우
termite parents / stick around / only while their babies are very young. / ⑫ After that, / the
흰개미 부모들은 / 같이 산다 / 자신의 새끼들이 매우 어릴 때만 / 그 이후에는
older siblings must raise / the younger ones. / ⑬ They make sure / the younger termites are
나이가 더 많은 형제자매가 돌봐야 한다 / 동생들을 / 그들은 하도록 한다 / 더 어린 흰개미들이 깨끗하다
clean / and / have enough food. /
그리고 / 충분한 먹이를 가지다

본문 해석

사람들은 흔히 자신의 형제자매와 관계를 쌓는다. 이것은 동물 세계에서는 드물다. 그러나 몇몇 동물들은 자신의 형제자매와 매우 친밀하다.

코끼리

어른 수컷 코끼리는 혼자 산다. 하지만 암컷과 그것들의 새끼는 평생 한 가족으로 함께 산다. 무리에서 나이가 더 많은 암컷 코끼리들은 자신의 동생들을 돌본다. (코끼리는 지구상에서 가장 큰 동물들 중 하나다.) 그들은 더 어린 코끼리들을 안전하게 유지한다. 이것은 그들 스스로 엄마가 되기 위한 좋은 연습이다.

흰개미

흰개미는 크게 무리 지어 함께 산다. 지중 흰개미의 경우, 흰개미 부모들은 자신의 새끼들이 매우 어릴 때만 같이 산다. 그 이후에는 나이가 더 많은 형제자매가 동생들을 돌봐야 한다. 그들은 더 어린 흰개미들이 깨끗하고 충분한 먹이를 가지도록 한다.

구문 해설

⑥ **The older sisters** [in the herd] **look after** their siblings.
- → 전치사구 [ ]의 수식을 받는 The older sisters가 주어이고 look after가 동사이다.

⑦ Elephants are **one of the largest animals** on earth.
- → 「one of the + 최상급 + 복수 명사」는 '가장 ~한 …들 중 하나'의 의미이다.

⑧ They **keep the younger elephants safe.**
- → 「keep + 목적어 + 형용사」는 '~을 …하게 유지하다'의 의미이다.

⑨ **This** is good practice for *being* mothers themselves.
- → This는 앞 문장의 '더 어린 코끼리들을 안전하게 유지하는 것'을 가리킨다.
- → being은 전치사 for의 목적어로 쓰인 동명사이다.
- → themselves 강조 용법의 재귀대명사이다.

⑪ …, the termite parents stick around only **while** their babies are very young.
- → while은 '~하는 동안'이라는 뜻으로, 〈때〉를 나타내는 접속사이다.

⑫ After **that**, the older siblings must raise the younger *ones*.
- → that은 앞 문장의 '흰개미 부모가 새끼들을 돌보는 시기'를 가리킨다.
- → ones는 siblings를 가리킨다.

⑬ They make sure **[(that)** the younger termites *are* clean and *have* enough food**]**.
- → [ ]는 동사 make sure의 목적어 역할을 하는 명사절로, 접속사 that이 생략되어 있다.
- → 명사절 내 동사 are와 have는 접속사 and에 의해 병렬 연결되어 있다.

본책 • pp. 82-83

정답 1 ④ 2 ③ 3 ⑤ 4 (1) desert (2) cold (3) large (4) heat

문제 해설

1 사막여우와 북극여우가 서로 다른 환경에서 체온을 유지하기 위해 다른 크기의 귀를 가지고 있다는 것을 설명하는 글이다.

2 빈칸 뒤에서 사막여우가 더워지지 않도록 큰 귀로 열을 방출하여 체온을 조절할 수 있다고 했으므로, 빈칸에는 ③ '시원하게 유지하기 위한'이 가장 알맞다.

① 안전하기 위한 ② 먹이를 얻기 위한
④ 그것의 집을 따뜻하게 하기 위한 ⑤ 자신을 치료하기 위한

3 빈칸 앞에서는 사막여우가 큰 귀로 열을 방출한다는 것을 설명하고 있고, 빈칸 뒤에서는 북극여우가 추운 지역에서 작은 귀로 열을 아낀다는 것을 설명하고 있으므로, 빈칸에는 대조를 나타내는 ⑤ '반면에'가 가장 알맞다.

① 그래서 ② 게다가 ③ 예를 들어 ④ 다시 말해서

4

	사막여우	북극여우
사는 곳	(1) 사막	(2) 추운 지역
귀의 크기	(3) 큰	작은
귀가 하는 일	(4) 열을 방출한다	여우를 따뜻하게 유지시켜 준다

본문 직독 직해

① This fox looks cute, / doesn't it? / ② It is called / a fennec fox. / ③ It is not / as
이 여우는 귀여워 보인다 그렇지 않은가 그것은 불린다 사막여우라고 그것은 ~하지 않다
big as other foxes / and / has a small face. / ④ But / it has large, bat-like ears. / ⑤ There is an
다른 여우들만큼 크지 그리고 작은 얼굴을 가지고 있다 그러나 그것은 커다란 박쥐 같은 귀를 가지고 있다
interesting secret / about its large ears. /
흥미로운 비밀이 있다 그것의 큰 귀에 관한

⑥ The fennec fox lives / in the desert, / so / it has to find ways / to stay cool. /
사막여우는 산다 사막에 그래서 그것은 방법들을 찾아야 한다 시원하게 유지하기 위한
⑦ Luckily, / its large ears / keep it from getting hot. / ⑧ The many blood vessels /
다행히도 그것의 큰 귀는 그것이 더워지는 것을 막는다 많은 혈관들이
inside its ears / release heat. / ⑨ This means / that the fennec fox can control / its own body
그것의 귀 안에 있는 열을 방출한다 이것은 의미한다 사막여우가 조절할 수 있다는 것 자신의
temperature. / ⑩ On the other hand, / the arctic fox lives / in cold areas. / ⑪ It must save its
체온을 반면에 북극여우는 산다 추운 지역에 그것은 그것의 열을 아껴야
heat / in cold weather. / ⑫ So / it has small ears, / and these help / the fox stay warm. /
한다 추운 날씨에서 그래서 그것은 작은 귀를 가지고 있다 그리고 이것들은 돕는다 그 여우가 따뜻하게 유지하는 것을

본문 해석

이 여우는 귀여워 보인다, 그렇지 않은가? 그것은 사막여우라고 불린다. 그것은 다른 여우들만큼 크지 않고 작은 얼굴을 가지고 있다. 그러나 그것은 커다란 박쥐 같은 귀를 가지고 있다. 그것의 큰 귀에 관한 흥미로운 비밀이 있다.

사막여우는 사막에 살아서, 그것은 시원하게 유지하기 위한 방법들을 찾아야 한다. 다행히도, 그것의 큰 귀는 그것이 더워지는 것을 막는다. 그것의 귀 안에 있는 많은 혈관들이 열을 방출한다. 이것은 사막여우가 자신의 체온을 조절할 수 있다는 것을 의미한다. 반면에, 북극여우는 추운 지역에 산다. 그것은 추운 날씨에서 자신의 열을 아껴야 한다. 그래서 그것은 작은 귀를 가지고 있는데, 이것들은 그 여우가 따뜻하게 유지하는 것을 돕는다.

구문 해설

① This fox **looks cute,** *doesn't it?*
- 「look+형용사」는 '~하게 보이다'의 의미이다.
- doesn't it은 '그렇지 않은가?'의 의미인 부가의문문으로, 앞의 절이 긍정문이므로 부가의문문은 부정의 형태를 쓴다.

③ It is not **as big as** other foxes and has a small face.
- 「as+형용사[부사]의 원급+as」는 '~만큼 …한[하게]'의 의미이다.

⑦ Luckily, its large ears **keep it from *getting*** *hot*.
→ 「keep+목적어+from+v-ing」는 '~가 …하는 것을 막다'의 의미이다.
→ 「get+형용사」는 '~해지다'의 의미이다.

⑨ This means [**that** the fennec fox can control its own body temperature].
→ that은 명사절을 이끄는 접속사로, [ ]는 동사 means의 목적어 역할을 한다.

⑫ So it has small ears, and these **help the fox stay** warm.
→ 「help+목적어+동사원형[to-v]」은 '~가 …하는 것을 돕다'의 의미이다.

본책 • pp. 84-85

3

정답 1 ④ 2 ③ 3 ② 4 다른 물고기가 뜻하지 않게 청소 놀래기를 먹는 것

문제 해설

1 다른 물고기들을 깨끗하게 해 주는 물고기인 청소 놀래기에 관한 글이므로, 제목으로는 ④ '수중 청소 서비스'가 가장 알맞다.
① 바다를 깨끗하게 유지하기 ② 포식자를 피하는 방법들
③ 위험한 청소 놀래기 ⑤ 다른 물고기 속에서 사는 물고기

2 ⓒ는 청소를 받는 물고기들을 가리키고, 나머지는 모두 청소 놀래기를 가리킨다.

3 ②: 문장 ⑤에서 청소 놀래기는 몸의 뒤편을 위아래로 움직여 물고기들의 관심을 끈다고 했다.
①은 문장 ②에, ③은 문장 ⑥에, ④는 문장 ⑧에, ⑤는 문장 ⑬에 언급되어 있다.

4 문장 ⑩에 언급되어 있다.

본문 직독 직해

① The cleaner wrasse is a small fish. / ② It eats dead skin / and harmful creatures / found on larger fish. / ③ This is a win-win situation. / ④ The wrasse gets a free meal, / and the other fish get cleaned. /
청소 놀래기는 작은 물고기이다 / 그것은 각질을 먹는다 / 그리고 해로운 생물들을 / 더 큰 물고기에게서 발견되는 / 이것은 서로에게 이득이 되는 상황이다 / 청소 놀래기는 공짜 식사를 얻는다 / 그리고 다른 물고기들은 깨끗하게 된다

⑤ The wrasse attracts fish / by moving the back of its body / up and down. / ⑥ Fish / that want to be cleaned / wait in line / for their turn. / ⑦ They stay still / with their mouths open. / ⑧ The wrasse actually swims / inside their mouths / to clean them. / ⑨ It vibrates its fins / to remind the fish / that it's there. / ⑩ Otherwise, / they might accidentally eat it! /
청소 놀래기는 물고기들의 관심을 끈다 / 그것의 몸의 뒤편을 움직임으로써 / 위아래로 / 물고기들은 / 청소되기를 원하는 / 줄을 서서 기다린다 / 그들의 차례를 위해 / 그들은 가만히 있는다 / 그들의 입을 벌린 채 / 청소 놀래기는 실제로 헤엄친다 / 그들의 입안으로 / 그들을 청소하기 위해 / 그것은 자신의 지느러미를 진동시킨다 / 물고기들에게 알려 주기 위해 / 그것이 거기에 있다고 / 그렇지 않으면 / 그들은 뜻하지 않게 그것을 먹을 수도 있다

⑪ However, / this rarely happens. / ⑫ These fish need the wrasse, / so they wouldn't
그러나 / 이것은 거의 일어나지 않는다 / 이 물고기들은 청소 놀래기가 필요하다 / 그래서 그들은 그것을

harm it / on purpose. / ⑬ In fact, / they protect it / from predators. / ⑭ It's an amazing case /
해치지 않을 것이다 / 고의로 / 사실 / 그들은 그것을 보호한다 / 포식자들로부터 / 그것은 놀라운 사례이다

of different species / helping each other. /
다른 종들이 / 서로를 돕는

본문 해석

청소 놀래기는 작은 물고기이다. 그것은 더 큰 물고기에게서 발견되는 각질과 해로운 생물들을 먹는다. 이것은 서로에게 이득이 되는 상황이다. 청소 놀래기는 공짜 식사를 얻고, 다른 물고기들은 깨끗하게 된다.

청소 놀래기는 자신의 몸의 뒤편을 위아래로 움직여 물고기들의 관심을 끈다. 청소되기를 원하는 물고기들은 자신의 차례를 위해 줄을 서서 기다린다. 그들은 입을 벌린 채로 가만히 있는다. 청소 놀래기는 그들을 청소하기 위해 실제로 그들의 입안으로 헤엄쳐 들어간다. 그것은 물고기들에게 자신이 거기에 있다는 것을 알려 주기 위해 지느러미를 진동시킨다. 그렇지 않으면, 그들은 뜻하지 않게 그것(청소 놀래기)을 먹어 버릴 수도 있다!

그러나 이것은 거의 일어나지 않는다. 이 물고기들은 청소 놀래기가 필요해서 고의로 그것을 해치지 않을 것이다. 사실 그들은 그것을 포식자들로부터 보호해 준다. 이것은 다른 종들이 서로를 돕는 놀라운 사례이다.

구문 해설

② It eats dead skin and harmful creatures [**found** on larger fish].
→ [ ]는 dead skin and harmful creatures를 수식하는 과거분사구이다.

④ The wrasse gets a free meal, and the other fish **get cleaned**.
→ get cleaned는 '깨끗하게 된다'라는 의미의 수동태이다. 수동태는 「be+p.p.」 대신 「get+p.p.」로도 나타낼 수 있으며, 「get+p.p.」 형태의 수동태는 변화를 강조하고자 할 때 쓰인다.

⑥ ***Fish*** [*that* want to be cleaned] **wait** in line for their turn.
→ Fish는 문장의 주어이고, 동사는 wait이다. fish는 단수형과 복수형이 동일한 명사로, 여기서는 복수형으로 쓰였다.
→ [ ]는 선행사 Fish를 수식하는 주격 관계대명사절이다.

⑦ They **stay still** *with their mouths open*.
→ 「stay+형용사」는 '~한 채로 있다'의 의미이다.
→ 「with+명사+형용사」는 '~을 …한 채로'의 의미이다.

⑨ It vibrates its fins to **remind the fish** [**that** it's there].
→ 「remind A B」는 'A에게 B를 상기시키다'의 의미로, the fish가 A, [ ]가 B에 해당한다. that은 명사절을 이끄는 접속사이다.

⑭ It's an amazing case of **different species** [**helping** each other].
→ [ ]는 전치사 of의 목적어 역할을 하는 동명사구이다. different species는 동명사(helping)의 의미상의 주어이다.

정답 1 ⑤ 2 ③ 3 ③ 4 ④

문제 해설

1 극한의 환경에서도 살아남을 수 있는 물곰의 생존 능력과 그것이 가능한 이유에 관한 글이므로, 주제로는 ⑤ '물곰의 놀라운 생존 능력'이 가장 알맞다.

① 물곰을 안전하게 지키는 방법 ② 주로 큰 동물들이 강한 이유
③ 많은 동물들이 겨울 동안 죽는 이유 ④ 온도가 물곰에게 미치는 영향

2 빈칸 뒤에서 곰벌레가 생존할 수 있는 여러 가지 극한 환경에 관해 설명하고 있으므로, 빈칸에는 ③ '극한의 환경'이 가장 알맞다.

① 안전한 장소 ② 좋은 날씨 ④ 붐비는 장소들 ⑤ 좋은 환경

3 죽음과 비슷한 상태인 휴면 생활에 대한 언급에 이어, 이 상태에서 물곰들은 체내의 수분량을 감소시킨다는 내용의 (B), 그렇기 때문에 물곰들은 얼어 죽지 않는다는 내용의 (A), 대신에 환경이 더 나아질 때까지 물곰들이 이 상태로 있는다는 내용의 (C)의 흐름이 알맞다.

4 ④: 문장 ⑨에 언급되어 있다.
①: 문장 ②-⑤에서 물곰은 작지만 강한 동물이라고 했다.
②: 문장 ⑦에서 우주에서도 살 수 있다고 했다.
③: 문장 ⑧에서 섭씨 영하 273도만큼 추운 장소에서도 발견된다고 했다.
⑤: 문장 ⑭에서 휴면 생활 중에 체내의 수분량을 1%로 감소시킨다고 했다.

본문 직독 직해

① Big animals can be strong. / ② But / one of the strongest animals / on earth / is one of the smallest! / ③ It is the tardigrade. / ④ It is 1.7 mm long. / ⑤ It looks like / a tiny bear, / so it is also known as / the "water bear." /
큰 동물들은 강할 수 있다 그러나 가장 강한 동물들 중 하나는 지구상에서 가장 작은 것들 중 하나이다 그것은 완보류이다 그것은 길이가 1.7밀리미터이다 그것은 ~처럼 보인다 아주 작은 곰 그래서 그것은 또한 ~로 알려져 있다 '물곰'으로

⑥ Water bears can live / in extreme conditions. / ⑦ For example, / they can live / without oxygen / in space. / ⑧ They are also found / in places / as hot as 150 °C / and / as cold as -273 °C. / ⑨ They can even survive / when they are boiled or frozen! /
물곰들은 살 수 있다 극한의 환경에서 예를 들어 그것들은 살 수 있다 산소 없이 우주에서 그것들은 또한 발견된다 장소들에서 섭씨 150도만큼 더운 그리고 섭씨 영하 273도만큼 추운 그것들은 심지어 살아남을 수 있다 그것들이 끓여지거나 얼려질 때

⑩ Here is their secret. / ⑪ Water bears can enter cryptobiosis. / ⑫ This is a state / like death. / ⑭ In this state, / they decrease / the amount of water / in their body / to 1%. / ⑬ So / they do not freeze to death. / ⑮ Instead, / they stay in this state / until conditions get better. /
여기에 그것들의 비밀이 있다 물곰들은 휴면 생활에 들어갈 수 있다 이것은 상태이다 죽음과 같은 이 상태에서 그것들은 감소시킨다 물의 양을 체내에 있는 1퍼센트로 그래서 그것들은 얼어 죽지 않는다 대신에 그것들은 이 상태로 있는다 환경이 더 나아질 때까지

본문 해석

큰 동물들은 강할 수 있다. 그러나 지구상에서 가장 강한 동물들 중 하나는 가장 작은 것들 중 하나이다! 그것은 완보류이다. 그것은 길이가 1.7밀리미터이다. 그것은 아주 작은 곰처럼 보여서 '물곰'으로도 알려져 있다.

물곰들은 극한의 환경에서 살 수 있다. 예를 들어, 그것들은 우주에서 산소 없이 살 수 있다. 그것들은 섭씨 150도만큼 뜨겁고 섭씨 영하 273도만큼 추운 장소들에서도 발견된다. 그것들은 심지어 끓여지거나 얼려질 때도 살아남을 수 있다!

여기에 그것들의 비밀이 있다. 물곰들은 휴면 생활에 들어갈 수 있다. 이것은 죽음과 같은 상태이다. (B) 이 상태에서, 그것들은 체내에 있는 수분량을 1퍼센트로 감소시킨다. (A) 그래서 그것들은 얼어 죽지 않는다. (C) 대신에, 그것들은 환경이 더 나아질 때까지 이 상태로 있는다.

구문 해설

② But **one of the strongest animals** on earth is **one of *the smallest***!

→ 「one of the + 최상급 + 복수 명사」는 '가장 ~한 …들 중 하나'의 의미이다.

→ the smallest 뒤에 명사 animals가 생략되었다.

⑧ They are also found in places **as hot as** 150 °C and **as cold as** –273 °C.

→ 「as + 형용사[부사]의 원급 + as」는 '~만큼 …한[하게]'의 의미이다.

⑬ So they do not **freeze to death**.

→ freeze to death는 '얼어 죽다'의 의미이다.

⑮ Instead, they stay in this state **until** conditions *get better*.

→ until은 '~할 때까지'의 의미인 접속사이다.

→ 「get + 형용사의 비교급」은 '더 ~해지다'의 의미이다.

본책 • pp. 88-89

정답 1 vibrate 2 rarely 3 ③ 4 They keep the younger elephants safe. 5 ⑤
6 사막여우의 귀에 있는 많은 혈관이 열을 방출하는 것 7 ④ 8 extreme

문제 해설

1 그 전화기는 탁자 위에서 진동하기 시작했다.

2 그는 집에서 요리하는 것을 선호하기 때문에 외식을 거의 하지 않는다.

3 빈칸 뒤에 나이가 더 많은 코끼리 자매들이 어린 형제자매를 돌본다는 내용이 언급되고 있으므로, 빈칸에는 ③ '형제자매'가 가장 알맞다.
① 주인 ② 친구 ④ 이웃 ⑤ 부모

4 '~가 …하는 것을 유지하다'의 의미인 「keep+목적어+형용사」를 이용한다.

5 ⓔ는 북극여우를 가리키고, 나머지는 모두 사막여우를 가리킨다.

6 바로 앞 문장의 사막여우의 귀에 있는 많은 혈관이 열을 방출하는 것을 가리킨다.

7 (A) 빈칸 앞에서 물곰이 극한의 환경에서 산다고 했고, 빈칸 뒤에서 그 극한의 환경을 예를 들어 설명하고 있으므로, 빈칸에는 'For example(예를 들어)'가 가장 알맞다.
(B) 빈칸 앞에서 물곰이 얼어 죽지 않는다고 했고, 빈칸 뒤에서 죽지는 않지만 환경이 나아질 때까지 이 상태로 있는다고 했으므로, 빈칸에는 'Instead(대신에)'가 가장 알맞다.

8 정도가 아주 심한

Section

08 Sports & Entertainment

본책 • pp. 92-93

1

정답 1 ② 2 ① 3 (1) T (2) F 4 disease, confident

문제 해설

1 피부 질병을 갖고 있음에도 자신감으로 매력적인 모델이 된 Winnie Harlow에 관한 글이므로, 제목으로는 ② '어떤 누구와도 다른 미인'이 가장 알맞다.

① 백반증은 치료될 수 있는가? ③ 모델들은 독특한 모습이 필요하다

④ 놀림당하는 것을 극복하는 방법 ⑤ 유명한 모델 경연 대회 쇼

2 빈칸 앞에서 Winnie Harlow가 어린 시절 외모로 놀림당했다고 했고, 빈칸 뒤에서는 그녀가 스스로에 대한 자신의 의견이 가장 중요하다고 믿었다고 했으므로, 그녀가 다른 사람들의 말에 연연하지 않았음을 알 수 있다. 따라서 빈칸에는 ① '무시했다'가 가장 알맞다.

② 받아들였다 ③ 반복했다 ④ 존중했다 ⑤ 설명했다

3 (1) 문장 ④에 언급되어 있다.
(2) 병원 치료나 병의 완치 여부는 글에 언급되지 않았다.

4 문장 ②, ⑩에 언급되어 있다.

비록 Winnie Harlow는 백반증이라고 불리는 피부 병이 있었지만, 그녀의 자신감 있는 성격이 그녀가 모델이 되는 것을 도왔다.

본문 직독 직해

① Winnie Harlow is a beautiful model / who is known for / her unique skin tone. /
Winnie Harlow는 아름다운 모델이다 ~로 알려진 그녀의 독특한 피부색

② She was born / with the disease vitiligo. / ③ It caused / some parts of her skin /
그녀는 태어났다 백반증이라는 질병을 가지고 그것은 야기했다 그녀의 피부의 어떤 부분들이

to be dark / and / other parts / to be very light. /
어둡도록 그리고 다른 부분들이 매우 밝도록

④ She was often teased / about her appearance / when she was young. / ⑤ Winnie
그녀는 종종 놀림을 받았다 그녀의 외모에 대해 그녀가 어렸을 때 Winnie는

ignored / what others said. / ⑥ She believed / that her opinion about herself / was the most
무시했다 다른 사람들이 말한 것을 그녀는 믿었다 그녀 자신에 대한 본인의 의견이 가장

important. / ⑦ She researched / many types of makeup / and practiced / applying it /
중요하다고 그녀는 연구했다 많은 종류의 화장품을 그리고 연습했다 그것을 바르는 것을

to her skin. / ⑧ Then, / she began posting / hundreds of / photos of herself / online. /
그녀의 피부에 그런 다음 그녀는 올리기 시작했다 수백 장의 그녀 자신의 사진을 인터넷에

⑨ Finally, / she was chosen / to compete / in a modeling contest / on TV. /
결국 그녀는 선발되었다 참가하도록 모델 경연 대회에 TV의

⑩ Her unusual skin tone / gives her a unique look, / but / her confident personality is /
그녀의 특이한 피부색은 그녀에게 독특한 모습을 준다 그러나 그녀의 자신감 있는 성격은 ~이다

what people find the most attractive / about her. /
사람들이 가장 매력적으로 생각하는 것 그녀에 대해

본문 해석

Winnie Harlow는 그녀의 독특한 피부색으로 알려진 아름다운 모델이다. 그녀는 백반증이라는 질병을 가지고 태어났다. 그것은 그녀의 피부의 어떤 부분들은 어둡고 다른 부분들은 매우 밝게 만들었다.

그녀는 어렸을 때 그녀의 외모에 대해 종종 놀림을 받았다. Winnie는 다른 사람들이 하는 말을 무시했다. 그녀는 그녀 자신에 대한 본인의 의견이 가장 중요하다고 믿었다. 그녀는 많은 종류의 화장품을 연구했고 그것을 자신의 피부에 바르는 것을 연습했다. 그런 다음, 그녀는 자신의 사진 수백 장을 인터넷에 올리기 시작했다. 결국 그녀는 TV 모델 경연 대회에 참가하도록 선발되었다.

그녀의 특이한 피부색은 그녀에게 독특한 모습을 주지만, 그녀의 자신감 있는 성격이야말로 사람들이 그녀에 대해 가장 매력적으로 생각하는 것이다.

구문 해설

① Winnie Harlow is **a beautiful model** [**who** is known for her unique skin tone].
→ [ ]는 선행사 a beautiful model을 수식하는 주격 관계대명사절이다.

③ It **caused** ***some parts of her skin to be dark*** and ***other parts to be very light***.
→ 「cause+목적어+to-v」는 '~가 …하게 야기하다'의 의미이다.
→ 동사 caused의 목적어와 to부정사에 해당하는 some parts of her skin to be dark와 other parts to be very light가 접속사 and로 병렬 연결되어 있다.

⑤ Winnie ignored [**what** others said].
→ [ ]는 동사 ignored의 목적어 역할을 하는 관계대명사절이다. what은 선행사를 포함하는 관계대명사로, '~하는 것'의 의미이다.

⑦ She researched many types of makeup and **practiced** ***applying*** *it to her skin*.
→ 「practice+v-ing」는 '~하는 것을 연습하다'의 의미로, practice는 동명사(applying)를 목적어로 취한다.
→ 「apply A to B」는 'A를 B에 바르다'라는 의미이다.

⑩ Her unusual skin tone **gives her a unique look**, but her confident personality is [*what* people find the most attractive about her].
→ 「give A B」는 'A에게 B를 주다'의 의미이다.
→ [ ]는 보어 역할을 하는 관계대명사절이다. what은 선행사를 포함하는 관계대명사이다.

2

본책 • pp. 94-95

정답 1 ③　2 ②　3 ③　4 (1) F (2) T

문제 해설

1 F1 자동차 경주에서 정비공이 하는 역할에 관해 설명하는 글이다.

2 정비공 팀은 타이어를 교체하고 손상 입은 곳을 수리한다고 했으므로, 빈칸에는 ② '운전자의 차를 점검한다'가 가장 알맞다.
① 운전자들을 응원한다　③ 운전자에게 음료를 준다
④ 자동차들의 속도를 기록한다　⑤ 운전자의 상태를 판단한다

3 정비공들이 타이어를 교체하고 손상 입은 곳을 수리한다는 내용 중에, 많은 다양한 유형의 타이어들이 일반 차량에 사용된다는 내용의 (c)는 글의 흐름과 무관하다.

4 (1) 문장 ③에서 때때로 차들은 멈춰야 한다고 했다.
(2) 문장 ⑤에 언급되어 있다.

본문 직독 직해

① A number of F1 race cars / are speeding / around the track / noisily. / ② People in the
많은 F1 경주용 자동차들이 빠르게 달리고 있다 트랙을 따라 요란하게 관중석에 있는

stands / cheer / as the cars quickly pass by. / ③ But / sometimes / the cars have to stop. /
사람들은 환호한다 차들이 빠르게 지나갈 때 그러나 때때로 차들은 멈춰야 한다

④ A team of mechanics / checks the driver's car / during these breaks. / ⑤ These mechanics
정비공들의 팀이 운전자의 차를 점검한다 이 휴식 시간 동안 이 정비공들은 일한다

work / in the pit area / near the starting line. / ⑥ When a driver stops the car, / they work /
피트 구역에서 출발선 근처에 있는 운전자가 차를 세울 때 그들은 작업한다

as fast as possible / to do many jobs. / ⑦ They must hurry / to change the tires / and repair
가능한 한 빨리 많은 일들을 하기 위해 그들은 서둘러야 한다 타이어를 교체하기 위해 그리고 손상을

damage. / (⑧ Many different types of tires / are used / for normal cars. /) ⑨ They usually
수리하기 위해 많은 다양한 유형의 타이어들이 사용된다 일반 차량에 그들은 보통

finish their work / within three or four seconds. / ⑩ Then / the car returns to the race. /
그들의 작업을 끝낸다 3초 내지 4초 안에 그러고 나서 그 차는 경주로 돌아간다

⑪ What great teamwork! / ⑫ Thanks to the team / working in the pit area, / the driver might
얼마나 멋진 팀워크인가 그 팀 덕분에 피트 구역에서 일하는 운전자는

win. /
이길 수도 있다

본문 해석

많은 F1 경주용 자동차들이 요란하게 트랙을 따라 빠르게 달리고 있다. 차들이 빠르게 지나갈 때, 관중석에 있는 사람들은 환호한다. 하지만 때때로 차들은 멈춰야 한다. 정비공 팀은 이 휴식 시간 동안 운전자의 차를 점검한다. 이 정비공들은 출발선 근처에 있는 피트 구역에서 일한다. 운전자가 차를 세울 때, 그들은 많은 일들을 하기 위해 가능한 한 빨리 작업한다. 그들은 타이어를 교체하고 손상을 수리하기 위해 서둘러야 한다. (많은 다양한 유형의 타이어들이 일반 차량에 사용된다.) 그들은 보통 그들의 작업을 3초 내지 4초 안에 끝낸다. 그러고 나서 그 차는 경주로 돌아간다. 얼마나 멋진 팀워크인가! 피트 구역에서 일하는 팀 덕분에, 운전자는 이길 수도 있다.

구문 해설

① **A number of F1 race cars** *are speeding* around the track noisily.
- 「a number of+복수 명사」는 '많은 ~'의 의미로, 복수 취급한다. (*cf.* the number of+복수 명사: ~의 수 (단수 취급))
- are speeding은 「be동사의 현재형+v-ing」의 현재진행형으로, '빠르게 달리고 있다'의 의미이다.

② People in the stands cheer **as** the cars quickly pass by.
- as는 '~할 때'의 의미로, 〈때〉를 나타내는 접속사이다.

③ But sometimes the cars **have to stop**.
- have to는 '~해야 한다'의 〈의무〉를 나타내는 조동사로, 뒤에 동사원형이 온다.

⑥ **When** a driver stops the car, they work *as fast as possible* to do many jobs.
- when은 '~할 때'의 의미로, 〈때〉를 나타내는 접속사이다.
- 「as+형용사[부사]의 원급+as possible」은 '가능한 한 ~한[하게]'의 의미이다.
- to do는 '하기 위해'의 의미로, 〈목적〉을 나타내는 부사적 용법의 to부정사이다.

⑦ They must hurry **to change** the tires and **repair** damage.
- to change와 (to) repair는 〈목적〉을 나타내는 부사적 용법의 to부정사로, 접속사 and로 병렬 연결되어 있다.

⑪ **What great teamwork!**
→ 「What+(a(n))+형용사+명사(+주어+동사)!」의 감탄문은 '얼마나 ~한 …인가!'의 의미이다.
⑫ Thanks to the team [**working** in the pit area], the driver might win.
→ [ ]는 the team을 수식하는 현재분사구이다.

본책 • pp. 96-97

3

정답 1 ⑤ 2 ⑤ 3 two local rivals 4 (1) local (2) match (3) sports

문제 해설

1 빈칸 뒤의 단락에서 'derby'라는 말이 어떻게 생겨났는지를 설명하고 있으므로, 빈칸에는 ⑤ '왜 이 경기가 'derby'라고 불리는지'가 가장 알맞다.
① 어느 팀이 더 잘하는지 ② 어디에서 이 경기가 열리는지
③ 왜 이 경기가 그렇게 인기 있는지 ④ 언제 이 경기가 처음 시작되었는지

2 ⑤: 어느 팀이 우승했는지에 관한 내용은 언급되지 않았다.
①, ②: 문장 ②에서 잉글랜드의 두 팀인 Manchester United와 Manchester City 간의 경기라고 했다.
③: 문장 ⑤-⑦을 통해 잉글랜드의 한 도시인 Derby에서 열렸음을 알 수 있다.
④: 문장 ⑧-⑩에서 치열하고 때때로 사망도 야기했으며 싸움처럼 보였다고 했다.

3 문장 ⑥에서 언급한 two local rivals를 가리킨다.

4

보기	스포츠	경기, 시합	거친, 치열한	지역의

스포츠에서 'Derby'라는 단어

19세기 동안	잉글랜드의 Derby는 (1) 지역의 두 팀 간의 치열한 경기로 유명했다.
나중에	사람들은 잉글랜드의 지역 라이벌 간의 (2) 시합을 'derby'라고 불렀다.
현재	'derby'라는 용어는 다양한 종류의 (3) 스포츠 경기를 나타내는 데 사용된다.

본문 직독 직해

① The Manchester Derby / is a traditional soccer match. / ② It's held / between two teams /
Manchester Derby는 전통적인 축구 경기이다 이것은 열린다 두 팀 사이에서
in England, / Manchester United and Manchester City. / ③ Do you know / why this match is
잉글랜드의 Manchester United와 Manchester City라는 당신은 아는가 왜 이 경기가
called a "derby"? /
'derby'라고 불리는지

④ There are many stories / about where this word came from. / ⑤ One says / it came
많은 이야기들이 있다 이 단어가 어디에서 생겨났는지에 관한 한 가지는 말한다 그것이
from the name / of the English city Derby. / ⑥ During the 19th century, / the city was
이름에서 생겨났다고 잉글랜드의 한 도시인 Derby라는 19세기 동안 그 도시는
famous for / a game between two local rivals. / ⑦ They were St. Peters and All Saints. /
~로 유명했다 두 지역 라이벌 간의 경기 그들은 St. Peters와 All Saints였다

⑧ The matches were tough. / ⑨ Sometimes / they even caused deaths. / ⑩ They seemed /
그 경기들은 치열했다 때때로 그것들은 심지어 사망을 야기했다 그것들은 보였다
like fights. / ⑪ Later, / any match between local rivals / was called / a "derby" / in England. /
싸움처럼 나중에 지역 라이벌들 간의 어느 경기든 불렸다 'derby'라고 잉글랜드에서
⑫ Today, / the word "derby" / can be used / for various kinds of sports events. /
오늘날 'derby'라는 단어는 사용될 수 있다 다양한 종류의 스포츠 경기에

본문 해석

Manchester Derby는 전통적인 축구 경기이다. 그것은 잉글랜드의 두 팀인 Manchester United와 Manchester City 사이에서 열린다. 당신은 왜 이 경기가 'derby'라고 불리는지 아는가?

이 단어가 어디에서 생겨났는지에 관한 많은 이야기들이 있다. 한 가지는 그것이 잉글랜드의 한 도시인 Derby라는 이름에서 생겨났다고 말한다. 19세기 동안, 그 도시는 두 지역 라이벌 간의 경기로 유명했다. 그들은 St. Peters와 All Saints였다. 그 경기들은 치열했다. 때때로 그것들은 심지어 사망을 야기했다. 그것들은 싸움처럼 보였다. 나중에, 잉글랜드에서 지역 라이벌 간의 어느 경기든 'derby'라고 불렸다. 오늘날, 'derby'라는 단어는 다양한 종류의 스포츠 경기에 사용될 수 있다.

구문 해설

② It's **held** between *two teams in England, Manchester United and Manchester City*.
→ It's는 It is의 축약형이며, is held는 '열린다, 개최된다'의 의미로, 「be+p.p.」의 수동태이다.
→ two teams in England와 Manchester United and Manchester City는 동격 관계이다.

③ Do you know [why this match is called a "derby"]?
→ [ ]는 「의문사+주어+동사」의 간접의문문으로, 동사 know의 목적어 역할을 한다.

④ There are many stories about [where this word came from].
→ [ ]는 「의문사+주어+동사」의 간접의문문으로, 전치사 about의 목적어 역할을 한다.

본책 • pp. 98-99

정답 1 ② 2 ④ 3 사람들이 다양한 종류의 음악을 즐기게 하려고 4 musicians, perform

문제 해설

1 Fête de la Musique에 관해 설명하는 중에, 음악의 일반적인 속성을 설명하는 내용의 (b)는 글의 흐름과 무관하다.

2 ④는 언급되지 않았다.
①은 문장 ①에, ②는 문장 ③-④에, ③은 문장 ⑥에, ⑤는 문장 ⑨에 나와 있다.

3 문장 ⑦-⑧을 통해 알 수 있다.

Q: 음악가들은 왜 무료로 공연하는가?

4 문장 ①, ⑥-⑧에 언급되어 있다.

세계 음악의 날은 매년 6월 21일에 열린다. 모든 종류의 음악가들이 그 행사에 참여한다. 그들은 거리와 카페에서 다양한 종류의 음악을 공연한다.

본문 직독 직해

① Every year / on June 21, / you can hear music / from all over the world! / ② The
매년 6월 21일에 당신은 음악을 들을 수 있다 전 세계의
event is called / the Fête de la Musique, / or / World Music Day. / ③ Its goal is to show /
그 행사는 불린다 Fête de la Musique라고 또는 세계 음악의 날이라고 그것의 목표는 보여주는 것이다
that anyone can make music. / ④ It also tries to make / various kinds of music / popular. /
누구나 음악을 만들 수 있다는 것을 그것은 또한 만들기 위해 노력한다 다양한 종류의 음악을 인기 있게
(⑤ Music expresses emotion / through sound. /) ⑥ On this day, / all kinds of musicians, /
음악은 감정을 표현한다 소리를 통해 이날에 모든 종류의 음악가들이
from amateurs to professionals, / gather / on the street / and / in cafés. / ⑦ And / they
아마추어부터 전문가까지 모인다 거리에 그리고 카페에 그리고 그들은
perform / for free. / ⑧ This allows / people to enjoy / various kinds of music. / ⑨ The first Fête
공연한다 무료로 이것은 (허락)한다 사람들이 즐기게 다양한 종류의 음악을 첫 번째 Fête
de la Musique / took place / in Paris, France, / in 1982. / ⑩ Now, / it is held / in more than a
de la Musique는 개최되었다 프랑스 파리에서 1982년에 현재 그것은 개최된다
hundred countries, / including / Vietnam, Chile, Japan, Australia, Germany, and Italy. /
백 개 이상의 나라들에서 ~을 포함하여 베트남, 칠레, 일본, 호주, 독일, 그리고 이탈리아

본문 해석

매년 6월 21일에, 당신은 전 세계의 음악을 들을 수 있다! 그 행사는 Fête de la Musique 또는 세계 음악의 날이라고 불린다. 그것의 목표는 누구나 음악을 만들 수 있다는 것을 보여주는 것이다. 그것은 또한 다양한 종류의 음악을 인기 있게 만들기 위해 노력한다. (음악은 소리를 통해 감정을 표현한다.) 이날에, 아마추어부터 전문가까지 모든 종류의 음악가들이 거리와 카페에 모인다. 그리고 그들은 무료로 공연한다. 이것은 사람들이 다양한 종류의 음악을 즐기게 한다. 첫 번째 Fête de la Musique는 1982년에 프랑스 파리에서 개최되었다. 현재, 그것은 베트남, 칠레, 일본, 호주, 독일, 그리고 이탈리아를 포함하여 백 개 이상의 나라들에서 개최된다.

구문 해설

① Every year **on** June 21, you can hear music from all over the world!
→ on은 '~에'라는 의미의 〈때〉를 나타내는 전치사로, 뒤에 요일이나 특정한 날이 온다.

③ Its goal is **to show** [*that* anyone can make music].
→ to show는 보어 역할을 하는 명사적 용법의 to부정사로, '보여주는 것'의 의미이다.
→ that은 명사절을 이끄는 접속사로, [ ]는 동사 show의 목적어 역할을 한다.

④ It also tries to **make various kinds of music popular**.
→ 「make+목적어+형용사」는 '~을 …하게 만들다'의 의미이다.

⑥ On this day, all kinds of musicians, **from amateurs to professionals**, gather … .
→ 「from A to B」는 'A부터 B까지'의 의미이다.

⑧ This **allows people to enjoy** various kinds of music.
→ 「allow+목적어+to-v」는 '~가 …하게 (허락)하다'의 의미이다.

Review Test

본책 • pp. 100-101

정답 1 ⑤ 2 ④ 3 (the disease) vitiligo 4 ③ 5 why this match is called a "derby"
6 ① 7 ③ 8 goal

문제 해설

1 ⑤ take place: 개최되다, 열리다

2

> · 그 작가는 그녀의 추리 소설들로 알려져 있다.
> · 당신은 그 앱을 무료로 다운로드할 수 있습니다.

be known for: ~로 알려지다

for free: 무료로

3 바로 앞 문장의 'the disease vitiligo(백반증이라는 질병)'을 가리킨다.

4 Winne Harlow는 백반증으로 놀림을 받았으나, 자신에 대한 본인의 의견이 가장 중요하다고 생각하며 모델이 되었으므로, '자신의 모습에 자신감을 가져야 한다'는 교훈을 얻을 수 있다.

5 동사 know의 목적어로 「의문사+주어+동사」 형태의 간접의문문을 쓴다. '불리다'는 「be+p.p.」 형태의 수동태로 쓴다.

6 빈칸 뒤에 경기가 사망을 야기했다는 내용이 있으므로, 빈칸에는 ① 'tough(치열한, 거친)'가 알맞다.
② 훌륭한 ③ 무료의 ④ 다른 ⑤ 매력적인

7 ③ 음악가들은 거리와 카페에 모여 연주한다고 했다.

8

> 계획된 일의 목적

Section 09 Places

본책 • pp. 104-105

1

정답 1 ② 2 ① 3 ①, ③ 4 (1) T (2) F

문제 해설

1 페루의 절벽에 위치한 독특한 호텔을 소개하는 글이므로, 주제로는 ② '독특한 머무를 장소'가 가장 알맞다.
① 페루의 아름다운 지역 ③ 절벽을 등반하는 더 안전한 방법
④ 집라인을 타는 것의 위험 요소들 ⑤ 남아메리카에서 가장 좋은 장소들

2 ⓐ는 호텔의 객실들을 가리키고, 나머지는 모두 호텔의 손님들을 가리킨다.

3 문장 ③을 통해 객실 수를, 문장 ⑤를 통해 수용 인원을 알 수 있다.

4 (1) 문장 ④에 언급되어 있다.
(2) 문장 ⑥, ⑨에서 손님들은 객실에 가기 위해 절벽을 등반해야 한다고 했으며, 투숙 마지막에 집라인을 탈 수 있다고 했다.

본문 직독 직해

① Peru is / one of South America's most beautiful countries. / ② Now / there is a new and exciting way / to experience / the beauty of Peru / —staying at a hotel / located halfway / up a high cliff. /
페루는 ~이다 / 남아메리카에서 가장 아름다운 나라들 중의 하나 / 이제 / 새롭고 흥미진진한 방법이 있다 / 경험할 / 페루의 아름다움을 / 한 호텔에 머무는 것 / 중간에 위치한 / 높은 절벽 위에

③ The hotel has / only three rooms. / ④ They are made of glass. / ⑤ Each is big enough / for two people. / ⑥ Guests must climb 400 feet / up the cliff / to get to their rooms. / ⑦ If they want / some fresh air, / they can climb / onto the roof / of their room. / ⑧ As the sun goes down, / they can enjoy / amazing views / of the valley below. / ⑨ At the end of their stay, / they can ride a zip line / to the bottom / of the cliff. /
그 호텔은 가지고 있다 / 단 세 개의 객실을 / 그것들은 유리로 만들어져 있다 / 각각은 충분히 크다 / 두 명에게 / 손님들은 400피트를 등반해야 한다 / 절벽 위로 / 그들의 객실에 가기 위해 / 만약 그들이 원하면 / 약간의 신선한 공기를 / 그들은 올라갈 수 있다 / 지붕 위로 / 그들의 객실의 / 해가 질 때 / 그들은 즐길 수 있다 / 놀라운 전망을 / 아래쪽 계곡의 / 그들의 투숙의 마지막에 / 그들은 집라인을 탈 수 있다 / 맨 아래까지 / 절벽의

⑩ The hotel isn't for everyone. / ⑪ But / it's perfect / for people / who love nature and excitement! /
호텔은 모두를 위한 것은 아니다 / 그러나 / 그것은 안성맞춤이다 / 사람들에게 / 자연과 신나는 것을 사랑하는

본문 해석

페루는 남아메리카에서 가장 아름다운 나라들 중 하나이다. 이제 페루의 아름다움을 경험할 새롭고 흥미진진한 방법이 있다. 바로 높은 절벽 중간에 위치한 한 호텔에 머무는 것이다.

이 호텔은 단 세 개의 객실을 보유하고 있다. 그것들은 유리로 만들어져 있다. 각각은 두 명이 쓸 만큼 충분히 크다. 손님들은 객실에 가기 위해 절벽 위로 400피트를 등반해야 한다. 만약 그들이 약간의 신선한 공기를 원하면, 그들은 객실의 지붕 위로 올라갈 수 있다. 해가 질 때, 그들은 아래쪽 계곡의 놀라운 전망을 즐길 수 있다. 투숙 마지막에 그들은 절벽 맨 아래까지 집라인을 탈 수 있다.

이 호텔은 모든 사람을 위한 것은 아니다. 그러나 이곳은 자연과 신나는 것을 사랑하는 사람들에게는 안성맞춤이다!

구문 해설

① Peru is **one of South America's most beautiful countries.**
→ 「one of+소유격[the]+최상급+복수 명사」는 '가장 ~한 …들 중 하나'의 의미이다.

② Now there is a new and exciting way **to experience** the beauty of Peru—staying at a hotel [*located* halfway up a high cliff].
→ to experience는 '경험할'의 의미로, 명사구 a new and exciting way를 수식하는 형용사적 용법의 to부정사이다.
→ [ ]는 a hotel을 수식하는 과거분사구이다.

⑤ Each is big **enough** for two people.
→ enough는 '충분히'라는 의미의 부사로, 형용사 big을 뒤에서 수식한다.

⑥ Guests must climb 400 feet up the cliff **to get** to their rooms.
→ to get은 '가기 위해'의 의미로, 〈목적〉을 나타내는 부사적 용법의 to부정사이다.

⑧ **As** the sun goes down, they can enjoy amazing views of the valley below.
→ as는 '~할 때'의 의미로, 〈때〉를 나타내는 접속사이다.

⑪ But it's perfect for **people** [**who** love nature and excitement]!
→ [ ]는 선행사 people을 수식하는 주격 관계대명사절이다.

2

본책 • pp. **106-107**

정답 1 ④ 2 ⑤ 3 autumn 4 (1) F (2) T

문제 해설

1 중국 판진에 위치한 붉은 습지에 관한 글이므로, 제목으로는 ④ '독특한 특징을 가진 중국의 습지'가 가장 알맞다.
① 붉은 식물이 많이 있는 중국의 한 도시 ② 오염으로 인해 고통받고 있는 해변
③ 중국인 관광객들을 위해 만들어진 특별한 장소 ⑤ 보호받고 있는 멸종 위기에 처한 식물

2 주어진 문장은 '그 해변은 또한 많은 새들과 동물들의 서식지이다'라는 내용으로 습지를 보호해야 하는 이유에 해당하므로, 이 지역 보호를 언급한 문장 앞인 ⑤의 위치가 가장 알맞다.

3 문장 ⑤-⑦에 언급되어 있다.

Panjin Red Beach는 seepweed로 덮여 있다. 이 식물은 가을에 색이 변한다.

4 (1) 문장 ②, ④-⑤에서 Panjin Red Beach에는 모래가 없으며 seepweed로 덮여 있다고 했다.
(2) 문장 ⑥-⑦을 통해 알 수 있다.

본문 직독 직해

① Panjin Red Beach is not a typical beach. / ② There are no umbrellas, waves, or sand, /
Panjin Red Beach는 전형적인 해변이 아니다 파라솔이나 파도, 모래가 없다

and / it is bright red. / ③ The area is actually a wetland / of the Liaohe River / in northeast
그리고 그것은 새빨갛다 그 지역은 사실 습지이다 랴오허강의 북동부

China. / ④ It gets its impressive color / from a special kind of plant / known as seepweed. /
중국의 그것은 그것의 인상적인 색깔을 얻는다 특별한 종류의 식물로부터 seepweed로 알려진

⑤ The beach is covered in it. / ⑥ Most of the year, / seepweed is green, / like other plants. /
그 해변은 그것으로 덮여 있다 일 년 중 대부분 seepweed는 초록색이다 다른 식물들처럼

⑦ But / it turns bright red / in the autumn. /
그러나 그것은 새빨갛게 변한다 가을에

⑧ Many tourists visit the beach / during this season / to enjoy the amazing scenery. /
많은 관광객들이 그 해변을 방문한다 이 계절 동안에 이 놀라운 풍경을 즐기기 위해

⑨ They gather / on wooden decks / and take photos / of the colorful plants. / The beach is also home / to many birds and animals. / ⑩ So / efforts are being made / to protect this unique area. /
그들은 모인다 목재 갑판 위에 그리고 사진을 찍는다 화려한 식물들의 그 해변은 또한 서식지이다 많은 새들과 동물들의 그래서 노력이 기울여지고 있다 이 독특한 지역을 보호하기 위해

본문 해석

Panjin Red Beach는 전형적인 해변이 아니다. 파라솔이나 파도, 모래가 없으며, 그곳은 새빨갛다. 그 지역은 사실 중국 북동부에 있는 랴오허강의 습지이다. 그곳은 seepweed(해안가나 습지에서 자라는 한해살이 풀)로 알려진 특별한 종류의 식물로부터 그 인상적인 색깔을 얻는다. 그 해변은 그것으로 덮여 있다. 일 년 중 대부분 seepweed는 다른 식물들처럼 초록색이다. 그러나 그것은 가을에 새빨갛게 된다.

많은 관광객들이 이 놀라운 풍경을 즐기기 위해 이 계절 동안에 그 해변을 방문한다. 그들은 목재 갑판 위에 모여 화려한 식물들의 사진을 찍는다. 그 해변은 또한 많은 새들과 동물들의 서식지이다. 그래서 이 독특한 지역을 보호하기 위해 노력이 기울여지고 있다.

구문 해설

② There are no umbrellas, waves, or sand, and **it** is bright red.
→ it은 앞 문장의 Panjin Red Beach를 가리킨다.

④ It gets its impressive color from a special kind of plant [***known*** **as** seepweed].
→ known as ~는 '~로 알려진'의 의미이다.
→ [ ]는 a special kind of plant를 수식하는 과거분사구이다.

⑦ But it **turns bright red** in the autumn.
→ 「turn+형용사」는 '~하게 되다, ~해지다'의 의미이다.

⑧ Many tourists visit the beach during this season **to enjoy** the amazing scenery.
→ to enjoy는 '즐기기 위해'의 의미로, 〈목적〉을 나타내는 부사적 용법의 to부정사이다.

⑩ So efforts **are being made** *to protect* this unique area.
→ 「be being+p.p.」는 '~되어지고 있다'라는 의미의 진행형 수동태이다.
→ to protect는 '보호하기 위해'의 의미로, 〈목적〉을 나타내는 부사적 용법의 to부정사이다.

3

본책 • pp. **108-109**

정답 1 ③ 2 ② 3 delivered 4 모든 음식이 뚜껑이 달린 금속 냄비에 담겨 있고, 냄비가 끈으로 고정되어 있기 때문에

문제 해설

1 음식이 롤러코스터 선로 위로 배달되는 특이한 레스토랑에 관한 글이므로, 제목으로는 ③ '신기한 서비스를 하는 레스토랑'이 가장 알맞다.
① 전 세계의 롤러코스터들 ② 롤러코스터처럼 생긴 음식

④ 롤러코스터 위의 레스토랑　　　　⑤ 세계에서 가장 좋은 놀이공원

2 롤러코스터를 이용하는 레스토랑에 관해 설명하는 내용 중에, 사람들이 무서워서 높은 롤러코스터를 타지 못한다는 내용의 (b)는 글의 흐름과 무관하다.

3 문장 ⑤-⑥에 언급되어 있다.

롤러코스터 레스토랑에서는 음식이 롤러코스터로 배달된다.

4 문장 ⑪-⑫에 언급되어 있다.

본문 직독 직해

① Do you love roller coasters? / ② Then / you should check out / Rollercoaster Restaurant. /
당신은 롤러코스터를 좋아하는가　그렇다면　당신은 가 봐야 한다　롤러코스터 레스토랑에
③ It's a restaurant chain. / ④ Guests order / food and drinks / from a touchscreen device /
그것은 레스토랑 체인점이다　손님들은 주문한다　음식과 음료를　터치스크린 기기에서
at their table. / ⑤ Then the food is delivered / in a very special way. / ⑥ It arrives / on a small
그들의 테이블에 있는　그러면 음식이 배달된다　아주 특별한 방식으로　그것은 도착한다　작은
roller coaster track! /
롤러코스터 선로 위로
⑦ Each table has / its own track. / ⑧ The tracks are / up to nine meters tall, / and the food
각각의 테이블은 갖고 있다　자기의 선로를　그 선로들은　(최고) 9미터까지 높다　그리고 음식은
travels / as fast as 20 kilometers / per hour. / (⑨ Many people are / too afraid / to ride tall
이동한다　20킬로미터만큼 빠르게　시간당(시속)　많은 사람들은　너무 무서워서　높은
roller coasters. /) ⑩ You don't have to worry / about your food falling / on the floor, / though. /
롤러코스터를 타지 못한다　당신은 걱정할 필요가 없다　당신의 음식이 떨어지는 것에 대해　바닥에　그렇지만
⑪ All of the food is placed / in metal pots / with lids. / ⑫ The pots are secured / by straps. /
모든 음식은 놓인다　금속 냄비 안에　뚜껑이 달린　그 냄비는 고정된다　끈에 의해
⑬ Cold drinks come / in bottles. / ⑭ But, / for safety reasons, / hot drinks are served / by a
차가운 음료는 온다　병 안에　그러나　안전상의 이유로　뜨거운 음료는 제공된다
waiter. / ⑮ Doesn't it sound like fun? /
종업원에 의해　재미있게 들리지 않는가

본문 해석

당신은 롤러코스터를 좋아하는가? 그렇다면 당신은 롤러코스터 레스토랑에 가 봐야 한다. 그것은 레스토랑 체인점이다. 손님들은 자신들의 테이블에 있는 터치스크린 기기에서 음식과 음료를 주문한다. 그러면 음식이 아주 특별한 방식으로 배달된다. 그것은 작은 롤러코스터 선로 위로 도착한다!

테이블마다 각각의 선로가 있다. 그 선로들은 (최고) 9미터까지 높고, 음식은 시속 20킬로미터만큼 빠르게 이동한다. (많은 사람들은 너무 무서워서 높은 롤러코스터를 타지 못한다.) 그렇지만 당신은 음식이 바닥에 떨어지는 것에 대해 걱정할 필요가 없다. 모든 음식은 뚜껑이 달린 금속 냄비 안에 들어 있다. 그 냄비는 끈으로 고정된다. 차가운 음료는 병에 담겨서 온다. 그렇지만 안전상의 이유로 뜨거운 음료는 종업원에 의해 제공된다. 재미있게 들리지 않는가?

구문 해설

⑤ Then the food **is delivered** in a very special way.
→ is delivered는 '배달된다'의 의미로, 「be+p.p.」의 수동태이다.

⑧ …, and the food travels **as fast as** 20 kilometers per hour.

→ 「as＋형용사[부사]의 원급＋as」는 '~만큼 …한[하게]'라는 의미의 원급 비교이다.

⑨ Many people are **too afraid to ride** tall roller coasters.

→ 「too＋형용사[부사]＋to-v」는 '너무 ~해서 …할 수 없다'의 의미이다.

⑩ You don't have to worry about **your food** [**falling** on the floor], though.

→ [ ]는 전치사 about의 목적어 역할을 하는 동명사구이다. your food는 동명사(falling)의 의미상의 주어이다.

⑪ **All of the food is** placed in metal pots with lids.

→ 「all of＋명사」는 of 뒤에 오는 명사에 수를 일치시키므로, be동사의 단수형인 is가 쓰였다.

본책 • pp. 110-111

정답 1 ①, ② 2 ⓐ: Lake Vostok ⓑ: the water in the lake 3 (1) T (2) T 4 ③

문제 해설

1 ①은 문장 ①과 ③-④, ②는 문장 ⑤를 통해 알 수 있다.

2 각각 문장 ④와 문장 ⑧에서 언급한 Lake Vostok과 the water in the lake를 가리킨다.

3 (1) 문장 ②에 언급되어 있다.
(2) 문장 ⑥에 언급되어 있다.

4 문장 ⑧-⑩에 언급되어 있다.

Vostok 호수 안의 물은 두꺼운 얼음 때문에 얼지 않는다.

① 눈 ② 차가운 공기 ④ 그것의 굉장한 크기 ⑤ 지구 온난화

본문 직독 직해

① In Antarctica, / almost everything is covered / with ice and snow. / ② The
남극 대륙에 / 거의 모든 것이 덮여 있다 / 얼음과 눈으로
temperature can drop / below -55 °C. / ③ Surprisingly, / four kilometers / beneath the ice, /
기온은 떨어질 수 있다 / 영하 55도 아래로 / 놀랍게도 / 4킬로미터 / 얼음 아래에
there is a huge lake. / ④ Its name is Lake Vostok. / ⑤ It is 250 km long, / 50 km wide, /
거대한 호수가 있다 / 그것의 이름은 Vostok 호수이다 / 그것은 길이가 250킬로미터 / 폭은 50킬로미터
and about 400 m deep. / ⑥ It contains / around 5,400 km³ of water / —about 5% / of all the
그리고 깊이는 약 400미터이다 / 그것은 포함한다 / 약 5,400세제곱킬로미터의 물을 / 약 5퍼센트
fresh water / in the world! /
전체 민물의 / 세계에 있는

⑦ Lake Vostok has been covered / with ice / for more than 14 million years. / ⑧ But /
Vostok 호수는 덮여 있어 왔다 / 얼음으로 / 1,400만 년이 넘는 시간 동안 / 그러나
the water in the lake / does not freeze. / ⑨ How is this possible? / ⑩ It is because / the thick
그 호수 안의 물은 / 얼지 않는다 / 어떻게 이것이 가능한가 / 그것은 ~ 때문이다 / 두꺼운
ice protects it / from the cold air. / ⑪ The ice also prevents / the heat within the lake / from
얼음이 그것을 보호한다 / 차가운 공기로부터 / 그 얼음은 또한 막는다 / 호수 내부의 열이
escaping. / ⑫ What an amazing lake! /
빠져나가는 것을 / 얼마나 놀라운 호수인가

본문 해석

남극 대륙에, 거의 모든 것은 얼음과 눈으로 덮여 있다. 기온은 영하 55도 아래로 떨어질 수 있다. 놀랍게도, 얼음 4킬로미터 아래에, 거대한 호수가 있다. 그것의 이름은 Vostok 호수이다. 그것은 길이가 250킬로미터이고, 폭은 50킬로미터이며, 깊이는 약 400미터이다. 그것은 약 5,400세제곱킬로미터의 물을 포함하고 있는데, 세계에 있는 전체 민물의 약 5퍼센트이다!

Vostok 호수는 1,400만 년이 넘는 시간 동안 얼음으로 덮여 있어 왔다. 그러나 호수 안의 물은 얼지 않는다. 어떻게 이것이 가능한가? 그것은 두꺼운 얼음이 그것(호수 안의 물)을 차가운 공기로부터 보호하기 때문이다. 그 얼음은 또한 호수 내부의 열이 빠져나가는 것을 막는다. 얼마나 놀라운 호수인가!

구문 해설

① In Antarctica, almost **everything** is covered with ice and snow.
→ everything은 '모든 것'이라는 의미의 대명사로, 단수 취급하므로 단수형 동사 is가 쓰였다.

⑦ Lake Vostok **has been covered** with ice for *more than* 14 million years.
→ has been covered는 「have[has] been+p.p.」의 현재완료 수동태로, '덮여 있어 왔다'의 의미이다.
→ more than은 '~ 이상, ~보다 많이'의 의미이다.

⑩ **It is because** the thick ice *protects it from the cold air*.
→ it is because ~는 '그것은 ~ 때문이다'의 의미이다.
→ 「protect A from B」는 'A를 B로부터 보호하다'의 의미이다.

⑪ The ice also **prevents the heat within the lake from escaping.**
→ 「prevent+목적어+from+v-ing」는 '~가 …하는 것을 막다[예방하다]'의 의미이다.

⑫ **What an amazing lake!**
→ 「What+(a(n))+형용사+명사(+주어+동사)!」의 감탄문은 '얼마나 ~한 …인가!'의 의미이다.

본책 • pp. 112-113

정답 1 ③ 2 ⑤ 3 ② 4 people who love nature and excitement 5 ⑤ 6 scenery 7 ⑤ 8 floor, lids

문제 해설

1 ③ freeze: 얼다

2

· 그 케이크는 형형색색의 스프링클로 덮여 있었다.
· 그 경기는 폭우로 취소되었다.

be covered in[with]: ~로 덮여 있다
due to: ~으로 인해, ~ 때문에

3 밑줄 친 to experience는 명사구 a new and exciting way를 수식하는 형용사적 용법의 to부정사이며, ②는 진주어 역할을 하는 명사적 용법의 to부정사이다.
① 그녀는 여행할 계획을 가지고 있다.
② 주의하는 것이 중요하다.
③ 그는 성공할 능력을 갖추고 있다.
④ 그들은 배우고자 하는 욕구가 있다.
⑤ 그것은 탐험할 좋은 기회이다.

4 선행사 people을 수식하는 who가 이끄는 주격 관계대명사절을 쓴다.

5 ⓔ는 앞 문장의 seepweed를 가리키고, 나머지는 모두 Panjin Red Beach를 가리킨다.

6

산, 언덕, 계곡 등과 같은 자연적인 특징의 경관

7 ⑤ 뜨거운 음료는 안전상의 이유로 종업원이 직접 제공한다고 했다.

8

뚜껑과 끈이 달린 금속 냄비에 음식을 넣기 때문에 어떤 음식도 바닥에 떨어지지 않을 것이다.

Section

10 Science & Universe

본책 • pp. 116-117

1

정답 1 ③ 2 ④ 3 (1) F (2) T (3) T 4 (1) vinegar (2) bubbles (3) destroys

문제 해설

1 달걀을 튀어 오르는 고무공처럼 만드는 과학 실험에 관한 글이므로, 제목으로는 ③ '과학으로 통통 튀는 공 만들기'가 가장 알맞다.

① 화학 물질로 달걀 요리하기 ② 달걀이 고무보다 더 강할까?

④ 두 가지 종류의 화학 반응 ⑤ 식초: 특별한 용도를 가진 액체

2 ④ '고무'는 글에서 실험 준비물로 언급되지 않았다. 나머지는 문장 ③-⑧에 언급되어 있다.

① 병 ② 물 ③ 달걀 ⑤ 식초

3 (1) 문장 ③에서 날달걀을 사용한다고 했다.

(2) 문장 ⑮에 언급되어 있다.

(3) 문장 ⑯-⑰에 언급되어 있다.

4

그것들이 함유하고 있는 것	그것들이 만났을 때 일어나는 일	결과
(1) 식초: 아세트산	이산화탄소 가스 (2) 기포가 형성된다.	기포가 단단한 달걀 껍질을 (3) 파괴한다.
달걀 껍질: 탄산칼슘		

본문 직독 직해

① By using science, / we can turn an egg / into a rubber ball. / ② Let's do the experiment / together! /
과학을 이용함으로써 우리는 달걀을 만들 수 있다 고무공으로 실험을 해보자 함께

③ First, / put an uncooked egg / in a jar. / ④ Then / pour vinegar / over it. / ⑤ Bubbles will soon appear / on the eggshell. / ⑥ After 24 hours, / change the vinegar. / ⑦ Wait another 24 hours. / ⑧ Rinse the egg / in water. / ⑨ Now / the egg will feel / like rubber. / ⑩ You can even gently bounce it / like a ball. /
먼저 익히지 않은 달걀을 넣어라 병에 그러고 나서 식초를 부어라 그 위에 기포가 곧 생길 것이다 달걀 껍질에 24시간 후에 식초를 바꿔라 24시간을 더 기다려라 그 달걀을 씻어라 물에 이제 그 달걀은 느껴질 것이다 고무처럼 당신은 그것을 부드럽게 튕길 수도 있다 공처럼

⑪ This happens / because of calcium carbonate in the eggshell / and acetic acid in vinegar. / ⑫ These two chemicals react / with each other. / ⑬ The chemical reaction creates carbon dioxide gas. / ⑭ That's / what the little bubbles on the eggshell are. / ⑮ Slowly, / this gas destroys the eggshell. / ⑯ Beneath the eggshell, / there is a thin but strong layer. / ⑰ This is / what makes the egg bounce. /
이것은 일어난다 달걀 껍질에 있는 탄산칼슘 때문에 그리고 식초에 있는 아세트산 이 두 화학 물질은 반응한다 서로 화학 반응은 이산화탄소 가스를 만든다 그것이 ~이다 달걀 껍질에 있는 작은 기포들인 것 천천히 이 가스가 달걀 껍질을 파괴한다 달걀 껍질 아래에 얇지만 강한 층이 있다 이것이 ~이다 달걀을 튕기게 만드는 것

본문 해석

과학을 이용하여, 우리는 달걀을 고무공으로 바꿀 수 있다. 함께 실험을 해보자!

먼저, 병에 익히지 않은 달걀을 넣어라. 그러고 나서 식초를 그 위에 부어라. 기포가 곧 달걀 껍질에 생길 것이다. 24시간 후에, 식초를 바꿔라. 24시간을 더 기다려라. 그 달걀을 물에 씻어라. 이제 그 달걀은 고무처럼 느껴질 것이다. 당신은 그것을 공처럼 부드럽게 튕길 수도 있다.

이것은 달걀 껍질에 있는 탄산칼슘과 식초에 있는 아세트산 때문에 일어난다. 이 두 화학 물질은 서로 반응한다. 화학 반응은 이산화탄소 가스를 만든다. 그것이 달걀 껍질에 있는 작은 기포들인 것이다. 천천히, 이 가스가 달걀 껍질을 파괴한다. 달걀 껍질 아래에, 얇지만 강한 층이 있다. 이것이 달걀을 튕기게 만드는 것이다.

구문 해설

① **By using** science, we can *turn an egg into a rubber ball*.
- → 「by+v-ing」는 '~함으로써'의 의미로, 〈방법〉을 나타낸다.
- → 「turn A into B」는 'A를 B로 만들다'의 의미이다.

③ First, ***put*** *an uncooked egg in a jar*.
- → 동사원형 put이 문장 맨 앞에 와서 명령문으로 쓰였다.
- → 「put A in B」는 'A를 B에 넣다'의 의미이다.

⑭ That's [**what** the little bubbles on the eggshell are].
- → what은 선행사를 포함하는 관계대명사로, '~하는 것'의 의미이다. [ ]는 동사 is의 보어 역할을 한다.

⑯ Beneath the eggshell, there is a **thin** but **strong** layer.
- → 명사 layer를 수식하는 형용사 thin과 strong이 접속사 but으로 병렬 연결되어 있다.

⑰ This is [**what** *makes the egg bounce*].
- → what은 선행사를 포함하는 관계대명사로, '~하는 것'의 의미이다. [ ]는 동사 is의 보어 역할을 한다.
- → 「make+목적어+동사원형」은 '~가 …하게 만들다'의 의미이다.

2

본책 • pp. 118-119

정답 1 ① 2 ④ 3 ⑤ 4 move, see, dark(ness)

문제 해설

1 해적이 안대를 착용한 이유에 관한 글이므로, 주제로는 ① '왜 해적들은 안대를 착용했는지'가 가장 알맞다.
② 왜 해적들은 시력이 나빴는지 ③ 어떤 장소들이 해적들에게 안전했는지
④ 어떻게 해적들은 갑판 위에서 싸울 수 있었는지 ⑤ 어떻게 해적들은 나쁜 시력을 극복했는지

2 빈칸 앞에서 안대를 쓰면 한쪽 눈이 어둠에 익숙해져서 어두운 곳에서 싸울 때 더 잘 볼 수 있다고 했고, 빈칸 뒤에서는 갑판 아래에서 싸우는 경우를 설명하고 있으므로, 빈칸에는 예시를 나타내는 ④ '예를 들어'가 가장 알맞다.
① 그러나 ② 그렇지 않으면 ③ 게다가 ⑤ 반면에

3 빈칸 앞 단락에서 해적들이 한쪽 눈에 안대를 착용한 이유에 관해 설명하고 있고, 빈칸 앞 문장에서 그것을 시험해 보라고 했으므로, 손으로 한쪽 눈을 '가리라'고 하는 것이 자연스럽다. 따라서, 빈칸에는 ⑤ '가리다'가 가장 알맞다.
① 문지르다 ② 사용하다 ③ 씻다 ④ 뜨다

4 해적들이 한쪽 눈에 안대를 착용해서, 그것(눈)은 어둠에 익숙해졌다. 그러고 나서, 그들이 어둠 속에서 싸울 때, 그들은 그 안대를 다른 쪽 눈으로 옮겼다. 이것은 그들이 어둠 속에서 잘 보고 잘 싸우는 것을 도왔다.

본문 직독 직해

① Why did pirates wear / eye patches? / ② Did they often hurt / their eyes? / ③ You
왜 해적들은 착용했을까 안대를 그들이 자주 다쳤는가 그들의 눈을 당신은
may be surprised / by the answer. / ④ They wore eye patches / so that they could / fight
놀랄지도 모른다 그 답에 그들은 안대를 착용했다 그들이 ~할 수 있게
better! /
더 잘 싸울

⑤ Generally, / the human eye needs time / to adapt / from sunlight to darkness. /
일반적으로 인간의 눈은 시간이 필요하다 적응하기 위해 햇빛에서 어둠으로
⑥ This usually takes / about 25 minutes. / ⑦ Pirates knew this. / ⑧ They wore the patches /
이것은 보통 걸린다 약 25분 해적들은 이것을 알고 있었다 그들은 안대를 착용했다
so that one eye could / get used to the dark. / ⑨ This helped / them see better / when they
한쪽 눈이 ~할 수 있게 어둠에 익숙해질 이것은 도왔다 그들이 더 잘 보는 것을 그들이
fought / in the dark. / ⑩ For example, / when they needed to fight / under the deck, /
싸울 때 어둠 속에서 예를 들어 그들이 싸울 필요가 있을 때 갑판 아래에서
they moved the patch / to the other eye. / ⑪ Then / they could instantly see / using the eye /
그들은 안대를 옮겼다 다른 쪽 눈으로 그러면 그들은 즉시 볼 수 있었다 눈을 이용해서
that had adjusted / to darkness. /
적응했었던 어둠에

⑫ Try it out. / ⑬ In a bright room, / cover one eye / with your hand. / ⑭ Turn off the light, /
그것을 시험해 보아라 밝은 방에서 한쪽 눈을 가려라 당신의 손으로 불을 꺼라
and / move your hand / to the other eye. / ⑮ You can still see, / right? /
그리고 당신의 손을 옮겨라 다른 쪽 눈으로 당신은 여전히 볼 수 있다 그렇지 않은가

본문 해석

왜 해적들은 안대를 착용했을까? 그들이 자주 눈을 다쳤는가? 당신은 그 답에 놀랄지도 모른다. 그들은 자신들이 더 잘 싸울 수 있도록 안대를 착용했다!

일반적으로, 인간의 눈은 햇빛에서 어둠으로 적응하기 위해 시간이 필요하다. 이는 보통 25분 정도 걸린다. 해적들은 이것을 알고 있었다. 그들은 한쪽 눈이 어둠에 익숙해지게 하기 위해 안대를 착용했다. 이것은 그들이 어둠 속에서 싸울 때 더 잘 보는 것을 도왔다. 예를 들어, 그들이 갑판 아래에서 싸울 필요가 있을 때, 그들은 안대를 다른 쪽 눈으로 옮겼다. 그러면 그들은 어둠에 적응했었던 눈을 이용하여 즉시 볼 수 있었다.

그것을 시험해 보아라. 밝은 방에서, 당신의 손으로 한쪽 눈을 가려라. 불을 끄고, 당신의 손을 다른 쪽 눈으로 옮겨라. 당신은 여전히 볼 수 있다, 그렇지 않은가?

구문 해설

④ They wore eye patches **so that they could** fight better!
→ 「so that+주어+can[could] ~」은 '~가 …하도록, …하기 위해'의 의미이다.

⑧ They wore the patches so that one eye could **get used to the dark**.
→ 「get used to+명사(구)」는 '~에 익숙해지다'의 의미이다.

⑨ This **helped them see** better when they fought in the dark.
→ 「help+목적어+동사원형[to-v]」은 '~가 …하는 것을 돕다, …하는 데 도움이 되다'의 의미이다.

⑪ Then they could instantly see using **the eye** [**that** *had adjusted* to darkness].
→ that은 the eye를 선행사로 하는 주격 관계대명사이다.
→ had adjusted는 과거완료(had+p.p.)로, 과거 시점(could see)보다 먼저 일어난 일을 나타낸다.

정답 1 ② 2 ② 3 (1) F (2) F 4 no air

문제 해설

1 어떤 것이 소리를 낼 때 음파를 만든다는 내용의 (A), 이 음파는 공기를 통해 이동해 귀에 도달한다는 내용의 (C), 즉 공기가 없으면 소리를 들을 수 없다는 내용의 (B)의 흐름이 가장 알맞다.

2 빈칸 뒤에서 우주 비행사들이 공기가 없는 우주에서 소리를 듣는 방법에 대해 설명하고 있으므로, 빈칸에는 ② '우주 비행사들은 우주에서 어떻게 들을 수 있을까'가 가장 알맞다.
① 우주 비행사들은 우주에서 어떻게 살 수 있을까 ③ 그 전투 장면들은 어떻게 만들어질 수 있을까
④ 전파는 우주에서 어떻게 이동할 수 있을까 ⑤ 음파는 우주에서 어떻게 만들어질 수 있을까

3 (1) 문장 ⑩에서 전파는 이동하기 위해 공기를 필요로 하지 않는다고 했다.
(2) 문장 ⑨-⑫에서 우주 비행사들은 우주선 밖에서 무전기를 사용하며 우주선 안에는 공기가 있어서 소리를 들을 수 있다고 했다.

4 문장 ②-④를 통해 알 수 있다.

우주에서는, 공기가 없기 때문에 시끄러운 소리가 들릴 수 없다.

본문 직독 직해

① In science fiction movies, / there are often / big space battles. / ② As the spaceships shoot /
공상 과학 영화에 ~들이 자주 있다 큰 우주 전투들 우주선들이 발사할 때
at each other, / you can hear loud sounds. / ③ Interestingly, / this would be impossible. /
서로에게 당신은 시끄러운 소리를 들을 수 있다 흥미롭게도 이것은 불가능할 것이다
④ This is because / there is no air / in space! / ⑤ When something makes sound, / it creates
이것은 ~ 때문이다 공기가 없다 우주에 어떤 것이 소리를 낼 때 그것은
sound waves. / ⑦ These sound waves move / through the air / until they reach our ears. / ⑥ In
음파들을 만들어 낸다 이 음파들은 이동한다 공기를 통해 그것들이 우리의 귀에 도달할 때까지
other words, / without air, / there is no sound. /
다시 말해서 공기 없이는 소리가 없다

⑧ So / how can astronauts hear / in space? / ⑨ When they go / outside the spaceship, /
그러면 우주 비행사들은 어떻게 들을 수 있을까 우주에서 그들이 갈 때 우주선 밖으로
they use radios / in their helmets. / ⑩ Unlike sound waves, / radio waves / do not need air /
그들은 무전기를 사용한다 그들의 헬멧 안에 있는 음파와는 달리 전파는 공기를 필요로 하지 않는다
to move. / ⑪ And / inside the spaceship, / there is air. / ⑫ So / the astronauts can hear / each
이동하기 위해 그리고 우주선 안에는 공기가 있다 그래서 우주 비행사들은 들을 수 있다
other / talk / when they are inside. /
서로가 이야기하는 것을 그들이 안에 있을 때

본문 해석

공상 과학 영화에, 큰 우주 전투들이 자주 있다. 우주선들이 서로에게 (총을) 발사할 때, 당신은 시끄러운 소리를 들을 수 있다. 흥미롭게도, 이것은 불가능할 것이다. 이것은 우주에 공기가 없기 때문이다! (A) 어떤 것이 소리를 낼 때, 그것은 음파들을 만들어 낸다. (C) 이 음파들은 그것들이 우리의 귀에 도달할 때까지 공기를 통해 이동한다. (B) 다시 말해서, 공기 없이는 소리가 없다.

그러면 우주 비행사들은 우주에서 어떻게 (소리를) 들을 수 있을까? 그들이 우주선 밖으로 갈 때, 그들은 그들의 헬멧 안에 있는 무전기를 사용한다. 음파와는 달리, 전파는 이동하기 위해 공기를 필요로 하지 않는다. 그리고 우주선 안에는 공기가 있다. 그래서 우주 비행사들은 그들이 안에 있을 때 서로가 이야기하는 것을 들을 수 있다.

구문 해설

① In science fiction movies, there are **often** big space battles.
→ often은 '자주, 종종'의 의미인 빈도부사로, be동사 뒤에 온다.

② **As** the spaceships shoot at each other, you can hear loud sounds.
→ as는 '~할 때'의 의미로, 〈때〉를 나타내는 접속사이다.

④ **This is because** there is no air in space!
→ this is because ~는 '이것은 ~ 때문이다'의 의미로, 뒤에 이유에 해당하는 내용이 온다.

⑩ Unlike sound waves, radio waves do not need air **to move**.
→ to move는 '이동하기 위해'의 의미로, 〈목적〉을 나타내는 부사적 용법의 to부정사이다.

⑫ So the astronauts can **hear each other talk** when they are inside.
→ 「hear+목적어+동사원형」은 '~가 …하는 것을 듣다'의 의미이다.

본책 • pp. 122-123

정답 1 ④ 2 ② 3 ① 4 오로라로 알려진 아름다운 현상을 일부 지역에서 일으키는 것

문제 해설

1 태양 폭풍과 그것이 지구에 미치는 영향에 관한 글이므로, 제목으로는 ④ '우주 공간으로부터의 보이지 않는 폭풍'이 가장 알맞다.
① 폭탄에 의해 일어나는 폭풍 ② 태양의 기후 변화
③ 오로라의 위험한 영향 ⑤ 태양 폭풍은 우리가 통신하는 데 도움을 준다

2 빈칸 앞에서는 지구가 태양 폭풍의 영향을 받는다고 했고, 빈칸 뒤에서는 태양 폭풍이 지구에 직접적인 타격을 가하지 못한다고 했으므로, 빈칸에는 역접을 나타내는 ② '그러나'가 가장 알맞다.
① 비슷하게 ③ 게다가 ④ 그렇지 않으면 ⑤ 다시 말하면

3 ①: 문장 ①-②를 통해, 태양 폭풍이 비나 눈을 연상시키는 일반적인 폭풍과는 다름을 유추할 수 있다. 또한, 문장 ⑧에서 태양 폭풍은 일반적인 폭풍과 달리 우리가 보거나 느낄 수 없다고 했다.
②는 문장 ④에, ③은 문장 ⑦에, ④는 문장 ⑨에, ⑤는 문장 ⑪에 언급되어 있다.

4 문장 ⑪에 언급되어 있다.

본문 직독 직해

① When you hear the word "storm," / you probably think of / rain or snow. / ② But there is
당신이 '폭풍'이라는 단어를 들으면 당신은 아마 떠올릴 것이다 비나 눈을 그러나
also something / called a solar storm. /
또한 무언가가 있다 태양 폭풍이라고 불리는

③ Few people know / about solar storms. / ④ Solar storms start / with an explosion /
아는 사람은 거의 없다 태양 폭풍에 대해 태양 폭풍은 시작한다 폭발로
on the sun. / ⑤ These explosions are more powerful / than the biggest nuclear bomb. /
태양에서의 이러한 폭발들은 더 강력하다 가장 큰 핵폭탄보다
⑥ When they occur, / Earth is sometimes affected. / ⑦ However, / thanks to a unique layer /
그것들이 발생할 때 지구는 때때로 영향을 받는다 그러나 독특한 층 덕분에
around Earth, / solar storms cannot hit Earth / directly. /
지구 주위의 태양 폭풍은 지구에 타격을 가하지 못한다 직접적으로

⑧ This is why / we don't see or feel them / like a regular storm. / ⑨ They only disturb /
이것이 ~한 이유이다 우리가 그것들을 보거나 느끼지 않는 일반적인 폭풍처럼 그것들은 단지 방해한다

satellites and communication systems. / ⑩ Some solar storms / even / have a positive effect. /
인공위성과 통신 시스템을 어떤 태양 폭풍들은 심지어 긍정적인 영향을 준다

⑪ They cause a beautiful phenomenon / known as an aurora / in some areas. /
그것들은 아름다운 현상을 일으킨다 오로라로 알려진 일부 지역에서

본문 해석

당신은 '폭풍'이라는 단어를 들으면 아마 비나 눈을 떠올릴 것이다. 그러나 태양 폭풍이라고 불리는 것도 존재한다.

태양 폭풍에 대해 아는 사람은 거의 없다. 태양 폭풍은 태양에서의 폭발로 시작한다. 이러한 폭발들은 가장 큰 핵폭탄보다 더 강력하다. 그것들이 발생할 때, 지구는 때때로 영향을 받는다. 그러나, 지구 주위의 독특한 층 덕분에, 태양 폭풍은 지구에 직접 타격을 가하지 못한다.

이것이 우리가 그것들을 일반적인 폭풍처럼 보거나 느끼지 못하는 이유이다. 그것들은 단지 인공위성이나 통신 시스템만을 방해한다. 어떤 태양 폭풍들은 심지어 긍정적인 영향을 주기도 한다. 그것들은 오로라로 알려진 아름다운 현상을 일부 지역에서 일으킨다.

구문 해설

② But there is also something [**called** a solar storm].
→ [ ]는 something을 수식하는 과거분사구이다.

③ **Few** people know about solar storms.
→ few는 '거의 없는'이라는 부정의 의미로, 뒤에 셀 수 있는 명사의 복수형이 온다. (*cf.* a few: 몇몇의 〈긍정〉)

⑤ These explosions are **more powerful than** the biggest nuclear bomb.
→ 「형용사의 비교급+than」은 '~보다 더 …한'의 의미이다.

⑥ When **they** occur, Earth *is* sometimes *affected*.
→ they는 앞 문장의 these explosions를 가리킨다.
→ is affected는 '영향을 받는다'의 의미로, 「be+p.p.」의 수동태이다.

⑧ **This is why** we don't see or feel them like a regular storm.
→ this is why ~는 '이것이 ~한 이유이다'의 의미로, 뒤에 결과에 해당하는 내용이 온다.

⑪ They cause a beautiful phenomenon [**known** as an aurora] in some areas.
→ [ ]는 a beautiful phenomenon을 수식하는 과거분사구이다.

본책 • pp. 124-125

정답 1 ② 2 1) occur 2) generally 3 인간의 눈은 햇빛에서 어둠으로 적응하는 데 보통 25분의 시간이 걸린다는 것 4 ② 5 ③ 6 the astronauts can hear each other talk 7 ① 8 지구 주위에 독특한 층이 있어 태양 폭풍이 지구에 직접 타격을 가하지 못하기 때문에

문제 해설

1 ② experiment: 실험

2 1) 사고는 갑자기 발생할 수 있다.
2) 그녀는 일반적으로 아침에 일찍 일어난다.

3 this는 앞의 두 문장에 언급되어 있다.

4 해적들이 어둠에 익숙해지도록 한눈에 안대를 썼다는 내용 다음에, 그런 행동이 어둠 속에서 싸울 때 더 잘 보이게 했다는 (A)가 나오고, 예를 들어 갑판 아래와 같은 어두운 장소에서 싸울 때 안대를 다른 쪽으로 옮겼다는 (C)가 이어지고, 어둠 속에서 적응한 눈을 사용하여 싸울 때 바로 볼 수 있었다는 (B)가 나오는 것이 자연스럽다.

5 어떤 것이 소리를 낼 때 그것은 음파들을 만들어 내고, 이 음파들은 우리의 귀에 도달할 때까지 공기를 통해 이동한다고 언급된 것으로 보아, 공기 없이는 소리가 없다고 결론지을 수 있다. 'In other words(다시 말해서)'를 써서 앞 내용을 정리하여 결론내는 것이 자연스럽다.
① 예를 들어 ② 그러나 ④ 게다가 ⑤ 대신

6 「지각동사(hear)+목적어+목적격 보어」 어순으로 배열하며, 목적격 보어로 동사원형인 talk를 쓴다.

7 태양 폭풍은 강력하지만, 지구에 영향을 거의 미치지 않는다는 내용 중에 '일부에서는 태양 폭풍에 다른 용도가 있을 수 있다고 시사한다.'는 문장은 전체 흐름과 관계없다.

8 '왜 우리가 태양 폭풍을 보거나 느낄 수 없는가?'라는 질문에 대한 답은 '지구 주위에 독특한 층이 있어 태양 폭풍이 지구에 직접 타격을 가하지 못하기 때문에'이다.

MEMO

독해

Reading TUTOR 리딩튜터

10단계 초·중·고등 독해 프로그램

STARTER 1 | 2 | 3

JUNIOR 1 | 2 | 3 | 4

수능 입문 | 기본 | 실력 (예정)

1316 READING

기초부터 내신까지 중학 독해 완성

Level 1 | Level 2 | Level 3

1316 Grammar | 1316 Listening

JUNIOR READING EXPERT

앞서가는 중학생들을 위한 원서형 독해 교재

Level 1 | Level 2 | Level 3 | Level 4

Junior Listening Expert | Reading Expert

READING Inside

중상위권 대상의 통합교과 원서형 독해서

Starter | Level 1 | Level 2 | Level 3

Grammar Inside

듣기

능률 중학영어 듣기 모의고사 22회

전국 16개 시·도 교육청 주관 영어듣기평가 실전대비서

Level 1 | Level 2 | Level 3

1316 LISTENING

기초부터 실전까지 중학 듣기 완성

Level 1 | Level 2 | Level 3

1316 Grammar | 1316 Reading

JUNIOR LISTENING EXPERT

앞서가는 중학생들을 위한 원서형 듣기 교재

Level 1 | Level 2 | Level 3 | Level 4

Junior Reading Expert

수능·기타

첫번째 수능영어

한 발 앞서 시작하는 중학생을 위한 수능 대비서

기본 | 유형 | 실전

능률 중학영어

문법, 독해, 쓰기, 말하기를 함께 배우는 중학 영어 종합서

예비중 | 중1 | 중2 | 중3

열중16강

문법과 독해를 완성하는 특강용 교재

문법 Level 1 | Level 2 | Level 3

문법+독해 Level 1 | Level 2 | Level 3

NE능률 영어교육연구소

NE능률 영어교육연구소는 전문성과 탁월성을 기반으로
영어 교육 트렌드를 선도합니다.

펴 낸 날 2024년 10월 5일 (초판 1쇄)
펴 낸 이 주민홍
펴 낸 곳 (주)NE능률

지 은 이 NE능률 영어교육연구소
개발책임 김지현
개 발 조은영, 권영주, 김영아, 최리
영문교열 Patrick Ferraro, Julie Tofflemire, Keeran Murphy
디자인책임 오영숙
디 자 인 안훈정, 오솔길
제작책임 한성일

등록번호 제1-68호
I S B N 979-11-253-4759-0

대표전화 02 2014 7114
홈페이지 www.neungyule.com
주 소 서울시 마포구 월드컵북로 396(상암동) 누리꿈스퀘어 비즈니스타워 10층

Section 01 Food

1 하와이안 피자의 진실

topping	명 고명, 토핑
meat	명 고기
vegetable	명 채소
strange	형 이상한
create	동 창조하다
sweet	형 달콤한
spicy	형 양념 맛이 강한
flavor	명 맛
popular	형 인기 있는
canned	형 통조림으로 된
give it a try	시도하다, 한번 해보다
delicious	형 맛있는
trend	명 경향, 유행
instead	부 대신에
in addition	게다가

2 영화 볼 때 팝콘을 안 먹었다고?

go together	함께 가다; 어울리다
perfect	형 완벽한
pair	명 함께 사용하는 똑같은 종류의 물건; 쌍[짝]
snack	명 간단한 식사[간식]
theater	명 극장, 영화관
generally	부 일반적으로
allow	동 허락하다
fancy	형 화려한
traditional	형 전통적인

ruin	동 망치다
atmosphere	명 분위기
face	동 마주보다; (상황에) 직면하다
economic	형 경제적인
difficulty	명 어려움
sell	동 팔다
realize	동 깨닫다
smell	명 냄새
draw	동 그리다; 끌어당기다
audience	명 청중[관중]

3 바게트가 뭐길래!

French	형 프랑스의; 명 프랑스인
come to mind	생각이 떠오르다
baked	형 (오븐에) 구운
dough	명 반죽
culture	명 문화
pass a law	법을 통과시키다
impossible	형 불가능한
in time for	~에 시간 맞춰
thin	형 얇은, 가느다란
shape	명 모양
rule	명 규칙
contain	동 ~이 들어 있다
wheat flour	밀가루
yeast	명 이스트, 효모균
custom	명 관습, 풍습
belief	명 신념
particular	형 특정한

4 비슷한 너희들~ 정체가 뭐니?

similar	형 비슷한
plant	명 식물
seed	명 씨앗
natural	형 자연의, 천연의
state	명 상태
grow	동 자라다
harvest	동 수확하다
turn	동 변화시키다, 바꾸다
man-made	형 인공의
powder	명 가루, 분말
flavored	형 ~의 맛이 나는
heat (up)	~을 가열하다
raw	형 가공되지 않은, 원료 그대로의
cause	동 야기하다
lose	동 잃다
nutrient	명 영양소
manufacturer	명 제조업자
consider	동 여기다, 생각하다
form	명 형태
key	형 핵심적인
ingredient	명 재료, 원료
confuse	동 혼동하다
in other words	다시 말해서
on the other hand	반면에

Culture

1 카우보이 장화가 왜 그곳에?

rural	형 시골의, 지방의
area	명 지역
fence	명 울타리
post	명 우편; 기둥[말뚝]
electricity	명 전기
communicate	동 의사소통하다
hang	동 걸다
die	동 죽다
close	형 가까운
respect	명 존경
beloved	형 인기 많은; (대단히) 사랑하는
honor	동 존경하다, 경의를 표하다
tradition	명 전통
benefit	명 이점
purpose	명 목적
pass away	사망하다
practice	명 실행; 관행
fellow	명 친구; 동료
pass down	~을 물려주다[전해주다]
inform	동 알리다
neighbor	명 이웃 (사람)

2 첫 등교일이 기다려지는 이유

nervous	형 긴장한
Germany	명 독일
school supplies	학용품
according to	~에 따르면

bring	동 가져다주다 (bring–brought–brought)
ripe with	~로 가득한
mean	동 의미하다 (mean–meant–meant)
attend	동 참석하다; 다니다
enjoyable	형 즐거운
tragic	형 비극적인
bring back	~을 기억나게 하다; ~을 다시 도입하다
exist	동 존재하다

3 귀엽기만 한 게 아니야

celebrate	동 기념하다 (celebration 명 기념행사)
pay attention to	~에 주의를 기울이다
close	형 (시간 · 거리가) 가까운; 정밀한[상세한]
behavior	명 행동
predict	동 예측하다 (prediction 명 예측)
shadow	명 그림자
last	동 지속되다
gather	동 모이다
name	명 이름 동 이름을 지어주다
atmosphere	명 분위기
correct	형 옳은
meaning	명 의미
accurately	부 정확하게
risk	명 위험
victory	명 승리
environment	명 환경

4 새해 첫날, 어떤 음식을 먹을까?

gain	동 얻다
fortune	명 운, 행운 (= luck)

pork	명 돼지고기
dig	동 땅을 파다
forward	부 앞으로
represent	동 나타내다, 상징하다
progress	명 진보, 발전
beef	명 소고기
move	동 움직이다; 나아가다
noodle	명 국수
green	형 녹색의 명 《복수형》 녹색 채소
coin	명 동전
resemble	동 닮다, 비슷하다
bill	명 지폐
fresh	형 신선한

Body & Health

1 발톱보다 빠른 손톱

nail	명 손톱, 발톱
fingernail	명 손톱
toenail	명 발톱
toe	명 발가락
grab	동 잡다
type	동 타자치다[입력하다]
action	명 행동
blood	명 피, 혈액
flow	명 흐름
deliver	동 배달[전달]하다
nutrient	명 영양소, 영양분

area	명 지역; 부위
speed up	속도를 높이다
growth	명 성장
rest	동 쉬다
safely	부 안전하게
activity	명 활동
in addition	게다가
affect	동 영향을 끼치다
sunlight	명 햇빛
prevent	동 막다, 방지하다
receive	동 받다
damage	동 손상시키다
healthy	형 건강한
benefit	명 혜택, 이점
danger	명 위험
above all	무엇보다도
meanwhile	부 그동안에; 한편

2 취미로 건강해질 수 있다?

exercise	명 운동
probably	부 아마
come to mind	생각이 떠오르다
creative	형 창의적인 (creativity 명 창의성)
suggest	동 제안하다; 시사하다
instrument	명 기구; 악기
reduce	동 줄이다
stress	명 스트레스
worried	형 걱정하는
release	동 배출하다
negative	형 부정적인

emotion	명 감정
activate	동 활성화하다
musician	명 음악가
connect	동 연결하다
express	동 표현하다

3 자, 귀를 보여주세요!

staff	명 직원
check	동 확인하다
identity	명 신원
take	동 (어떤 출처에서) 얻다; 채취하다
fingerprint	명 지문
scan	동 스캔하다
in the future	미래에
take a picture	사진을 찍다
match	동 일치시키다, 맞추다
information	명 정보
passport	명 여권
unique	형 고유의, 특유의
shape	명 모양, 형태
size	명 크기
common	형 흔한
various	형 다양한

4 컴퓨터에게 윙크를?

blink	동 눈을 깜빡이다
control	동 제어하다
move	동 움직이다 (movement 명 움직임)
track	동 추적하다
process	명 과정

wear	동 (옷 · 신발 · 안경 등)을 착용하다
sense	동 감지하다
follow	동 따르다, 따라가다
perform	동 (일 · 과제 등을) 수행하다
at the same time	동시에
easily	부 쉽게
free	형 자유로운
lazy	형 게으른
useless	형 쓸모없는

Origins

1 퐁당! 넣어보세요

single	형 단 하나의
invent	동 발명하다
inconvenient	형 불편한 (↔ convenient 형 편리한)
waste	명 낭비
whole	형 전체의
pot	명 냄비; 주전자
several	형 몇몇의
create	동 창조하다
customer	명 손님
sample	명 표본; 견본품
silk	명 실크
expect	동 기대하다
boiling	형 끓는
accidentally	부 우연히, 잘못하여
brew	동 (차를) 끓이다[만들다]

2 기쁜 마음으로 높이 높이!

interesting	형 흥미로운
tradition	명 전통
graduation ceremony	졸업식
graduate	명 졸업자 동 졸업하다 (graduation 명 졸업)
throw	동 던지다 (throw–threw–thrown)
toss	명 던지기 동 던지다
take place	개최되다[일어나다]
wear	동 입고[쓰고] 있다 (wear–wore–worn)
officer	명 (육해공군의) 장교
no longer	더 이상 ~아닌
impolite	형 무례한
indoors	부 실내에서
receive	동 받다
spread	동 퍼지다 (spread–spread–spread)
origin	명 기원

3 아~ 향긋한 커피콩 볶는 냄새

popular	형 인기 있는
roast	동 볶다, 굽다
bean	명 콩
shepherd	명 양치기
goat	명 염소
berry	명 산딸기류 열매
strange	형 이상한
bush	명 관목, 덤불
seed	명 씨앗
caffeine	명 카페인
inside	전 ~의 안에[안으로]
monk	명 수도사

devil	명 악마
drink	명 음료 동 마시다
burn	동 태우다, 불에 타다
favorite	형 마음에 드는, 매우 좋아하는
tired	형 피곤한
bored	형 지루해하는
excited	형 흥분된

4 시저의 비밀 메시지

famous	형 유명한
leader	명 지도자
fight	동 (적과) 싸우다, 전투하다 (fight–fought–fought)
war	명 전쟁
secretly	부 몰래, 은밀하게
communicate	동 연락하다, 의사소통하다
soldier	명 군인
battlefield	명 전쟁터
one's own	자신의
code	명 암호
letter	명 글자, 문자
spot	명 점; 자리
toward	전 ~쪽에 (있는), ~쪽으로
start over	다시 시작하다
system	명 체계
safely	부 안전하게
exchange	동 교환하다, 주고받다
strategy	명 전략
in the end	결국, 마침내
clever	형 영리한
sign language	수화
discover	동 발견하다

Section 05 Art

1 올림픽에 이 종목이?!

athlete	명 (운동)선수
artist	명 예술가
founder	명 창시자
modern	형 현대의
mind	명 마음, 정신
early	형 초기의
competition	명 경쟁; 대회
literature	명 문학
sculpture	명 조각품, 조각
architecture	명 건축(학)
participate	동 참가하다
submit	동 제출하다
work	명 일; 작품
public	명 일반 사람들, 대중
entry	명 들어감; 출품작
category	명 범주, 부문
state	동 명시하다
amateur	명 아마추어 선수
professional	명 전문가
remove	동 제거하다
return	동 돌아오다[가다], 복귀하다
take over	인계받다; 장악하다

2 독거미 춤을 아시나요?

folk	형 민속의
southern	형 남쪽에 위치한
perform	동 행하다; 공연하다

step	동 걷다; (댄스의) 스텝을 밟다
home	명 집; 서식지
hairy	형 털이 많은
fear	동 두려워하다
bite	명 물기; 물린 상처
go wild	미쳐 날뛰다
cure	명 치유법
victim	명 희생자, 피해자
normal	형 보통의 명 보통
originally	부 원래
scare away	쫓아버리다
trend	명 동향, 유행
remain	동 계속 ~이다
social	형 사회적인, 사교적인
cough	명 기침

3 죽은 영혼을 위한 첼로 연주

terrible	형 끔찍한
bomb	명 폭탄
blow up	폭파되다, 터지다
bombing	명 폭격
cellist	명 첼로 연주자
square	명 광장
bakery	명 빵집, 제과점
suit	명 정장
remember	동 기억하다
dead	형 죽은
gather	동 모이다
comfort	동 위로하다
tragedy	명 비극 (tragic 형 비극적인)

hero	명 영웅
symbol	명 상징
peace	명 평화

4 고흐의 서명에 이런 비밀이!

signature	명 서명 (sign 동 (서류 · 편지 등에) 서명하다)
sure	형 확신하는, 확실히 아는
last name	(이름의) 성
pronounce	동 발음하다 (pronunciation 명 발음)
Dutch	형 네덜란드(어)의
common	형 흔한
first name	이름
corner	명 구석, 모퉁이
only if	~한 경우에만, ~해야만
be satisfied with	~에 만족하다
vase	명 꽃병
center	명 중앙, 한가운데
importance	명 중요성
unique	형 독특한
sense	명 감각
habit	명 습관
pride	명 자부심
sound	명 소리
letter	명 글자

Stories

1 무엇이든 할 수 있어!

sadly	부 애석하게도

lose	동 잃다 (lose-lost-lost)
motorcycle	명 오토바이
accident	명 사고
tragic	형 비극의 (tragedy 명 비극)
event	명 사건; 경기
physical	형 신체의
disability	명 장애 (disabled 형 장애를 가진)
astronaut	명 우주비행사
apply	동 신청하다, 지원하다
select	동 선발하다
recover	동 회복하다
train	동 교육[훈련]받다
professional	형 직업의, 전문적인
sprinter	명 단거리 주자
competition	명 대회
athlete	명 (운동)선수
eventually	부 결국
earn	동 (돈을) 벌다; 얻다
Paralympics	명 세계 장애인 올림픽
give up on	~을 단념[포기]하다
achieve	동 성취하다
come true	이루어지다, 실현되다
inspiring	형 고무[격려]하는

2 내 말 들려요?

frustrating	형 좌절감을 주는
suggest	동 제안하다
far away	멀리
close	부 가까이 (close-closer-closest)
keep	동 계속하다

answer	동 대답하다 명 대답
living room	거실
still	부 여전히
quiet	형 조용한
dining room	식당, 주방
once	부 한 번
finally	부 마침내
step	동 걷다, 걸음을 옮기다
reply	동 대답하다
time	명 시간; ~회[번]
already	부 이미
hearing	명 청력, 청각
honest	형 정직한; 솔직한
loud	형 (소리가) 큰 (loud–louder–loudest)

3 네가 속 썩여서 그래!

curious	형 호기심이 많은
gray hair	백발, 흰 머리
silly	형 어리석은; 우스꽝스러운
dear	형 사랑하는, 소중한 명 얘야, 저기
wrong	형 틀린, 잘못된
respond	동 대답하다
apologize	동 사과하다
completely	부 완전히
interested	형 관심 있어 하는

4 컵의 무게가 달라진다고?

psychologist	명 심리학자
give a speech	연설하다
deal with	~을 처리하다, ~에 대처하다

hold	동 들다 (hold–held–held)
	(hold onto ~을 (붙)잡다)
audience	명 청중, 관중
guess	명 추측
shake	동 흔들다; 고개를 젓다 (shake–shook–shaken)
weight	명 무게 (weigh 동 무게가 ~이다)
depend on	~에 달려 있다
a couple of	두어 개의, 몇 개의
sore	형 아픈
weak	형 약한
bother	동 신경 쓰이게 하다, 괴롭히다
plan	동 계획하다
empty	형 비어 있는
measure	동 측정하다
light	형 가벼운
likewise	부 마찬가지로

Animals

1 나도 이런 형제자매가 있었으면!

relationship	명 관계
sibling	명 형제자매
rare	형 드문
close	형 가까운, 친밀한
male	형 남자[수컷]의 (↔ female 형 여자[암컷]의)
young	형 어린 명 젊은이들; (동물의) 새끼
herd	명 (동종 짐승의) 떼, 무리
look after	돌보다
safe	형 안전한

stick around	(어떤 곳에서) 가지 않고 있다
raise	동 들어올리다; 키우다
lend	동 빌려주다; 주다

2 귀 쫑긋~ 사막여우

bat	명 박쥐
secret	명 비밀
desert	명 사막
luckily	부 다행히
release	동 방출하다
control	동 조절하다
temperature	명 온도
cold	형 추운, 차가운
save	동 구하다; 아끼다, 절약하다
warm	형 따뜻한
cure	동 치료하다

3 때밀이는 나한테 맡겨줘!

dead skin	각질
harmful	형 해로운 (harm 동 해치다)
creature	명 생물
win-win	형 모두에게 유리한
meal	명 식사
clean	동 청소하다, 깨끗이 하다 형 깨끗한
attract	동 관심을 끌다
wait in line	줄을 서서 기다리다
turn	명 차례
stay	동 ~인 채로 있다
still	형 가만히 있는
vibrate	동 진동시키다

fin	명 지느러미
remind	동 상기시키다
otherwise	부 그렇지 않으면
accidentally	부 우연히, 뜻하지 않게
rarely	부 드물게, 거의 ~하지 않는
happen	동 발생하다
on purpose	고의로, 일부러
predator	명 포식자
case	명 사례
species	명 (생물 분류의 기본 단위) 종(種) (《복수형》 species)
method	명 방법
underwater	형 물속의, 수중의

4 곰벌레, 죽지 않아~

tiny	형 아주 작은
be known as	~로 알려져 있다
oxygen	명 산소
survive	동 살아남다
boil	동 끓이다
freeze	동 얼리다, 얼다 (freeze–froze–frozen)
enter	동 (새로운 시기 · 단계에) 들어가다
state	명 상태
decrease	동 줄이다, 감소시키다
amount	명 양
condition	명 상태; 《복수형》 환경
effect	명 영향, 효과
ability	명 능력
extreme	형 극도의, 극한의
crowded	형 붐비는

Sports & Entertainment

1 당당해서 더 아름다워~

be known for	~로 알려지다
tone	명 색조
disease	명 질병, 질환
tease	동 놀리다
appearance	명 외모
opinion	명 의견
research	동 연구하다
makeup	명 화장품, 메이크업
practice	동 연습하다
apply	동 (페인트 · 크림 등을) 바르다
post	동 올리다, 게시하다
hundreds of	수백의, (수없이) 많은
choose	동 선택하다, 뽑다 (choose–chose–chosen)
compete	동 (시합 등에) 참가하다
contest	명 (경연) 대회
unusual	형 독특한
confident	형 자신감 있는
personality	명 성격
attractive	형 매력적인
beauty	명 아름다움, 미; 미인
overcome	동 극복하다
ignore	동 무시하다
accept	동 받아들이다, 수락하다
respect	동 존중하다

2 F1의 숨은 영웅

race	명 경주
speed	동 빨리 가다
noisily	부 요란하게, 시끄럽게
stands	명 관중석
cheer	동 환호하다; 응원하다
pass by	지나가다
mechanic	명 정비공
break	명 휴식 (시간)
starting line	출발선
hurry	동 서두르다
repair	동 수리하다
damage	명 손상, 피해
normal	형 보통의, 일반적인
within	전 ~ 이내에
return	동 돌아가다
teamwork	명 팀워크, 협동심
record	동 기록하다
judge	동 판단하다
condition	명 (건강) 상태

3 Derby, 그 유래를 찾아 영국으로!

match	명 경기, 시합
hold	동 잡다; 개최하다 (hold-held-held)
England	명 잉글랜드
come from	~에서 생겨나다[유래하다]
be famous for	~로 유명하다
local	형 지역의, 현지의
rival	명 경쟁자, 라이벌
tough	형 힘든; (게임 · 경기 등이) 거친, 치열한

fight	명 싸움
various	형 다양한
term	명 기간; 용어
refer to	~을 나타내다

4 전 세계의 음악을 즐겨요

goal	명 목표
express	동 표현하다
emotion	명 감정, 정서
through	전 ~을 통해
amateur	명 아마추어, 비전문가
professional	명 전문가
for free	무료로
take place	개최되다, 열리다
including	전 ~을 포함하여
participate in	~에 참여하다

Places

1 다리가 후들후들 떨려~

exciting	형 흥미진진한 (excitement 명 흥분, 신남)
experience	동 경험하다
stay	동 머물다, 묵다 명 머무름, 방문
locate	동 ~에 위치시키다
halfway	부 중간에
cliff	명 절벽
climb	동 오르다
foot	명 발; 피트(길이의 단위로 약 30센티미터에 해당)

	(《복수형》 feet)
roof	명 지붕
amazing	형 놀라운
view	명 경관, 전망
valley	명 계곡
below	부 아래에
bottom	명 맨 아래
nature	명 자연
part	명 부분; 지역
unusual	형 독특한; 신기한
danger	명 위험 (요소)

2 바다가 빨간색이라고?

typical	형 전형적인
bright	형 밝은; 선명한
wetland	명 습지
northeast	형 북동의
impressive	형 인상적인
be covered in[with]	~로 덮여 있다
autumn	명 가을
scenery	명 풍경
wooden	형 나무로 된, 목재의
deck	명 갑판
effort	명 노력
protect	동 보호하다
suffer	동 고통받다
due to	~으로 인해, ~ 때문에
pollution	명 오염, 공해
build	동 짓다 (build-built-built)
feature	명 특징, 특색

endangered	형 멸종 위기에 처한

3 음식도 안전벨트가 필요해!

check out	~을 (살펴)보다, ~에 가 보다
chain	명 (상점 · 호텔 등의) 체인(점)
order	동 주문하다
touchscreen	명 터치스크린
device	명 장치, 기기
arrive	동 도착하다
track	명 선로
own	형 자기 자신의
up to	~까지
tall	형 키가 ~인; 높은
travel	동 여행하다; 이동하다
per	전 ~당, ~마다
afraid	형 두려워하는
though	부 그렇지만, 하지만
place	동 놓다
metal	명 금속
pot	명 냄비, 통
lid	명 뚜껑
secure	동 고정하다
strap	명 끈
safety	명 안전
reason	명 이유
serve	동 제공하다, (음식을 상에) 내다
shaped	형 ~의 모양의
amusement park	놀이공원

4 남극에 호수가?

Antarctica	명 남극 대륙
temperature	명 기온
drop	동 (잘못해서) 떨어지다; 낮아지다
beneath	전 아래에
surprisingly	부 놀랍게도
huge	형 거대한
lake	명 호수
long	형 긴; 길이가 ~인
wide	형 넓은; 폭이 ~인
deep	형 깊은; 깊이가 ~인
contain	동 포함하다, 함유하다
fresh water	민물
million	명 100만
freeze	동 얼다
possible	형 가능한
thick	형 두꺼운
prevent	동 막다, 예방하다
heat	명 열, 열기
within	전 ~ 내부에, ~ 안에
escape	동 달아나다, 빠져나가다
global warming	지구 온난화

Science & Universe

1 어라! 왜 안 깨지지?

science	명 과학
rubber	명 고무

experiment	명 실험
uncooked	형 익히지 않은, 날것의
jar	명 병
pour	동 붓다
vinegar	명 식초
bubble	명 거품
appear	동 나타나다
eggshell	명 달걀 껍질
rinse	동 씻다
gently	부 다정하게; 부드럽게
bounce	동 튀다 (bouncy 형 잘 튀는)
chemical	명 화학 물질 형 화학적인
react	동 반응하다 (reaction 명 반응)
gas	명 기체, 가스
destroy	동 파괴하다
thin	형 얇은
layer	명 층
liquid	명 액체
use	명 사용; 용도
form	동 형성되다
result	명 결과

2 우리는 과학적인 해적이야!

pirate	명 해적
eye patch	안대
hurt	동 다치게 하다
surprised	형 놀란
generally	부 일반적으로
human	형 인간[사람]의
adapt	동 적응하다

darkness	명 어둠 (= dark)
get used to	~에 익숙해지다
deck	명 (배의) 갑판
instantly	부 즉시
adjust	동 적응하다
try out	~을 시험해 보다
turn off	~을 끄다
poor	형 가난한; 좋지 못한
eyesight	명 시력
overcome	동 극복하다 (overcome–overcame–overcome)
rub	동 문지르다, 비비다
cover	동 가리다

3 안 들린다고요?!

science fiction	공상 과학(의)
space	명 우주
battle	명 전투
spaceship	명 우주선
shoot	동 (총 등을) 쏘다
loud	형 (소리가) 큰, 시끄러운
sound	명 소리
impossible	형 불가능한
reach	동 ~에 이르다, 도달하다
outside	전 ~ 밖에[으로]
radio	명 라디오; 무전기
unlike	전 ~와 다른; ~와는 달리
astronaut	명 우주 비행사
scene	명 장면
noise	명 소리, 소음

4 방금 뭔가 지나간 것 같은데?

storm	명 폭풍
probably	부 아마
few	형 거의 없는
explosion	명 폭발
powerful	형 강력한
nuclear bomb	핵폭탄
occur	동 발생하다
hit	동 때리다; 타격을 가하다
directly	부 직접적으로
regular	형 보통의, 일반적인
disturb	동 방해하다
satellite	명 인공위성
communication	명 의사소통; 통신 (communicate 동 통신하다)
positive	형 긍정적인
phenomenon	명 현상
aurora	명 오로라
area	명 지역
climate	명 기후
invisible	형 보이지 않는
outer space	(대기권 외) 우주 공간

Word Review

Food

다음 우리말은 영어로, 영어는 우리말로 쓰시오.

1 strange ______________
2 create ______________
3 delicious ______________
4 perfect ______________
5 theater ______________
6 allow ______________
7 culture ______________
8 contain ______________
9 thin ______________
10 similar ______________
11 consider ______________
12 ingredient ______________
13 인기 있는 ______________
14 달콤한 ______________
15 경향, 유행 ______________
16 일반적으로 ______________
17 전통적인 ______________
18 망치다 ______________
19 규칙 ______________
20 관습, 풍습 ______________
21 특정한 ______________
22 자연의, 천연의 ______________
23 잃다 ______________
24 영양소 ______________

Culture

다음 우리말은 영어로, 영어는 우리말로 쓰시오.

1 rural ______________
2 electricity ______________
3 respect ______________
4 nervous ______________
5 according to ______________
6 exist ______________
7 celebrate ______________
8 predict ______________
9 correct ______________
10 gain ______________
11 dig ______________
12 resemble ______________
13 가까운 ______________
14 실행; 관행 ______________
15 이웃 (사람) ______________
16 학용품 ______________
17 가져다주다 ______________
18 참석하다; 다니다 ______________
19 행동 ______________
20 위험 ______________
21 승리 ______________
22 운, 행운 ______________
23 나타내다, 상징하다 ______________
24 움직이다; 나아가다 ______________

Body & Health

다음 우리말은 영어로, 영어는 우리말로 쓰시오.

1 nail ______
2 grab ______
3 blood ______
4 exercise ______
5 instrument ______
6 reduce ______
7 identity ______
8 fingerprint ______
9 unique ______
10 control ______
11 process ______
12 lazy ______
13 발가락 ______
14 안전하게 ______
15 영향을 끼치다 ______
16 창의적인 ______
17 감정 ______
18 연결하다 ______
19 일치시키다, 맞추다 ______
20 정보 ______
21 흔한 ______
22 눈을 깜빡이다 ______
23 (일·과제 등을) 수행하다 ______
24 쉽게 ______

Origins

다음 우리말은 영어로, 영어는 우리말로 쓰시오.

1 invent ______
2 several ______
3 accidentally ______
4 graduate ______
5 take place ______
6 spread ______
7 roast ______
8 seed ______
9 burn ______
10 famous ______
11 secretly ______
12 discover ______
13 전체의 ______
14 손님 ______
15 기대하다 ______
16 흥미로운 ______
17 전통 ______
18 무례한 ______
19 염소 ______
20 마음에 드는, 매우 좋아하는 ______
21 지루해하는 ______
22 연락하다, 의사소통하다 ______
23 글자, 문자 ______
24 영리한 ______

Art

다음 우리말은 영어로, 영어는 우리말로 쓰시오.

1 athlete ______
2 modern ______
3 participate ______
4 folk ______
5 cure ______
6 social ______
7 terrible ______
8 comfort ______
9 symbol ______
10 be satisfied with ______
11 only if ______
12 sense ______
13 마음, 정신 ______
14 경쟁; 대회 ______
15 제출하다 ______
16 남쪽에 위치한 ______
17 두려워하다 ______
18 기침 ______
19 광장 ______
20 기억하다 ______
21 평화 ______
22 발음하다 ______
23 구석, 모퉁이 ______
24 습관 ______

Stories

다음 우리말은 영어로, 영어는 우리말로 쓰시오.

1 accident ______
2 astronaut ______
3 come true ______
4 frustrating ______
5 far away ______
6 finally ______
7 curious ______
8 respond ______
9 completely ______
10 psychologist ______
11 give a speech ______
12 empty ______
13 회복하다 ______
14 (돈을) 벌다; 얻다 ______
15 성취하다 ______
16 여전히 ______
17 조용한 ______
18 정직한; 솔직한 ______
19 어리석은; 우스꽝스러운 ______
20 사과하다 ______
21 관심 있어 하는 ______
22 ~을 처리하다, ~에 대처하다 ______
23 청중, 관중 ______
24 신경 쓰이게 하다, 괴롭히다 ______

Section 07 Animals

다음 우리말은 영어로, 영어는 우리말로 쓰시오.

1 sibling ______

2 look after ______

3 raise ______

4 luckily ______

5 release ______

6 warm ______

7 harmful ______

8 remind ______

9 on purpose ______

10 tiny ______

11 ability ______

12 crowded ______

13 드문 ______

14 (동종 짐승의) 떼, 무리 ______

15 안전한 ______

16 사막 ______

17 온도 ______

18 구하다; 아끼다, 절약하다 ______

19 생물 ______

20 청소하다, 깨끗이 하다, 깨끗한 ______

21 방법 ______

22 살아남다 ______

23 얼리다, 얼다 ______

24 극도의, 극한의 ______

Sports & Entertainment

다음 우리말은 영어로, 영어는 우리말로 쓰시오.

1 be known for ________________
2 disease ________________
3 attractive ________________
4 race ________________
5 pass by ________________
6 repair ________________
7 come from ________________
8 local ________________
9 various ________________
10 express ________________
11 for free ________________
12 participate in ________________
13 의견 ________________
14 자신감 있는 ________________
15 받아들이다, 수락하다 ________________
16 환호하다; 응원하다 ________________
17 서두르다 ________________
18 돌아가다 ________________
19 잡다; 개최하다 ________________
20 힘든; (게임·경기 등이) 거친, 치열한 ________________
21 기간; 용어 ________________
22 목표 ________________
23 전문가 ________________
24 ~을 포함하여 ________________

Places

다음 우리말은 영어로, 영어는 우리말로 쓰시오.

1 exciting ____________
2 cliff ____________
3 unusual ____________
4 typical ____________
5 impressive ____________
6 protect ____________
7 order ____________
8 device ____________
9 metal ____________
10 beneath ____________
11 surprisingly ____________
12 escape ____________
13 경험하다 ____________
14 계곡 ____________
15 위험 (요소) ____________
16 밝은; 선명한 ____________
17 노력 ____________
18 오염, 공해 ____________
19 선로 ____________
20 도착하다 ____________
21 이유 ____________
22 (잘못해서) 떨어지다; 낮아지다 ____________
23 두꺼운 ____________
24 막다, 예방하다 ____________

Science & Universe

다음 우리말은 영어로, 영어는 우리말로 쓰시오.

1 rubber ____________________
2 pour ____________________
3 result ____________________
4 pirate ____________________
5 adapt ____________________
6 overcome ____________________
7 battle ____________________
8 reach ____________________
9 noise ____________________
10 probably ____________________
11 occur ____________________
12 satellite ____________________
13 실험 ____________________
14 튀다 ____________________
15 파괴하다 ____________________
16 다치게 하다 ____________________
17 놀란 ____________________
18 즉시 ____________________
19 우주 ____________________
20 불가능한 ____________________
21 ~와 다른; ~와는 달리 ____________________
22 폭발 ____________________
23 방해하다 ____________________
24 긍정적인 ____________________

Word Review 정답

Section 01

1 이상한 2 창조하다 3 맛있는 4 완벽한 5 극장 6 허락하다 7 문화 8 ~이 들어 있다 9 얇은, 가느다란 10 비슷한 11 여기다, 생각하다 12 재료, 원료 13 popular 14 sweet 15 trend 16 generally 17 traditional 18 ruin 19 rule 20 custom 21 particular 22 natural 23 lose 24 nutrient

Section 02

1 시골의, 지방의 2 전기 3 존경하다, 경의를 표하다 4 긴장한 5 ~에 따르면 6 존재하다 7 기념하다 8 예측하다 9 옳은 10 얻다 11 땅을 파다 12 닮다, 비슷하다 13 close 14 practice 15 neighbor 16 school supplies 17 bring 18 attend 19 behavior 20 risk 21 victory 22 fortune 23 represent 24 move

Section 03

1 손톱, 발톱 2 잡다 3 피, 혈액 4 운동 5 기구; 악기 6 줄이다 7 신원 8 지문 9 고유의, 특유의 10 제어하다 11 과정 12 게으른 13 toe 14 safely 15 affect 16 creative 17 emotion 18 connect 19 match 20 information 21 common 22 blink 23 perform 24 easily

Section 04

1 발명하다 2 몇몇의 3 우연히, 잘못하여 4 졸업자; 졸업하다 5 개최되다[일어나다] 6 퍼지다 7 볶다, 굽다 8 씨앗 9 태우다, 불에 타다 10 유명한 11 몰래, 은밀하게 12 발견하다 13 whole 14 customer 15 expect 16 interesting 17 tradition 18 impolite 19 goat 20 favorite 21 bored 22 communicate 23 letter 24 clever

Section 05

1 (운동)선수 2 현대의 3 참가하다 4 민속의 5 치유법 6 사회적인, 사교적인 7 끔찍한 8 위로하다 9 상징 10 ~에 만족하다 11 ~한 경우에만, ~해야만 12 감각 13 mind 14 competition 15 submit 16 southern 17 fear 18 cough 19 square 20 remember 21 peace 22 pronounce 23 corner 24 habit

Section 06

1 사고 2 우주비행사 3 이루어지다, 실현되다 4 좌절감을 주는 5 멀리 6 마침내 7 호기심이 많은 8 대답하다 9 완전히 10 심리학자 11 연설하다 12 비어 있는 13 recover 14 earn 15 achieve 16 still 17 quiet 18 honest 19 silly 20 apologize 21 interested 22 deal with 23 audience 24 bother

Section 07

1 형제자매 2 돌보다 3 들어올리다; 키우다 4 다행히 5 방출하다 6 따뜻한 7 해로운 8 상기시키다 9 고의로, 일부러 10 아주 작은 11 능력 12 붐비는 13 rare 14 herd 15 safe 16 desert 17 temperature 18 save 19 creature 20 clean 21 method 22 survive 23 freeze 24 extreme

Section 08

1 ~로 알려지다 2 질병, 질환 3 매력적인 4 경주 5 지나가다 6 수리하다 7 ~에서 생겨나다[유래하다] 8 지역의, 현지의 9 다양한 10 표현하다 11 무료로 12 ~에 참여하다 13 opinion 14 confident 15 accept 16 cheer 17 hurry 18 return 19 hold 20 tough 21 term 22 goal 23 professional 24 including

Section 09

1 흥미진진한 2 절벽 3 독특한; 신기한 4 전형적인 5 인상적인 6 보호하다 7 주문하다 8 장치, 기기 9 금속 10 아래에 11 놀랍게도 12 달아나다, 빠져나가다 13 experience 14 valley 15 danger 16 bright 17 effort 18 pollution 19 track 20 arrive 21 reason 22 drop 23 thick 24 prevent

Section 10

1 고무 2 붓다 3 결과 4 해적 5 적응하다 6 극복하다 7 전투 8 ~에 이르다, 도달하다 9 소리, 소음 10 아마 11 발생하다 12 인공위성 13 experiment 14 bounce 15 destroy 16 hurt 17 surprised 18 instantly 19 space 20 impossible 21 unlike 22 explosion 23 disturb 24 positive